办一所
温暖的新学校

BAN YI SUO
WEN NUAN DE XIN XUE XIAO

杨刚◎著

江西科学技术出版社

图书在版编目（CIP）数据

办一所温暖的新学校 / 杨刚著. -- 南昌：江西科学技术出版社，2020.5

ISBN 978-7-5390-7298-2

Ⅰ.①办… Ⅱ.①杨… Ⅲ.①中学 - 学校管理 - 研究 Ⅳ.①G637

中国版本图书馆 CIP 数据核字(2020)第 066609 号

国际互联网（Internet）地址：
http://www.jxkjcbs.com
选题序号:ZK2020032
图书代码:B20093-101

办一所温暖的新学校 杨刚 著

出版发行 江西科学技术出版社
社址 南昌市蓼洲街 2 号附 1 号
邮编：330009 电话：（0791）86623491 86639342（传真）
印刷 湖北诚齐印刷股份有限公司
经销 各地新华书店
开本 787mm×1092mm 1/16
字数 340千字
印张 20.75
版次 2020 年 5 月第 1 版 2022 年 8 月第 2 次印刷
书号 ISBN 978-7-5390-7298-2
定价 46.00 元

赣版权登字-03-2020-130

目 录

第一章

优化制度设计，实现温暖管理

第一节 当前教育之问

进入21世纪，我国国民经济社会发展处于快速平稳发展和大转型的新时期。从高度追逐全国经济平均增长率的指标上升到高度重视科学发展、和谐发展，越来越关注社会发展和人的发展。

在此背景下，我国基础教育必然面临教育方式的转型问题。

那么，我们今天不妨一起追根溯源地思考：学校教育教学改革、课程教育改革、教学改革的根本目的究竟是什么？毫无疑问，是促进学生发展，是学生的学业成绩和综合素质同步达成、统一实现。

那么，学生发展的路径和方法是什么呢？是学习！是谁的学习？当然是学生的学习！

那么，究竟什么是学习？当今学校里，课堂上的教育教学活动中，学习真的发生了吗？学习与教学是什么关系？教学有用吗？学生是如何在学？真的学有所成吗？这其实是一个系列问题，一个基本的、至关重要的系列问题，要回答和破解这些问题，我们不妨追溯和拷问关于教育和学习的四个关键问题。

课堂之问：“教堂”还是“学堂”

课堂教育是引导学生自主学习的重要场所，是教育理论的重要主阵地。课堂上到底发生着什么？可能很少有人静下心来思考这一看似简单却很难回答的问题。自己的课堂又是一种什么样的状态呢？能客观回答这一问题的人就更少了。教学包含“教”和“学”的过程，两个环节都不能少，地位都很重要，但归根到底，教学的终极目标是学生的学会，教师的“教”是服务于学生的“学”，教师的“教”是基于学生已有的“学”的情况。没有学习，何谈教学？

一、“教堂”——课堂的困境

新中国正式成立后，我国一直大力推崇采用苏联著名教育家凯洛夫的课堂教学指导理论，即“组织教学——复习旧知——讲授新课——巩固新知——布置作业”的课堂教学二十五环节，由此形成了一套比较稳定的传统教育课堂教学模式，其中“师本位”的教学理念一直占据着绝对主导地位，时至今日，仍然支配和直接影响着众多教师的传统课堂教学。传统的教师课堂，从学生主体地位来看，过于强调教师主体是教学中心，师生之间的地位是不平等的，教师根据自身知识结构体系、个人兴趣和思维习惯特点来综合进行新的课堂教学设计；从教和学的基本关系来看，轻视甚至完全忽视课堂学生的“学”，学生完全处于被动控制地位，关注教学结果、忽视教学过程，课堂上只能搞“一言堂”和“注入式教学”，追求整齐划一的课堂和教学状态，抹杀学生个性，教师和学生之间仍然是主动控制与被动控制的基本互动关系，教学过程成为一种知识的单向直接灌输和“填鸭式”推进的复杂过程；从各种教学活动手段和教育方法上面来看，以学校教师的课堂讲授学习活动形式为主，学生的学习活动主要是为学生完成所学知识服务的，对学生的自主思维活动品质的培养及其关注程度较少，学生的自主学习思维过程主要表现为认真听课、撰写笔记；从师生间的这种角色定位关系来看，教师基本可以看成是集“编剧”、“导演”和“演员”于一身的统一身份，从评价标准来看，统一标准，不关注学生差异，教学中很少备学生的实际，只关注速度，忽视质量，只管教不管学。教师很累，内容很多，学生很忙，却不一定有好的结果。

可见，“师本位”的“传统课堂”与“生本位”的“生本课堂”所产生的学生学业成果有着显著差异。

随着新一轮课程改革的进一步深入，有不少有教育情怀的教师已经开始从深入关注自己的“教”问题转向深入关注广大学生的“学”，从深入研究“教法”转为深入研究“学法”，注重充分发挥广大学生在德育教学实践中的社会主体性地位。

然而，在课堂教学管理实践中，部分教师总是“说一套、做一套”，“穿新鞋、走老路”，没能切实地将新教学理念转化为新教学行动，课堂还是老教学模式、老教学方法，“一支粉笔一张嘴，从头讲到尾”的不良现象还为数不少。在这种教学模式下，“教师忙得很，学生无事做。”其结果是“高消耗、低收益”。新教学理念与旧教学模式之间的转换现象较为突出，“满堂灌”“一言堂”的中国传统课堂教学模式仍依然主宰着整个课堂，即使上课有许多学生参与活动，也显得非常生硬和过于做作，即使课堂有许多师生之间互动，也不过只是一种形式，是一种作秀，是一种“假互动”。

二、“教堂”转向“学堂”——课堂变革的必然之路

叶圣陶先生说过，学习是学生自己的事，无论学校教师的课讲得多好，不充分调动广大学生参与学习的主动积极性，学生是无论如何也不可能学好的。根据现代建构主义教育理论，学习过程是一个传统意义上被建构的过程，是一个学习者主动通过新、旧知识经验的相互作用而形成、丰富和调整自己的主体认知思维结构的自然过程。一方面是新学习者可能需要将旧知识与自己原有的这些知识管理经验结构联系整合起来，把它重新纳入到自己已有的认知经验结构中，从而不断获得新和旧知识的存在意义;另一方面，原有的这些知识结构可能会因为新知识的持续纳入而不断发生一定的结构调整或改组。

不论是哪种方面，学习的活动主体都应是学生。

2001年6月1日教育部正式颁布了《基础教育课程改革纲要(试行)》，明确指出“改变课程过于注重知识传授的倾向，强调形成积极主动的学习态度，使获得基础知识与基本技能的过程同时成为学会学习和形成正确价值观的过程。”随着课程教学改革的进一步深入落实，2014年3月1日教育部正式出台《教育部关于全面深化课程改革落实立德树人根本任务的意见》，文件再次强调了要改进等学科德育教学的立德育人基本功能并全面落实以教育学生为本的学科教育教学理念。以广大学生家长为教育主体的“学堂”教育模式，既是我们深化教育课程教学改革的基本要求，也是求真务实的聪慧之举。

世界在快速发生变化，我们的教育也必然需要快速改变。今天基础教育已经

走到了教学内涵深化发展的新阶段，教育教学改革也已经进入了“深水区”。课堂教学作为基础教育最核心的部分，自然也要成为基础教育教学改革的重要主战场，因此，由“教堂”改革转向“学堂”必然是基础教育教学改革的当务之急。其次，在浩瀚无垠、快速增长的基础知识面前，基本知识的学习核心形态化、集约化将成为一种必然趋势，大量知识讲授、大量实践训练将使广大学生得不到融入课堂的愉悦和幸福，更无法满足学生的真正需求，由“教堂”模式转向“学堂”也已成为学校教育教学改革的必要选择。再次，信息网络技术的快速冲击也大大增强了我们课堂升级换代的巨大紧迫感，在这个数字化教育时代，我们的生活方式已经发生了重大巨变，教育也无法置身事外，学生们的学习生活方式将在当前信息网络技术广泛应用的时代背景下，更多地实现“先学后教”、“多学少教”和“以学定教”，课堂的结构转变将成为我们实现新时代学习生活方式快速转变的必要保障。最后，教学改革的最终主要目的当然是“让学生学习增值”，即是要让每个学生想学，更用心地学，学到更多的新知识和新技能，这对每个学生的未来更有意义。实现从“教堂”向“学堂”的转变是以学习为中心，让学习增值，促进学生终生发展的必然方向。

三、“学堂”——课堂变革的出路

学习实践就是学生自身经验和所学知识的综合变化，这种知识变化的具体实现过程有赖于学生经历一种需要有知识指导的综合学习实践过程。教学实践是教师的一种专业性实践，这种专业性主要体现在通过教学设计、实施与绩效评估，来规范或严格指导每个学生和学习的全过程，即不断优化每个学生的学习。在现代课堂教学中，教师不仅应该充分运用自己的教学智慧和创意，挖掘其中的生机和活力，关注每个学生的成长，以培养学生良好成长习惯为其根本，把他的课堂责任还给每个学生。让广大学生在愉快的课堂学习环境中自然、生动地学习，不断提高广大学生自身的学习综合能力。

新“学堂”应具备以下特征：

(一)学习主体在于学生

在由教师、学生、教材所构成的课堂教学系统核心要素中，学生毫无疑问地会处在第一位。学生不仅是教育学习的活动主体，也应该是社会实践和自我发展的活动主体。课堂教学工作不仅仅是只课堂教学者的工作目标当作一个任务目标来完成，而且更应该是密切服务全体学生的健康发展，促进全体学生的全面健康发展。真正做到站在每个学生的实际角度上来进行课堂教学，既要高度重视学生所学学科基本知识和各种基本技能，同时要高度重视所学基本知识、技能的实际形成和应用的全过程，发展和和培养广大学生的实际综合应用能力。

因此，课堂教学设计、教学活动必须从每个学生的社会生活文化背景以及所有人的知识实践经验特点出发，摆脱传统教师知识本位，充分认识广大学生们具有自主学习的探索欲望和学习潜能，大胆放手让他们在参与互动学习过程中能够合作探究，从而在未来主动探索建构自己的更有意义的思维世界。

(二)学习氛围民主平等

心理学家的研究结果表明，人在感到心情愉快时的各种感觉、观察更敏锐，想象更丰富，思维疯敏捷;而有些人在感到心情沮丧时，这一切都将极大地受阻。一个民主、平等、激励、和谐的民主课堂教学氛围，可以充分唤起学生自主学习的热情，激发学生的积极求知探索欲望，发展学生综合智力。给广大学生一个无拘无束的思想表现活动空间，让广大学生能做敢想、敢说、敢做，从而以更大的热情和心去努力攀登学习的理想巅峰。民主、平等、和谐的教学课堂实际就是一个学生集体自主参与、主体性充分展示的和谐课堂。在民主的教育课堂中，教师应该关爱学生、信赖学生、研究学生，公平公正地认真对待每一个学生。课堂中对于学习活动目标的准确制定、难度的准确把握、学习活动结果的综合测评都需要直接面向学校全体学生。同时教师需要关注学困生的学习状态，运用各种手段营造和谐、平等的教学氛围，在课堂小组讨论以及问题探究时，充分调动每位学生的积极性，保证他们拥有发表意见的平等权利。

(三)学习过程互动探究

课堂教学旨在真正做到实现教师教与学生学的两种互动过程统一，这种统一的互动过程实质上来说就是一种师生间的交往、互动。师生之间不仅是相互合作的、探究的，也是通过多方面和空间互动的，而学术交流的主体就是双方，它不仅仅是包括在校师生之间的各种互动，还包括生生之间的各种互动，同时也同样包括在校学生与整个社会之间的各种互动。互动的内容不拘泥于认知性的内容，还有情感、意志等精神内容。

这种互动性对教师提出了更高的要求。首先，课堂生活中师生、生生之间应该是平等、信任、互爱、朋友式的师生关系，师生可以平等对话和自由交流，氛围生动活泼，课堂是一个激发全体师生共同生命力的良好场所。

其次，教师教学的任务不仅是组织整个教学进程，而且还要对学生进行思维训练，激发学生强烈求知欲，要积极主动参与鼓励学生积极参与各类学科教学活动，培养学生基本逻辑思维能力；再次，学习的心理主动权终于交到广大学生手里，让广大学生善于发现心理问题，解决实际问题，拓展了生命教育的科学视野，师生的科学生命经验得到充分认可、激活和丰富，生命的教育质量和生命价值观都得到极大提升，使科学教育活动获得完整的文化内涵。

(四)学习内容开放生成

课堂应突破传统课堂教学的封闭化、内容的固定化、教学方式手段单一化、过分注重知识的单向传递的局限，追求学生的全面发展，呈现给广大学生一个真实的新世界，让他们真正具有亲身走进现代社会、应对时代挑战的坚强能力，促进广大学生健康地自我发展，成为一个开放、独立、不断追求超越自我的优秀个人。

首先，课堂活动是学生围绕教学目标在课内外一切主动的学习活动；其次，课堂内容是贴近社会实际并且是经过重建筛选的，是具有工具性的、启发性的，能让学生学会质疑、学会学习深刻的知识；再次，根据内容变化，选用不同学习方式和方法组织丰富多彩的活动，如辩论赛、角色扮演等。选择开放的内容，提出开放的问题，采取开放的学习方式，使课堂由封闭走向开放，使课堂与生活、社会的联系更加密切，课堂生命力和活力更加旺盛。

(五)学习场域丰富多元

随着近年来信息技术的不断发展和应用，学习信息平台与活动场所已不再局限于实验室、图书馆等一般语言意义上的学习信息空间，基于各种网络平台的“虚拟课堂”正不断性地改变着大学生的日常学习生活方式。“人机互动课堂”不仅改变了我们课内外的学习生活方式，甚至完全颠覆了我们传统教育课堂的教学流程，学习的空间也不拘泥于课内，基于这种学习模式，学生往往能够在课余时间里主动学习基于特定项目的问题，从前对特定项目问题学习获得的是更深入多层次的知识理解；基于网络的“慕课”平台提供了更加丰富的课程资源，使更多学生获得主动、系统学习的机会;目前在中小学广泛应用的“微课”以课堂视频课程为主要教学载体，记录了教师围绕某个重要知识点或某个教学关键环节开展的精彩课堂教学和在活动中的全过程，体现了中小学生自主参与学习活动过程的主动性。

当然，要将“教堂”变成真正的“学堂”，不仅需要教师懂得教学技术，有教学能力，更需要教师有崇高的职业道德境界和自我发展、超越自我的动力，还要紧跟“未来课堂”的发展动态。唯有如此，才能成为一名有专业知识、有实践能力、有独到见解的聪明的优秀智慧型教师。有了这样的教师，我们的教育课堂才能“学”得活起来。

结果之问：“学会”还是“会学”

教师的终生专业责任也就在于如何帮助广大学生真正实现有效的课堂学习。现实的课堂教学活动中，教师虽然投入了大量时间和大量精力去研究如何正确讲解所学知识，把精心组织的知识内容迅速传递出去给广大学生，然而学生“虚学习、假学会”的不良现象依然普遍存在，影响了教书育人的质量。问题的主要症结点就在于学校教师的课堂教学活动更多的还只是从“教师立场”出发，欠缺了对引导学生自主学习的高度关注和教学评价。那么，如何理解“学会”？怎样才能让学生真正的“学会”？

一、教师的专业关注——帮助学生“学会、明白”

教师的教学专业性主要还是体现在“专业的教学”上。教师德育教学管理工作的服务对象主要是在校学生，教学工作行为的根本目的也就是为了帮助在校学生自主学习，使在校学生真正掌握基础知识，发展综合能力，让在校学生“学有所得”、“学有所长”，促进在校学生的全面健康发展。

从对“教学”的认识的角度来看，中国古代的教育认知观念是“教学即学习”，近代著名教育家陶行知先生明确认为“教学即教学生学”。苏联著名教育学家凯洛夫(kairov)则明确主张，“教学是教师教和学生学的统一活动”。

①美国英语教育学家史密斯(b.o.smith)首先总结了现代英语发达国家对“教学”的各种解释，其中一类词的定义也被认为是“教学不仅意味着成功，要求一个学生完全掌握所需要教授的内容。”

②崔允漷教授把“教学”可以解释成“教师引起、维持或促进学生学习的所有行为。”

③从这些不同义我们已经可以明显看出，教学方式应该始终离不开“学生的学习”，教学目标应该始终指向“学生得到有效的学习”，教学活动仍然应该以“学会”为主要教学目的。

从我们学习社会科学的一个角度上说来看，学习的过程本质上就是自主经验在知识深度或者是广度上的一种持续良性变化，即人类个体在一种原有自主经验的进化基础上通过集体自主经验建构或通过社会自主建构从而形成一种新经验的进化过程。现代基础学习观的目的就是引导人们用他们已经知道和自己相信的基础知识形式去学习建构新基础知识和正确理解新基础知识。学习内化是引导学生对整个知识体系进行各种信息再现和加工的一个过程，必须经过信息内化，才能使其成为自己的基本知识。从课堂信息传递来看(如图2-1所示)，从“教”到“学会”，信息必须经过两次转换：第一次转换是从“教”到“学”，第二次转换是从“学”到“学会”。只有实现了信息的第二次转换，学生才有可能“学会”。如果只关注信息的第一次转换，不关注信息的第二次转换，教师就无法了解学生是否“学会”。

图 2-1 教学信息的转换与加工

从对中学生对学业成绩的价值要求的角度来看，近年来，学生对于学业成就的价值观念正在逐渐超越单一维度，走向综合化。我国基础教育学科课程教学改革率先提出的“三维目标”理念正是综合化教育成就观的重要体现，“知识与技能”建设目标既要立足于能够让广大学生容易学会，“过程与方法”建设目标也要立足于能够让广大学生会学，“情感态度价值观”建设目标立足于能够让广大学生乐观地学。“三维目标”理论是对中国传统“双基论”的重新超越，体现了一种崭新的社科学力观。日本著名学者梶田叡一教授指出，“扎实学力”(学生基础知识学力)由结合表层的显性知识学力(“知识、技能”与“理解、记忆”)和深层的隐性知识学力(“思考力和问题解决力”以及“兴趣与意欲”“体验与实感”)相互作用，共同发展组成，这种结合表层与深层的循环往复的基础学力结构发展路径，正是扎实的学生基础知识所迫切需要的④。

“三维目标”并没有把基础知识与专业技能的综合学习过程排斥于课堂外，而是在“知识与技能的学习在教学中是如何实现的”以及“学生在基础知识与专业技能的综合学习应用过程中处于什么样的地位”等问题上再次给予了教师足够的关注。所以，教师不仅仅需要时刻关注一个学生要真正学会什么样的内容(学生应该知道什么)，还要时刻关注学生学习的各种途径、方法、效果，即学生学会了什么，如何才能学会，怎样才可能算是真正学会(教师能为我做什么)。

二、教学的专业误区——重“教”轻“学、评”

“引起意向，明释内容、调适形式，关注结果”这四点是确定课堂教学的四个基本教学逻辑必要条件，是"人类课堂教学之所以为一个课堂教学而非其他课堂教学活动的重要教学标准，也是学校将课堂学生行为控制管理方法引向有效的一条关键教学路径。

反观传统的教学，我们不难发现，虽然很多教师一直希望上课能让更多学生真正学会所需的知识内容，但是，教师课堂教学的主要研究关注点仍然停留在如何进行传递、怎么进行讲解、学习动机的如何激发、学习活动历程的如何规划、学习活动目标如何达成的绩效评价。有的老师只管提高成绩的教学，不愿意关注其在教学中的研究，也有些老师一心想进行教学研究却根本不知从哪里开始入手。

当前中学教师德育教学管理研究的常见教学形式仍然是教师集体参与备课、听课、评课，关注点仍然还是在于老师怎么讲，仿佛一个教师已经完成一个教学内容了。教师讲得完美了，学生就一定已经学到了、掌握了。而对学生“如何学，是否实现了对教师所传递信息的加工”更是关注不够。教师主要还是忙于读教材和学教辅，制作各类教学视频课件，关注的内容更多的只是教学知识点、考点以及题目、解法的具体呈现，缺少对基础知识的基本建构和实际应用的深入思考。

教师在备课中，虽然充分了解三维教学目标基本要求，但是三维目标被刻意虚化的不良现象普遍存在，目标的具体来源或依据不够清晰，撰写也比较笼统，对学生的课堂学习活动的目标要求不够明确，知识、技能等等目标总是写得不实，过程、方法论等目标总是游离于课堂学习之外，情感、态度、价值观念等目标只是在纸上贴学习标签。学生从初一开始上课一直到整个学习过程结束，都不太清楚自己通过这个学习过程应该到底掌握什么基础知识，获得什么学习方法，更不清楚怎样做才算是自己学会、明白了。只过于关注“教”而不关注“学、评”是舍本逐末，有些教师却在课堂上为了追求形式而注重形式，忽视了课堂教学的实质性内容，表面上课堂教学活动热闹非凡，但这些教学设计往往游离于对学生整体学习效果的综合评定之外，这些学生最后既没有真正得到教师应有的逻辑思维能力锻炼，也根本没能真正掌握基本的知识，只能重新加以补救。

此外，因为在教学设计中教师缺乏对学习课程的整体心理认知和准确把握，教师也很少做到正确设置一些能够让更多学生快速形成课程“大观念”的问题，难以做到让更多学生对自己学习课程内容形成持续有效的高度关注。

而且传统的绩效评价过程设计往往主要关注的对象是事后绩效评价，是在课堂教学活动已经结束或者告一段落时开始进行的，无法及时发现每个学生心中存在的难点问题。由此产生的另一种学校极端教育现象就是，出于对课堂标准化教学考试的一种功利化追求，有的学校教师满堂灌，出现“中考考什么就教什么”“怎么考就怎么教”的极端现象。若是今年中考不考的，即便这是中考必修课的内容，教师也可能会将其全部删除不再讲。这一切，都是由于正确理解和运用评价。事实上，学生如果真的学会了，必然考得好，而有的学生考得好，不一定是真的学会了。

教学，作为完整的专业实践活动，其结束的标志应该是学生是否“学会、明白”，而不只看教师有没有把教材讲完了，学生究竟有没有考到了高分。教师课堂教学的管理有效性虽然是德育教学理论研究的一个重要问题，但是在这个问题上教师应该更加着眼于“促进高质量的学习”，研究“怎样教得有效”、“怎样教得更好”，落脚点不是教师讲授的教学技巧，而是如何支持每个学生自主学习，鼓励每个学生独立思考，引出每个学生的最佳学习表现，创造一套适合于每个学生的课堂教育。

三、教学的专业路径—落实“教—学—评一致”

教学活动行为泛指学生具有一定教学意向性的一种教学活动行为，它指向一个教学活动任务是否顺利达成，即“学生学到了什么”。因此，需要对教学目标、教学过程进行评价，如教学目标的整体设定是否准确，教学内容的整体安排是否恰当，教学工作流程的整体设计是否合理。

教师的教学立场应该从我们传统的“教师立场”逐渐转变而成为“学生立场”。从学与教的基本概念与实际关系角度来看(如梯形图2-2所示)，教师应合理设计教学方案，通过组织实施，并对方案的正确实施性和效果及时进行评估，让学生在结合原有教学经验与专业知识的基础之上，经历一个有专业指导的知识学习实践过程，建构知识新知，实现有效率的学习。

图 4-2　学与教之关系

从教学结果评价应用领域角度来看，教育教学中的ⅡLT(教学——学习——考试)等在实践中也出现了新的评价范式：学习不仅是主动的自我建构，是一个自我意识组织的形成过程，也是一个人与文化的相适应的形成过程;教育的根本目的也就在于要从社会上促进广大学生自主学习；结果评价被教育看成是在教与学这一过程不可分割的一个小部分，选取一种符合情境的文化的和实质性的方式评价教学取向，即不仅关注结果同时关注一种过程，特别强调结果与过程教学的有机整合。在这种实践中促进学习成为评价的核心能⑤。

“为评价而教”才能充分发挥对学校教学的积极推动影响，促进学校教学评价目标的顺利达成。我们完全可以将基于这一标准的学生暑期学习成果预估评价过程也看作是这样的一个过程⑥。在经过长期学习后学生应该知道什么和能做什么，课程质量标准并没有明确的定义和表述。教师只有组织实施基于中学课程标准的初中学生暑期学习质量评价，才能收集关于引导学生在学习达成中学课程标准的整个过程中“学会”和“明白”的事实证据，才能真正使中学课程标准的指导作用真正得到有效落实。

教师要开展专业的教学，需要了解和解决三个问题。一是“学生应当到哪里？”课程标准规定的是一个较大较远的目标，教师必须要将其分解为若干短期的小目标。教学目标应该基于课程标准，要指明预期的学生表现或成果，使教学活动、评价任务和作业检测有明确的指向。所有的教学目标都应该可观察、可测量、可评价。二是“学生已经在哪里？”目标要求是收集一个学生目标达成国际目标要求过程中各种学习心理状态的真实证据，了解一个学生目标相对于课程标准中的要求所处的位置。三是“学生当前状态与课程标准要求的目标状态之间存在什么差距，如何更好地弥合这种差距？”要认真的去思考用一种怎样的教学态度来来评价好的教学方式以及怎样才能真正能够使我校广大学生们学习成绩表现更好。

任何课堂教学质量都是取决于教学评估的工具质量⑦。教师教学的实施评价改进，应该始终立足于不断提高教师实施评价的综合能力，唯有贯彻落实“教—学—评一致”，才能真正帮助广大学生真正实现长期高质量的学习。评价测验任务主要分为两种表现形式，一种主要是传统的大型纸笔质量测验，另一种就是具有表现性质的评价(测验任务)，如专题问答、展示、表演、实验、调查等。

由于目前传统的考试分数或学习等级评价呈现的学习评价结果不能有效提供有关学生具体学习心理状态的反馈，难以促进学生有效学习，因此我们需要建立能够有效提供具有描述性和可反馈的学习评价标准，评价质量标准往往以评分评价规则的具体形式予以呈现。由于作品表现性质的评价往往具有多种答案，因此初中学生对于作品表现质量的综合评价往往包含必要的主观价值判断，为了促使主观判断合理、公平，要事先设置一套统一精确的评分标准或评价指南。

在学校教师组织实践自主评价活动的过程中，教学评价是一项关键技术，教师需要加强学习自主评分评价规则的理论，并在教师自主评价、学生自主互评、同伴教师互评等规则使用办法方面需要得到有力的理论培训和技术指导。教学过程是由课堂教师自己展开创新设计，在各种课堂教学活动中不断探索并创新修正，借助反思复杂性的课堂教学事件的存在意义得以发展创造许多更有意义的教学过程。

教学创造的过程分为三个阶段，即计划(或设计)、实施(或实践)和评价(或反思)。在这里，教学的“设计”、“实践”、“反思”不是一个阶段性的教学过程，而是周而复始的过程。可以这么说，教师的课堂教学实践反思能力已经构成了教师教学能力的一个核心⑧。要切实保证教师评价的科学教育性，教师还要高度重视“元评价”(对学生评价的科学评价)，发展自身的科学评价文化素养。在教学评价的基础上，教师才会更能清楚地了解"学生在教师指导下的学习与没有老师指导下的个人学习"的根本区别，才能准确判断自身的个人教学活动是否已经引起、维持或间接促进了学生的个人学习。

方式之问："独学"还是"合作"

在实际课堂教学实践过程中，我们不难发现我国传统学校课堂教学管理模式以传授基本知识技能为教学目标，实行一"灌"到底的课堂教学模式，往往忽视学生课堂主体作用的充分发挥，忽视学生的全面能力发展和学生个性特长的双重培养，忽视对如何提高学校课堂教学效率的研究。

小组合作学习活动是许多发达国家普遍采用的一种非常富有革新创意和实效的教学方法理论和教育策略，也是目前我国实施新一轮教育课程改革所大力倡导的一种重要的学习活动方式。许多专家学者就课堂小组成员合作互动学习的基本理论理念、价值观和内涵等问题进行了深入研究。但是，随着我国新课程教学改革的不断深入和各种小组成员合作互动学习方式的逐渐推广，在新的课堂教学中仍然出现了许多新的实际问题：

重"学习"轻"合作"，小组合作学习的目标不明确，部分教师只是把小组合作作为一种手段，认为通过小组合作学习的最终目标就是快速获得专业知识，忽视了小组合作责任意识的综合培养与小组合作管理技能的综合训练；

重"形式"轻"实效"，追求表面热闹，对学生小组合作学习的课程内容及学习时机等都缺乏认真研究，不管学习内容的难易，也不管学生有无小组合作的必要，便盲目、勉强小组合作，似乎如果不让引导学生小组合作就没有充分体现新教材课程的教学理念，导致学生小组协力合作实际学习的课程实效性低;

重"合作"轻"独立"，问题提出后马上组织其他小组学生交流，不给小组学生独立思考的时间，往往部分小组学生还未进行独立思考，其他同学已经说出了正确答案，既不利于调动学生独立思维的不断发展，也不利于真正的小组互动和启示，小组交流合作已经成了一种无源之水，无本之木；

重"学生"轻"教师"，有的教师一上课便让学生小组合作，没有指导、检查，也没有反馈，而由于忽视课堂教师的教学指导、组织，导致课堂教学过程中的混乱局面产生。

在考虑到以上因素的前提下，在尊重学生差异化教育的前提下，我校提出了“双主互动”教学实验活动，将学生的个人学习与小组合作学习有机整合，形成适合我校实际学情的一种教学方式。

一、如何合作

每个层次的学生自己都会以不同的思维方式去去建构对一个事物的整体理解，不同层次学生的所看到的都会是一个事物的不同方面。在小组讨论，组内交流、合作问题探究中，大家各抒己见，互相探讨补充，互相给予启发，加深每个学生对当前问题的深刻理解；每个班级组员不仅需要主动参与学习，还有一种积极帮助其他同学主动学习，互教互学，共同提高的责任;通过不同同学观点的互相交锋、补充、修正，达到协同共识、共享、共同改进，使每个班级学生深刻体会感受到合作的强大力量，并在合作探究交流中不断增强交往沟通能力和合作的互动能力。

（1）组内互帮互学：把自己预习中不懂的、模糊的基本知识点用一个红色符号笔标出来，把自己的疑难问题及时提出，先在组内相互交流——“aa，bb，cc”三层次的对应问题进行一对一的交流讨论，解决该上一层次预习能力要求范围内自己能够及时处理的疑难问题，再把通过平级交流讨论仍不能解决的一些疑难问题及时向上一层级预习组员集体请教，普遍性疑难问题组内需要集体讨论才能解决。

（2）组际合作同学互帮：一个学术小组内如果及时发现同学有不能及时得到解决的一些不具国家代表性国际学术会议问题，则由选派一名大组长向其他小组成员请教，然后对该一个小组内其他几位成员中的同学问题进行一个深入的讲解。

组内交流、合作问题探究活动是课堂教学的两个中心环节。在大部分小组进行合作学习探究中会出现各种安全问题，如多数小组讨论过程组织无序，少数小组优秀学生课堂等等，教师一定要注意充分发挥小组主导作用，加强对小组合作探究学习的过程监控。在引导学生组织进行小组活动时，教师首先要通过观察活动了解每个学生在小组干什么，有什么不同的理解，他们在小组合作活动过程中到底遇到了什么样的问题，发现这些问题后适时地主动介入小组活动并及时加以组织指导。如果学生小组对一个合作组的任务不清楚，目标不明确的，教师要耐心向其他学生小组说明相关任务及操作程序；教师应特别注意增强小组集体研讨的讨论民主性，让每个小组同学都积极参与讨论进来，充分发挥尊重与众不同的教学思路和独到见解，吸纳与众不同的教学观点，防止个别小组优秀生的“话语独霸”现象；但是当学生小组讨论存在无法顺利进行开展下去的情况时，教师建议可以多提出一些具有启发性的意见问题，使学生小组讨论能够顺利开展；但是当学生小组讨论已经有了一定的实际结果时，要特别注意积极开展小组集体讨论交流，真正做到实现相互帮助沟通，相互帮助补充，达成共识、共享、共进的合作目的。

二、如何展示

通过组内交流、合作探究，每个全班学生都可以介绍自己的问题探究工作结果，通过小组讨论、交流，相互获得启发，学生之间可以先学会不同的探究方法或者多种更具有实际意义的问题答案；然后再由小组学生代表向每个全班学生汇报，展示各种疑难问题，典型案例问题，学生在更大的知识范围内进行小组合作，可以达到对学生知识基础进行巩固或者强化的良好效果。这一环节要注重以下几个方面的问题：

(1)小组展示的内容(展示什么)：交流、探究中的疑难问题，典型问题。

(2)参与对象的确定(谁可以参与产品展示)：小组交流讨论，形成小组答案，确定小组发言人（展示人）：较简单的问题一般由能力较差的学生回答或讲解，较难的问题一般由能力稍强的学生解答；同一问题，可先由差生展示，再由优级生补充。小组发言人一般由学生自行担当，也可由组长按一定规律指定或老师临时指定。

(3)展示方法(如何展示)：

承担某一任务的小组发言人分别展示——没有承担此任务的小组成员补充或质疑追问——其他学生讲解或老师点拨。如B、C层学生展示，A层学生或老师作点评。主要由B、C层学生展示，以B级为主。

没有展示任务的小组则根据课堂情况自主学习，如进行组内小组展示，组内互助。或者认真倾听、准备点评；已掌握本节内容时，可关注展示内容或演练展示内容。教师根据课堂展示中暴露出来的问题或有益的“生成的课堂资源”进行适度的开发，有针对性地对学生的薄弱环节进行强化纠正，对课堂中“生成的课堂资源”进行深度发挖掘。

（4）小组展示的要求：全面、完整、口头展示要声音洪亮，黑板展示要整洁、规范。对价值不大的只在小组内部展示即可。有一题多解的情况，鼓励其他小组申请同时展示。如果某一小组无法完成展示任务，则让出展示机会，由其他小组进行补充展示。

（5）点评时的注意事项：展示结束后的点评工作由A层同学或老师负责完成。首先对展示内容进行判定，作为评价小组工作的主要依据。然后同步进行总结和补充，提炼出解决类似问题的规律和方法，补充不完善的环节或其他解法，然后由教师作点评。

这一做法，让学生的学习主动性得以突显，学生的学习兴趣提高了。同时采用共同捆绑记分评价，从而形成“共同体”。测试时组与组之间看小组贡献总分，有效的调动了好学生、学困生的学习积极性。缩小了好学生、学困生之间的差距，实行兵教兵，兵强兵的战略，调动他们学习的积极性。有利于提高优生的学习激情，也有利于帮助成绩较差的学生提高学习成绩，让他们在课堂中人人有事做，事事有人帮。

三、如何科学评价

亚伯拉罕　马斯洛的需要层次理论认为，每个人内部都存在5种需要层次：生理需要，安全需要，社会需要，尊重需要，自我实现需要。这五种需要分成高层次和低层次的。生理需要和安全需要是较低层次的需要；社会需要，尊重需要，自我实现需要是较高层次的需要。较低层次的需要可以从外部使人得到满足，较高层次的需要从内部得到满足。当任何一种需要基本得到满足后，下一个需要就成为主导需要。根据需要理论，班主任应该以激发学生较高层次的需要为着眼点，创设各种有利于激发学生内驱力的情境，给他们提供各种机会，搭设舞台，让他们一展风采。在实践中我们对学校提倡的“小组合作学习”进行了认真的尝试。

1.班级每两周对小组（个人）进行评比。（班主任与小组长一起负责）

竞争中求发展　合作中求进步

金溪初级中学校初2020级X班小组管理评比栏

小组	组长	管理之星（个人）	学习之星（个人）	环保之星（个人）	优秀团队（小组）
1					
2					
3					

2.对学生错题实行分小组的再考制度。（由小组长执行）

Xx班小组合作学习错题再考统计表

第______小组　　小组长______　　时间：______年______月______日

姓名	错题题号统计	错题再作情况（题号）	再考对（√）错（×）
张××	一、4，7；四、4	四、4	√
……			

3.实行学习小组的每天学习检查制度。（小组长和助理合作执行）

小组合作学习检查记录								
第（1）小组　检查人（向伦）								
小组	副班长	助理A	助理B	助理C	受助A	受助B	受助C	卫生管理员
姓名	川林	覃翠萍	袁丹丹		但从莉	王娇		沈倩
外语	√	√	√		√	√		×

（副班长任小组长，助理A和助理B相应的负责受助A和受助B的同学）

4.实行小组之间学习相当的学生采用贡献积分办法进行比较、激励。

姓名	成绩	名次	积分（分）
姜川林	98	1	10
向伦	96	2	8
刘娜娜	87	5	2
李孟修	94	3	6
陈伟	91	4	4

5.实行小组积分比较的小组评价激励制度。

单元（综合）考试各小组合作学习积分统计表

科目：＿＿＿＿＿＿　　时间：＿＿＿＿＿＿年＿＿＿＿＿＿月＿＿＿＿＿＿日

小组	姓名和积分						合计	名次
1	姜川林（　）	覃翠萍（　）	袁丹丹（　）	但从莉（　）	王　娇（　）	沈　倩（　）		
2	向　伦（　）	蔡　辉（　）	张小蓉（　）	张宏宇（　）	陶自然（　）	贺青山（　）		
3	刘娜娜（　）	陈星余（　）	伍锡娟（　）	张志力（　）	余　沁（　）	陈　富（　）		

6.实行“兵教兵”、“兵强兵”的一帮一学习制度。

初三后期专题复习一对一帮助表（13）								
师	徒	记录	师	徒	记录	师	徒	记录
张饶	刘艺		蔡爽	张小蓉		沙翌松	甘海军	
吴可	张振东		陈星余	曾凡		陈钟涛	王云	
丁欢	陈娟		伍锡娟	彭尚文		王娇	旷鑫	
沈洁	袁丹丹		张洪凯	王燕		韩洋	周静	

通过实践我们发现小组学习的积极性一下子被调动起来。他们为了提高学习成绩，经常利用课间讨论，办公室里也经常出现他们向老师请教的身影。很多同学在周记里写道：自担任小组长（小组里某一个职务）以来，深感责任重大。为了不辜负同学的期望，总是尽最大的努力，尽量给大家以满意的解答。经过一段时间，班级同学对学习兴趣增加，不仅杜绝抄袭现象，而且在成绩有向上的趋势。学习小组的成立，激发了学生的自尊心，让他们更多地感到来自同学和老师的关注与期望，这激发起他们更强烈的进取心，只有不断努力，才能得到大家认可。而班级其他同学在小组长的带动下，也增强了学习的兴趣和主动性，从而形成“群羊效应”，促进整个班级良好学习氛围的形成。

未来之问：“书呆子”还是“温暖少年”

一位少年向智者讨教成才的秘密，智者把一只滴了两滴植物油的汤匙递给一个少年：“走路时不要让油洒出来”。少年沿着一座宫殿里的台阶上上下下，眼睛始终紧紧盯着汤匙不放。“你看到我餐厅里的波斯地毯了吗？看到园艺大师花了10年心血创造出来的花园了吗？注意到我图书馆里那些美丽的羊皮卷文献了吗？”智者低声问道。少年十分尴尬，他唯一能够关注的只是不要让自己汤匙里的两滴油不溢出来。

少年随后拿起汤匙重新慢慢往下面走，仔细观赏了整个古代宫殿里的花园和四周的壮丽宫殿花园中的美景。他又一次地回到这位伟大的智者面前，并详细讲述了他所见到的一切。

“可是我交给你的两滴油在哪里呢？ ”智者问道。少年朝汤匙望去，发现油已经洒光了。智者说道：“成才的秘密在于欣赏世界上所有的奇观异景，同时永远不要忘记汤匙里的两滴油。”

这个故事很好地阐释了教育的过程与结果之间的辩证关系：既不能死盯结果而忽视美丽的过程，也不能只顾过程忘记最终的目标。只有过程与结果完美地统一，“教育”才会与“成才”联姻。其实没有过程的教育，学生无法得到快乐；没有快乐的教育，学生无法得到幸福。没有幸福感的学生就无法成为真正内心温暖的成功少年。所以，要达到让广大学生真正享受快乐教育的巨大成就感，就必须学生体验快乐的教育过程。

教育家马卡连柯说：“我确信我们的教育目的，不仅仅在于培养能最有效地参加国家建设的那种具有创造性的公民，我们还要把受教育的人一定变成幸福而温暖的人。”一句话：我们要追求温暖教育。

(一)追求教育结果的温暖。

教育目的包括以促进升学、就业等各种功利性的教育目的，更是包括促进身心的全面健康发展、精神思想世界的充分陶冶、生活文化情趣的丰富等各种非功利性的教育目的。如果把高等教育的最终目的仅仅只是停留在毕业升学上，学生的整个中学职业生涯将只会变得更加苍白无力，面目可憎。

爸爸问儿子：“最近数学学到什么地方了？”儿子回答：“在学三角函数。”说完，孩子突然问：“爸爸，学三角函数有什么用啊？”这可把爸爸给问住了——爸爸也学过三角函数，但在孩子提问之前，他还未“用”三角函数解决过任何生活问题。

从这个故事开始追问，十年来的寒窗学生所学哪些有用，哪些所学无用？我们也会发现，大多并不常用，有的甚至好像"用"不太记起来。背了一首新的唐诗、读了一个新的故事、弄明白了一种一个新的算理、掌握了一种新的解法……

它们的存在意义仿佛就是存在于当你拥有它本身，知识就会成为一种新的收藏，成为你专业素养当中的一部分。它们的实际操作用处并非是不会立刻得到彰显，甚至比不上那些自动驾驶汽车技术，烹饪工艺技术，花草植物种养等知识来得更快更直接。

但是，我们确实应该在此告诉那些有着同样诸多疑惑的广大学生：教育学习不单是我们获取"有用知识"的最终结果，它应该是一段不断思考、体验、感悟的成长过程。知识的习得往往伴随着一系列学习心智心理活动、情意心理活动，知识不是我们学习心智活动的全部。如果说每天所学到的东西不一定就具有多少实用价值，那么在每天学习生活过程中它所培植良好的身体智力思维结构、完整的社会人格素质特征以及各种情感、态度、价值观则是我们每天学习生活都不能离开的。学生的良好学习态度也直接影响着以后的学习人生态度，良好学习品质和自身学习实践能力的逐渐养成，会让人受益终生。而这，也正是教育教学的终极意义和目的。

(二)追求教育过程的温暖。

教育家肖川认为：好校园教育的形成过程始终必须充满礼貌、尊严、秩序、温暖和热情；提高师生课堂质量主要还是取决于师生身心愉悦和富有成就感，而想要提高教师学生的课堂质量必须主要通过开展提高课堂质量活动来实现。古人常常说“知之者不如好之者，好之者不如乐之者。”教育的成长过程、学习的成长过程必须能够成为一个幸福的成长过程、一次快乐的“旅行”，一段可以让每个人内心充满温暖的历程。

我们要让学生学习的不仅只是“有用的知识”，还应该是“有情趣的知识”，是对学生的发展来说有用的知识。

在《新闻联播》正式改版之际，曾经就有不少网民提出建议：央视是否有可能以著名卡通人物喜羊羊与灰太狼担任节目主播，打造一档中国孩子们爱看的大型儿童互动版《新闻联播》？这种教育建议在很多成人看来似乎很傻，但在一些孩子眼中，却是一个极好的教育创意。

在位于美国纽约的一所私立学校里，有一个奇特的法律规定，上课的这个时候，学生一定要给正在讲课的那位教师自己打分数，更为奇特的规定是，学校专门在每个年级学生的每张课桌上面都安装了一个学习按钮，名为“讨厌按钮”。讲课的教师也无法知道到底是哪个学生给他按的"讨厌按钮"。因此，听课的每个学生完全就是可以诚实地表达自己的听课感受。如果一个教室后面墙上的教学灯闪光亮起太多，讲课的那个教师就会变得明白：他必须立刻就能想出更好的解决办法，使他的课上得生动有趣，否则，他就可能会直接面临受到学校的严厉处罚，甚至被迫下岗。

我们的课堂上没有这种“讨厌按钮”，但我们可以从学生的脸上看出他们学得是否快乐。如果学生是快乐的，那么教师就是幸福的。在教学中，教师的确应该时刻思考如何使教学过程能够“快乐着学生的快乐”、使教学结果能够“幸福着学生的幸福”。下面姜老师的案例为我们提供了一个有趣的课堂思路：

一次，不经意间，我们一起观看了王小丫主持的《开心辞典》这个综艺节目。在深入思考中不断体验快乐，在快乐中不断增长自己所学到的知识，这对我应该来说是多么巧妙的一种思想文化引导!我的语文课堂能否也如此激动人心呢?第二天，我带着新的构想开始了一节特殊的语文课。“相信大家都看过王小丫主持的《开心辞典》节目，今天我把它搬到了我们教室。不同的是，老师暂代小丫姐姐当主持人，比赛内容是名著《朝花夕拾》里的内容。你们想参加吗？”“想!”学生脸上洋溢着喜悦的神色。比赛共分三个竞赛部分：抢答题、必答题、风险评估题。除一个风险预测题外，其他所有题目答错不会被扣分。全班分四个小组，累计分值。必答题由每个小组各自推选其中一个人独自组成出题小组回答，必答题目由每个小组通力合作回答。优胜小组每人将获得一份精美的奖品。

“请问，《朝花夕拾》的文学体裁是什么？全书一共多少篇？”“文中哪些人给你留下了深刻的印象？请至少说出三个。”“请你用简要的语言概况文中父亲的形象。”学生沉着对答，答对一题，组员就会一起欢呼。抢答题中有些题是我自己在看书时曾忽略的内容，稍有难度，可他们的回答同样精彩。精选的几个难题被我当作了风险题，根据难易程度，分值分别为20，50，70，100，每组各选一道，组员可以互相补充答案。下课铃声打响时，学生仍依然沉浸在比赛的紧张与强烈兴奋中。优胜组如愿得到了精美的奖品，其他组则期盼着下一次的《开心辞典》大赛。

一次看似随意的课堂教学尝试，让教师和学生收获了突破教学常规的惊喜和快乐。一切皆来自于创新，我们应努力尝试将传统的教学方法与学生喜闻乐见的教学形式进行有效“嫁接”，当学生快乐着教学的快乐时，教师地幸福着教学的幸福。彼此成就，温暖相伴。

(三)追求教育内容的温暖。

苏霍姆林斯基说：“少年教育上的一个重要学术任务就是关键在于如何使每一个少年孩子的身和心都同时能够感受到对别人的崇高感和欲望的刺激鼓舞，而给别人的心带来欢乐、幸福、顺利、好处和温暖。”我们应该给学生一种能够欢欣鼓舞的教育教学内容。

若要问现在的孩子最想要什么，他们一定会这样回答：自由自在。什么样才是自由自在呢？就是他的生活和学习，处在自觉，自愿，自由的状态中。我们的教育不能总是搞“强行塑造”，像孩子捏一个泥人，想怎么样地捏就怎么样地捏，至于符合孩子的生理天性、成长发展规律则考虑得很不周到。获2000年诺贝尔奖的美籍华人著名科学家丁肇中先生曾经讲过：孩子在学校考第一不代表什么，至少我认识的科学家都不是年年拿第一的好学生。我自己更不曾考过第一名。小时候父母不管我，我自由学习时间长短、勤奋程度的大小，通常情况下也许与学习成绩成正比，绝不是只要勤奋刻苦、学习时间越长，成绩就会越好。医学研究调查结果表明，一个工作过度紧张或是长期工作无法同时心理上和经济上的压力，缺乏适当加强心理锻炼休息的健康老年人，容易出现生理和肉体上的疲乏。

同样道理，学生的精力是有限的，学习过程中只要注意劳逸结合，有张有弛，实现身体精神上的和谐，不仅不会降低学习工作效率，而且还有助于不断提高学习生活质量，有利于身心健康。我校正是基于此，在充分理解尊重学生自身兴趣爱好、个性化和特长的基础上，开足大量各类校本选修课程，成立五大社团，给学生提供最大限度的选择性，让每一位优秀学生都能拥有自己的一门课程：既有分不同层次的，也有分类型的；课程既有综合的，也有专项的；学生既有通过理性学会思辨的，也有通过实践活动体验的；课程既有取强补弱的，也有不断提升的。通过走班选课，丰富、提升学生素养，让他们学有所长，学有所用，而不是死读书，读死书。

一位在旅游选修课上担任了一学期导游的学生告诉我们：她现在真正已经明白了什么样才是好的领导力了。她解释说："领导力就是你尽心尽力地为每一个游览者服务，不遗余力地为观光小组的每一环节提供帮助，当他们认同你的服务与帮助，全部'对你死心塌地'，跟你进行合作的那个时候，你才真正完全拥有了你的领导力。"

她的叙说，让我们内心十分欣慰。只有真正的独特体验了，在一次次与游客的沟通中，一次次筹划中让她有了组织同学的体验，甚至让她明白了，在这样的活动中，只有选择迎难而上才能避害为利，内心体验的沉淀会成就一个人的品格，而这些却不是靠书本知识能够解决的事情。

教育教学需要过程，没有过程的结果只会让学生收获一种"无情"的苦涩以及一种"无义"的枯涩。在教育教学之路上，我们应该让学生怀着学习的需要，踩着知识的路基，带着快乐出发，成为一个幸福而温暖的少年。

第二节 改革学校管理制度

一、改革背景

（一）基于学生核心素养、全面发展的学习需要

面向21世纪的中国学生发展核心素养，为课程改革指明了新方向，为教学研究注入了新内容，为教学评价阐明了新思路，为教学管理提出了新挑战。哪些是必备品格？哪些是关键能力？学生有哪些核心素养？如何培养？如何发展？

世界教育创新峰会(WISE)与北京师范大学中国教育创新研究院在北京共同发布的《面向未来：21世纪核心素养教育的全球经验》研究报告，将素养分为领域素养和通用素养，领域素养包括基础领域和新兴领域，通用素养包括高阶认知、个人成长和社会性发展。报告发现，最受重视的公民七大素养分别是：沟通与合作、创造性与问题解决、信息素养、自我认识与自我调控、批判性思维、学会学习与终身学习、公民责任与社会参与。

中国学生发展核心素养，以科学性、时代性和民族性为基本原则，以培养“全面发展的人”为核心，分为文化基础、自主发展、社会参与三个方面。

文化基础：

人文底蕴——人文积淀、人文情怀、审美情趣

科学精神——理性思维、批判质疑、勇于探究

自主发展：学会学习——乐学善学、勤于反思、信息意识

健康生活——珍爱生命、健全人格、自我管理

社会参与：责任担当——社会责任、国家认同、国际理解

实践创新——劳动意识、问题解决、技术运用

因此，发展学生核心素养，必须强化载体功能，一是课程：核心素养的整体

性和融通性决定了课程实施必然是整合的。有效整合基础型、拓展型、研究型（实践型）三类课程。二是课堂：首先强化学科素养的育人功能。实现学科内渗透式整合，改变学科本位和知识本位的现象，在尊重学科的基本属性与独特价值基础上，以主题整合学科内在的逻辑，发挥学科育人功能。其次是教学模式的建构要利于发展学生的核心素养。

（二）基于教师专业发展、职业获得感的发展需要

教师这个职业具有特殊性和发展性。尤其是进入到新世纪，新一轮的课程改革和新技术尤其是网络技术的普及对教师从理念到方法都提出了更多、更高、更新的要求。当下，社会阶层的方方面面对教师提出了更为“苛刻”的要求。在这些社会需要下，教师承担了更多的社会责任。他要成为社会道德的标杆，要满足家长“望子成龙”、“望女成凤”的愿望，甚至要对这一轮新课程改革的成败负责……凡是社会对于教育的期望与需要都转嫁到了教师身上，成为对教师专业发展的种种要求。

教师专业的核心是教学能力。课程是教师教学的框架体系、目标标准和评价原则的总称，对教师的教学起到决定性的作用。教师对课程的把握能力关系到教师实施课程的能力，教师对课程的执行能力决定了学生的发展。因此，学校制度的优化设计，尤其是课程建设、课堂打造更能促进教师的专业发展。

（三）基于沉淀学校文化，塑造学校品牌的发展需要

学校“品牌”往往是学校特色不断提炼、升华的结果。因此，确立学校品牌或成为品牌学校是学校实现高水平特色发展的重要标志。对一所学校而言，在由“特色”到“品牌”的发展过程中，不仅意味着它要具备高质量的办学条件，亦即校内各组织要素达到一定的标准或水平，比如：围绕“特色”形成了有效的课堂教学、系统的课程设置、个性化的学习模式、支持高水平教育的组织条件等，也意味着学校要在制度、机制的建设方面不断有所突破和创新，进而在为学校特色推进提供有力保障的同时，能够促进学校知名度、辨识度和影响力的提升。这包含了两层意思：一是“制度创新”的目的在于保持制度的优越性和有效性。二

是以品牌学校建设为目标的制度创新，在制度内容的设计以及制度运行机制、管理机制的改革方面应着力回应两个问题，即学校办学质量如何保障和学校“知名度、辨识度、影响力”如何提高。

对此，要进行制度创新并保证制度实施的有效性，便需要在制度建设思路、制度内容、制度实施机制与学校管理机制方面做出努力：第一、加强学校制度建设的系统性和层次性，围绕特色办学理念形成可持续发展的制度建设机制； 第二、强化制度建设的针对性，基于学校需求和“问题”的科学诊断和预测对制度建设进行科学规划；第三、保持制度建设的开放性，重视与制度建设相关的协作、交流、分享和信息交换；第四、突出“以人为本”的管理思路，建立人性化的制度实施机制；第五、加强“共同体活动”及“共同体管理”的制度建设，让教师、学生及其他学校成员成为制度创新的主体。

二、改革举措

学校提出了“温暖教育”办学思想，践行“温暖金溪，温暖一生”的教育理念。尊重学生和教师的主体地位，尊重学段差异、尊重学生的差异，充分发挥他们的积极性、主动性、创造性从而实现所有人的全面、个性化发展，这是现代教育的价值选择。

在“温暖教育”办学思想引领下，我校确定的课程建设思路是：国家课程的校本化，对学生实施分类走班教学；国家课程的拓展化，对学生实施分层走班教学；构建学生生涯规划教育、社会实践活动和社团活动课程体系。办精品初中，育一流英才，让所有孩子都成才并且找到一条适合自身特点（升学、艺体、国际化）的发展之路。课程建设目标是：以基础性课程为主，拓展性课程和研究性课程为辅，每学年习一门课程，初中阶段习得两项艺术特长，促进全体学生全面发展、核心素养提升、个性发展和终身发展。教师发展目标是：遵循“温暖金溪，温暖一生”的教育理念，践行“差异教育，多元发展”的办学方向，每一位教师能炼一门专长，开一门课程，带好一个兴趣团队。具体举措如下：

一是构建多层次的课程体系。在开齐开足国家课程和地方课程的基础上，围绕培养学生认知能力、合作能力、创新能力和职业能力等关键能力，开设了课外名著导读、英语口语交际、书画兴趣、温暖体育、环境教育、生活与数学等12门校本课程。围绕促进学生终身发展、适应时代要求，着眼于艺术、文学、体育、科技、生活等五个方面，开设了金丝鸟合唱团、金声玉振小提琴社、斑斓金七彩坊、金笔尖翰墨斋、金手指创客俱乐部等24门社团课程，学生参加校本课程和社团课程的覆盖面达到100%。

二是改进课堂模式。建立金溪中学课堂教学评价体系，制定《课堂评价方案》《课堂评价指标》《课堂评价量表》等方案，鼓励教师采用启发式、探究式、讨论式、参与式等多种教学方式。建立教师课堂教学资源数据库，推动现代信息技术与教育教学有机融合。

三是创新教学组织形式。实施小班化和小组合作式教学，每班人数控制在36人左右，兼顾学生学业基础、个性特长等要素在班级内部设置3–5人的学习小组，灵活采用集中授课、小组讨论、个别辅导、实践体验等多种形式，实现关注每个学生的最大发展。四是建立课后服务制度。在提高课堂教学质量的基础上，围绕学生学习中的实际问题，免费为学生提供包括思维训练、阅读提升、作业辅导、体育建康等在内的丰富多样的课后服务。

创建特色课程体系

课程是指学校学生所应学习的学科总和及其进程与安排。课程是对教育的目标、教学内容、教学活动方式的规划和设计，是教学计划、教学大纲等诸多方面实施过程的总和。课程是一所学校最重要的产品，是学校一切工作最终物化的体现，是师生能力与水平最有力的证物，是学校的核心竞争力。

在“温暖教育”办学思想引领下，我校确定的课程建设思路是：国家课程的校本化，对学生实施分类走班教学；国家课程的拓展化，对学生实施分层走班教学；构建学生生涯规划教育、社会实践活动和社团活动课程体系。办精品初中，育一流英才，让所有孩子都成才且找到一条适合自身特点（升学、艺体、国际化）的发展之路。课程建设目标是：以基础性课程为主，拓展性课程和研究性课程为辅，每学年习一门课程，初中阶段习得两项艺术特长，促进全体学生全面发展、核心素养提升、个性发展和终身发展。

（一）课程建设目标

1.总目标

建立并完善能满足学生全面素质发展和创新人才培育所需要的课程体系与教学机制。以校本课程、特色课程建设推进学校课程体系建设，以学校课程体系建设拓展学生发展的空间，凸显学校办学特色，在近五年建设的基础上，力争达到重庆市精品课程的要求。

2.学生发展目标：

在知识、品质、能力、个性等方面得到比较和谐、全面、可持续的发展，使学生的发展有更广阔全面的空间。健全学生人格，提高学生的综合素质，至少学习一门形成自己特长的课程，学会观察和思考，学会质疑和探究，培养动手能力和创新能力。

3.教师发展目标：

遵循“温暖金溪，温暖一生”的教育理念，践行“差异教育，多元发展”的办学方向，每一位教师能炼一门专长，开一门课程，带好一个兴趣团队。学会学习、学会反思、学会创新，成为实践的研究者，促进教师专业化成长，成为具有较高职业素养、个人修养与人格魅力的优秀教师。

（二）课程建设结构

设置语言与文学、数学、人文与社会、科学、技术、艺术、体育与健康和综合实践活动八个学习领域的课程体系。每个领域涉及国家课程、地方课程、校本课程。八个课程板块设计按照不同类型功能覆盖每一名学生的在校学习需要，以供每名学生在教师指导下进行选择性学习。

国家课程——严格按照国家课程标准完成教学目标与基本课时的基础课程，体现国家对公民素质的基本要求（即共同基础），着眼于促进学生基础学力与基本素养的高水平发展。

地方课程——以学科知识体系为主线，以校本选修为学习形式的拓展课程，着眼于学生素质发展的要求，满足学生不同方向与不同层次的发展需要。

校本课程——围绕体现共同核心价值的学习目标，在自主参与基础上，以主题活动等形式展开的实践课程。不仅是学科知识的整合，更是德育渗透与泛化的体现。

结合上述八个课程板块，学校设计了“专业化、精细化、个性化、温暖化”教育课程体系，具体如下：

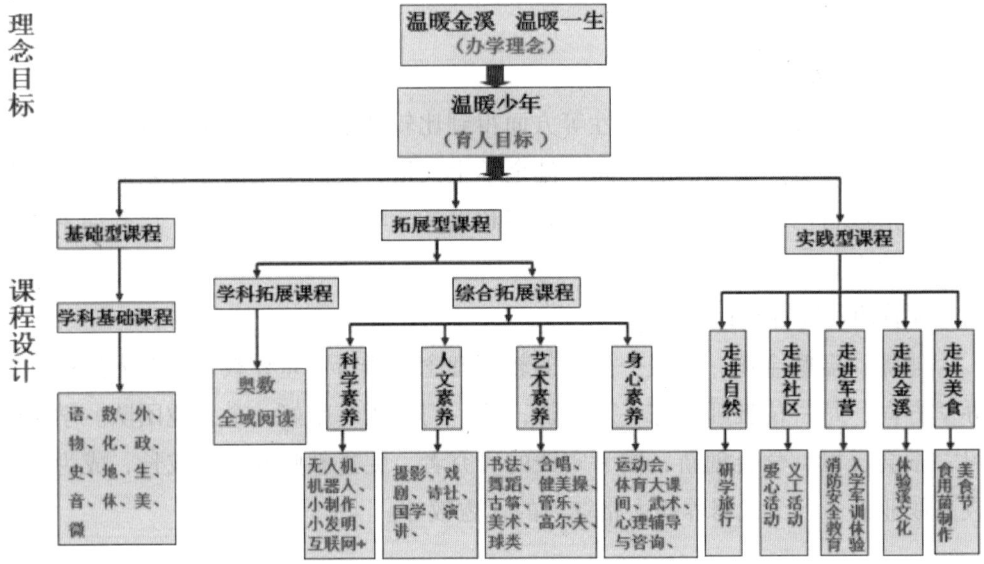

主题展示

月份	1	3	4	5	6	9	10	11	12
主题	诚信	理想	读书	青春	社团	行规	安全	体艺	英语

（三）课程建设实施

1.加强课程建设的组织领导，保证课程建设工作的有效开展

课程建设是学校提高整体教学水平和人才培养质量的重要举措，它涉及教师队伍、教学内容、教学方法和手段、教材、教学管理等教学基本建设工作的诸多方面，是一项整体性教学改革和建设工作。因此，必须组建课程建设领导小组，负责组织制定全校的课程建设规划、方案，组织开展校本课程、特色课程的创建与评选，并对各类课程进行检查、指导和评估，从而为课程建设工作的有效开展提供组织保证。

2.加强教师队伍建设，确保课程建设可持续发展

拥有一支师德高尚、治学严谨、学术水平和教学水平“双高”的教师队伍是提高课程建设质量，实现课程建设可持续发展的关键。为进一步加强教师队伍建设，主要从以下两个方面入手。

第一，校外延伸，校内培植，提升教师专业水平。我校是一所新建学校，年轻教师是学校的主力，从建校开始年开始与重庆各个名校建立友好合作帮扶关系，我们一方面要求本校老师积极主动走进名校，与年级组、教研组、备课组建立联系，不断吸纳和学习可以使我们少走弯路多出成效的好方法好点子，一方面诚挚邀请各个名校的名师深入一线课堂进行教学工作的指导，对于教师专业水平的提升成效十分显著。

第二，注重内涵，关注发展，激发内在活力。一是启动名师培养工程，建立各级骨干教师的培养、考核制度和骨干教师发展基金，本学期对在岗的所有骨干教师进行考核，对于考核优秀的予以奖励，考核不合格的将取消骨干资格，并积极开展“阅读名师”活动，不断的丰富内涵，转变了教师的教学观念，为教学质量的提升打下了坚实的基础。二是落实师徒结对工程，确定师傅和徒弟的具体职责任务，并建立捆绑式考核制度和奖励制度。三是开展“温暖基金”表彰会，把此项活动变成学校的典型文化之一，加大优秀教师的宣传。

3.强化教改立项研究内容与课程建设的有机结合，不断更新课程建设内容

深化教学改革是加强课程建设的核心，是提高课程建设水平的源泉。为使课程建设内容不断更新，在加强对原有教改立项项目管理，强化教改研究成果的实践和应用的基础上，重点支持与课程建设关系密切的，使先进的教学经验和教改成果及时融入课程建设之中，我校先后开展了与课程建设紧密相关的课题，如《五大特色社团活动促进初中生综合素养的实践研究》、《统编教材名著导读促进语文核心素养养成》、《初中数学课堂互动行为的发展性研究》等，从而不断提高课程建设水平。

4.建立科学合理的管理机制，确保各类课程建设质量

课程建设是一项长期的基础性的教学工作，必须常抓不懈。为此，学校将定期进行合格课程的鉴定验收和精品课程的评选，对各类课程进行检查、指导和评估。首先我们借助一年一度的办学督导评估，借助知名专家的监督检查，及时对各类课程的建设提出相应的改进意见和建议，使其在教学实施过程中不断完善和提高。二是学校课程建设领导小组定期进行考核，在考核过程中发现发现后续建设工作不力、水平明显下降的校本课程，将取消其相应的开课资格。

5.建立有效的激励机制，鼓励教职工积极参加课程建设

课程建设是教学工作的重要组成部分，为鼓励教职工积极参加课程建设，学校将把校本特色课程建设纳入教学工作考核、奖励范畴，并建立相应的激励机制。主要包括：第一、对评选出的校级合格课程和精品课程，将提供一定数额的建设经费，并从合格课程中择优推荐参加校级精品课程的评选给予一定的奖励。第二、把课程建设工作作为专业技术人员考核、职务晋升以及评选优秀教师的重要内容之一。

总之，我校的课程实施，严格执行国家对初中阶段课程总课时数的要求，力求国家课程与校本课程、必修与选修之间的融合、协调，实行总量控制下的分块指导，对于所有课程，要精心实施，严格考核。在严格控制班额规模，不增加每位教师承担的基础型课程的教学课时的基础上，严格按要求课时，高质量地完成基础型课程的教学。并根据一天中学生的特点制定课程教学目标，有详尽的授课计划与教案，教学过程中教学策略得当、教学手段丰富，有利于激发学生的学习热情，能激励学生自主学习、主动探究和实践体验，从思想、能力和价值观等诸方面引导学生，促进学生的个性发展和全面素质的提高。

（四）课程实施保障

1.充分开发，合理利用校内外课程资源。例如我校旁边就是保利高尔夫球场，有专业的高尔夫球场和教练，为此课程领导小组充分利用这一资源，通过大力争取和积极协调，开设了高尔夫课程。

2.学校对参加校本课程研究的教师在外出学习、教学研究、校本教材编写等方面提供物质支持。

3.设立校本课程实施的研究及奖励经费。

4.学校对教师进行必要的课程理论培训。

5.保证实施教师的研究时间和研究空间。

6.鼓励教师撰写心得体会，包括成功的经验和失败的教训。

7.在教师考评上充分肯定教师校本课程实施的成果。

8.学校对实施教师应做好各类设施的提供，为校本课程的顺利开设准备物质条件。

9.对教师开发的校本课程，学校组织评选，优秀的校本课程，铅印成册，并予以奖励。教师开发出的校本课程的成果记录在教师业务档案。

（五）课程实施评价

1.对教师评价

（1）成立校本课程评价领导小组，具体负责检查和评价。

（2）完善校本课程的开发与申报制度。

（3）组成校本课程开发教师团队，积极参与校本课程的开发与实施。

（4）对校本课程的评价，重视过程性评价，旨在提高教师的业务水平及学生的自主学习能力。

（5）各任课教师每学期需对学生的学习情况采用不同的方式进行评价，评价学生对该学科学习的兴趣需求、学习效果等。

（6）对于参加校本课程开发的教师在评比的基础上学校将给予适当的奖励。

2.对学生的评价

（1）学生校本课程成绩评定采用学分制，每位学生三年所学课程的最低学分为6学分。

（2）由任课教师负责教学班学生的考核，并根据学生学习过程表现、考核考查成绩，认定学分，报校学分认定委员会审核。

（3）出勤率未能达到规定课时的80%者，不能获得相应的学分。

（4）凡不能修满校本课程最低学分要求的学生，不能毕业。

打造温暖课堂模式

（一）“温暖课堂”模式提出的背景

近十年来，基础教育进入了一场深入而持久的新课程改革，传统的教育观念与新的教育诉求发生着激烈的碰撞，从教育观念到教育教学行为，从教育目标到课程内容，都在经历着蜕变的过程。不过，在现阶段处于转型期的中学课堂教学依然不甚理想，比较突出的归结起来有两种情况：

1.完成性课堂

长期以来，升学压力下的课堂教学是一个把不同的学生置于同一教学模式中进行统一打造的过程，呈现出明显的“完成性”和“线性”特征：采用统一的大纲、教材、作业和评价，坚守着“一条线”服务，知识灌输——试题讲解是最基本的课堂模式，老师担纲，全线承包；忽视课堂教学过程的生成性，过于追求课堂教学预设性的一面，课堂教学按部就班，生硬地以完成预定任务为最终目的。教学评价上，强调结果，特别强调考试分数，对课堂中学生的表现过程少有关注。

譬如《观沧海》教学设计过程（①朗读诗歌。②翻译诗歌意思。③理解诗歌情感。④背诵默写诗歌⑤常见考试题型练习。）就是如此

显然，这堂课最大的弊端在于教学目标的漂浮和教学内容的线性罗列，一个本身明确的教学目标最终没落实到行为上。造成这一现象的原因在于教师没能放手，没能让学生在问题情境中去行动。事实上，好的教学应是看得见的，它不是言语的呈现和展示，而是发现与反馈：教学的有效性基于对教学问题的发现和解决，不让学生去实做，不通过学生的答案去发现问题，就无从谈及教学的温度。教师不放手、不尊重的间接表现就是追求大容量、满堂讲，这样的状况下，教学过程对学生而言仅仅是一个感受的心理过程，学生对有效信息的处理没有外化成行为，就连最基本的记录行为也“被丢失”了。

2.形式化课堂

新课程改革，给课堂教学注入了新的观念、新的定位，教与学的方式也发生着很大的变化；但是，不少的课堂教学又陷入了另外一种弊端：过于追求学生的

“自主”，过于追求形式上的教学方式，特别是现代教学技术的泛泛使用，而弱化或忽略了对教学内容本身的扎实钻研和有效呈现，“自主、合作、探究”式的学习方式陷入误区，课堂也因缺失积极的调控而只是表面热闹，教与学呈现种无序状态，具体表现举例如下：

(1)课堂提问过多，肢解了内容主体。传统的“线性”课堂在教学过程中表现为“满堂灌”，而新课程背景下，为体现学生的主体参与，课堂又出现了另一个极端即“满堂问”。且大多是教师问学生答，所提的问题又过于简单，所提的问题几乎只有一个标准答案，很难见到学生主动发问，学生被诸多问题牵着鼻子走，哪有时间进行思考？与“满堂灌”相比，虽然形式上学生参与到教学中，但是本质上都没有把学生真正当做学习的主人，没有给学生提供自主学习、独立思考的空间。这样的课堂，太模式化。

(2)课堂活动过多，掩盖了内容主体。随着新课程改革的深入，新课程理念正在植根于教师的头脑中，许多课堂特别是公开课、研究课、示范课上，合作探究、讨论交流、分组竞赛等新的学习方式也频频展现在我们的面前。譬如有一位老师在教学《中国石拱桥》的时候，前面用25分钟匆匆处理了一下课文，然后就让学生上黑板来画一画中国石拱桥，课堂活跃，学生的参与度也高，但课堂没有基点。焦点、重心点，学生在课堂上一会儿忙这，一会儿忙那。同学们在下面一边欣赏一边评价，课堂是很热闹，但是这个设计与一堂语文课到底有什么关系，与本课的教学目标到底有多少关系，不得而知。这样的课堂，太随意化。

(3)辅助手段过多，弱化了教学主体。随着多媒体等辅助手段的普及，课堂教学从形式到内容上添加了现代元素，特别是电子课件在提供信息方面直观便捷，使课堂教学变得既省时又省力：课堂上，学生可以舒舒服服地看着老师展示的电子课件，再听听老师的讲解，该抄笔记的时候，就抄笔记；不想抄的话，下课把老师的课件拷贝一份就行。事实上，无论现代科学技术多么发达，多么广泛深刻地渗透进教育教学活动的内部，教师在课堂上靠自身各种行为变化来传达教学信息和组织管理教学都将永远是有效教学的基础，况且，过多地展示和呈现，学生新鲜感骤减，易陷入视觉疲劳，上课越来越没有热情，这样的课堂，太机械化。

鉴于目前课堂教学存在的一些现象，加上金溪中学建校之初，就提出了“温暖金溪，温暖一生”的办学理念，我们也一直致力于培养“精进不止，温暖天下”的金溪少年，为此，我校提出了“温暖课堂”教学模式的打造，我们力求“温暖课堂”是以生为本的课堂，是学生主体性行为最大化的课堂，是学生核心素养奠定的课堂，学生因有收获感到温暖，教师因有教学相长而温暖，因课堂有生成而温暖一生。

（二）“温暖课堂”模式提出的理论基础

1.认知理论

认知理论强调学生共同活动本身对学业成绩的影响。认知理论有不同的假说，一般有认知发展理论和认知精致理论，其区别在于促进认知增长的作用者不同——集体的（认知发展理论）、个体的（认知精制理论）。认知发展理论认为：儿童围绕适宜任务所进行的相互作用能促进他们对重要概念的掌握。苏联心理学家维果茨基提出“最近发展区”概念，在他看来，儿童间的合作活动之所以能够促进成长，是因为年龄相近的儿童可能在彼此的最近发展区内操作，表现出较单独活动时更高级的行为。其实质是儿童在其发展的阶段还不能独立解决的问题，却能借助于成年人或具有相关知识的同龄人的指导与合作而学会解决。瑞士心理学家皮亚杰也进行了“守恒研究”，大量的实证研究证明同伴的相互作用能够帮助非守恒者成为守恒者。认知精制理论认为：如果要使信息保持在记忆中，并与记忆中已有的信息相联系，学习者必须对材料进行某种形式的认知重组或精制，所谓精制，按照莱文的解释，是指人们为更好地记住正在学习的东西而做的充实意义的添加、构建，或者深发。而精制的最有效方式是向他人解释材料。长期以来，关于同伴互教活动的研究发现，在学业成绩方面，教者与被教者均能从中受益，而受益最大的是那些给他人做详细解释的学生。提出小组合作学习教学模式是教师精心创设合作情境，促进学生充分参与，使不同程度的学生在合作中取长补短，加深对问题的理解，促进学习质量提高的教学模式，集中体现了认知理论的基本思想。

2.集体动力理论

集体动力即来自集体内部的一种“能源”，集体内各成员的良好合作会对每个成员产生多方面的“增值效应”。首先，具有不同的智能水平、知识结构、思维方式、认知风格的成员可以互补。在“温暖课堂”的教学模式中，不同的学生在一个小组中可以相互启发、相互补充，实现思维和智慧上的碰撞，从而产生新的思想，创造性地完成学习任务。其次，合作学习有利于培养学生自尊和自重的情感。从集体动力理论的角度看，当合作成员聚在一起为了一个共同目标而工作的时候，靠的是团结的力量，相互依靠为个人提供了动力。依据集体动力理论建立的“温暖课堂”教学模式注重师生、生生之间的合作，发挥集体动力的作用，促进每个学生在认知上、情感上和态度上的积极发展。

3.主体教育理论

主体教育理论认为：主体性是人作为主体在与客体的相互作用中表现出来的能动性，集中体现为人的自主性、主动性和创造性；主体间性——主体与主体间相互交往的特性，是人的主体性的重要组成部分，只有在交往中人自身才能得到发展，人的主体性才能得以真正的展现。主体教育理论特别强调教学活动的社会性，学生正是通过小组合作学习，在相互合作与交往中得到发展。以主体教育理论为基础，“温暖课堂”教学模式的构建特别重视通过创设多种形式的小组合作学习，给学生提供交往的平台和机会，使之相互交流、彼此尊重，共同分享成功的快乐，使学生真正成为学习的主体，获得健康活泼、积极主动的全面发展。

4.建构主义学习理论

建构主义学习理论认为，学习过程是学习者主动建构知识的过程。知识不是通过教师的讲授得到的，而是学习者借助他人的帮助，利用必要的学习资料，通过有意义建构的方式来获得的。也就是说，学习并不是把知识从外界搬到学习者的记忆中，而是以学习者已有的经验为基础，通过与外界的相互作用来建构新的知识。

建构主义学习理论主张，学习是在教师的指导下以学生为中心的学习。学生是信息加工的主体，是意义的主动建构者，而不是外部刺激的被动接受者和被灌输的对象；教师是意义建构的帮助者、促进者，而不是知识的传授者和灌输者。建构主义理论既承认学生的主体作用，又不忽视教师的主导作用。

建构主义学习理论强调，学习应是一个交流与合作的互动过程。教师不能简单地呈现知识，更不能利用自己的权威强制学生接受，而是洞察学生对已有知识的理解，要与学生共同探讨、彼此交流、相互质疑，引导学生对新知识进行分析、检查和批判，最终形成自己的建构。

（三）“温暖课堂”模式提出的基本原则

1.主体性原则。

要充分体现学生的主体地位充分发挥学生的主体作用，让学生成为学习的真正主人。

2.全面性原则。

以更新教学理念、转变教学方式和学习方式、优化课堂教学结构为重点，全方位实施课堂教学改革；以课堂教学改革为带动，配套推进教学管理、作业、评价等教学改革。

3.创新性原则。

在借鉴各地各校课堂教学改革成功经验的基础上，充分发挥学校教师的主动性和创造性，鼓励自主创新，努力探索提高课堂教学质量的有效途径。

4.发展性原则。

课堂教学改革要在学校课堂教学的各个方面都取得实质性进展，最终达到通过实施课堂教学改革的途径，使教学质量有明显提高、教学效能有明显增强，学生发展水平有明显提升的目的。

（四）“温暖课堂”模式提出的基本理念

1.面向全体。

以学生全面发展为宗旨，让每一位学生都获得成功体验，让每堂课都焕发生命的活力。

2.以学定教。

课堂教学要以学生为主体，以教师为主导，以训练为主线。为学而教，会的不教，教学生自己学不会的。

3.平等交流。

教学过程是师生交流合作，共同发展的过程，教师是“课堂中与学生平等对话的首席”，应将微笑和温暖带进课堂，鼓励带给学生，创设民主、和谐、积极的课堂教学氛围。

4.引导自学。

教学过程是引导学生经历、感受和体验知识生成的探究过程。学生能自己做到的，教师不能包办代替，要尽可能多的给学生自主学习的时间、空间和展示自我、探索创新的机会，让学生成为“跳起来摘桃子”的人，而不是“盛桃子的管”充分暴露学生在学习中的问题，并帮助分析解决。

5.尊重差异。

教师要关注每一个学生的学习状态。尊重学生个体差异，赏识学生独特感受、体验和理解，引导、鼓励不同层次的学生个性化学习和发展。

（五）“温暖课堂”教学文化的内涵

温暖课堂具有三个特征，温暖课堂是“减负提质”的课堂，温暖课堂是促进学生“核心素养”的课堂，温暖课堂是渗透“教学文化”的课堂；温暖课堂渗透的一个核心思想就是“激趣、有效、助长”，形成了一种课堂教学模式------“三学一练”，即自学、议学、悟学、精练。

1.“自学”是指学生在教师导航、任务驱动下进行的个体学习行为，包括课前自学、课内自学和课后自学。学生自学前和自学过程中，教师定要有自学指导，教学过程中要有激趣或问题导入，并出示简明易懂的自学目标，自学要做到知识问题化、问题层次化。为减轻学生的课业负担，课前自学尽量不布置，要做到随课而异，一些探究性 、研究性、背景式的材料， 可以放在课外查阅，自学要以课内自学为主。课内自学教师要充分引领，以主问题来贯穿课堂教学.并做到自学要有检测，保证堂堂清。

2.“议学”是教学的中心环节，课堂学习要紧紧围绕“议”来展开， “自学”是铺陈， “议学”才是关键，是为了解决学生生成的问题。当学生通过对学、群学还不能解决时，提到全班来讨论。教师要把学生提出的问题作为教师“导”的切入点，其他小组能帮助解决的，教师尽可能先让学生来讲，学生已答完整的教师不讲，学生答不完整的教师补充，学生答不上来的，教师重点讲解。这一环节也是解决教学重难点，当学生没有提出教学重点问题，而教师通过调查发现学生不能解决的问题时，教师要及时抛出问题，在充分议的基础上予以解决。

3.“悟学”是收获的知识归纳，也是总结提升。课堂总结是悟的主要环节，课上的总结要引导学生归纳，学生总结不好时由教师来梳理。

形成知识的思维导图，形成整体意识。悟定要有升华，要梳理节课的知识结构，回顾学习方法和解决问题策略。

4.“精练”是知识巩固，深化提高。实施当堂训练，实现堂堂清，减少课外作业量以减轻学生负担。堂堂清的训练题要精选，建议有必做题和选做题，供不同层次的学生选择。

四个环节不是截然分开的，有时也可循环往复，四个环节中的任何两个环节都可以组合成为一个完整的过程。

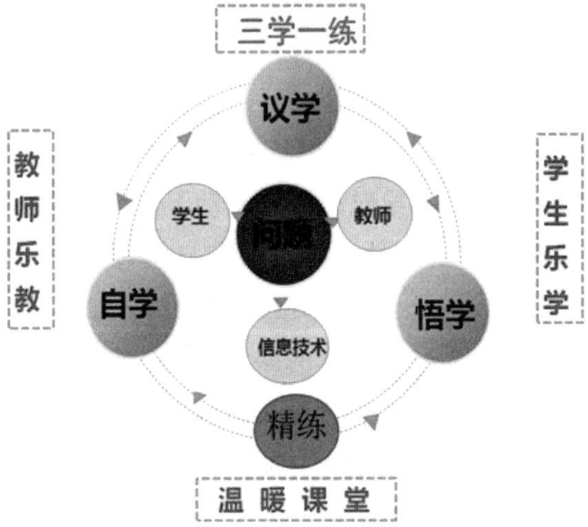

“温暖课堂”教学流程图

（六）“温暖课堂”教学流程

1. 自学。即自主学习，自主探究，本环节重点培养学生自学能力，独立思考

过程中可参考以下流程设计：

①创设情境，导入课题

②出示目标，提出问题

③自主学习，展示成果

④梳理整合，发现问题

在“自学”环节中，要给学生充分的时间，以“静”为主，学生在“静”中思考探索，去解决问题并发现新问题。

2.议学。即生生互动，师生互动，生本互动。本环节重点通过小组合作学习培养学生质疑和发现的能力，以及交流展示的能力，运用过程中可参考以下流程设计：

①提出疑问，互动探究

②合作交流，共同释疑

③点拨引导，疑难剖析

④共同解决，引导梳理

在“议学”环节中，要激活学生的思维，以“动”为主，针对学生自学中的问题和教师预设的问题，生生交流，师生互动，由个别问题到共性问题，共同解疑答难。

3.悟学。即知识归纳，总结提升。本环节重点指导学生通过画“知识树”或“思维导图”对所学基础知识，基本方法（思想）进行归纳，提炼。

在“悟学”环节中，以学生动手动脑为主，自主形成知识体系。

4. 精练。即巩固练习，深化提高。本环节培养学生的迁移能力，运用新知解决问题的能力运用过程中可参考以下流程设计：

①初步应用，巩固新知

②综合应用，形成技能

③拓展应用，解决问题

在“精练”环节中，以学生动手操练为主，这是一个由理论走入实践的过程，运用新知解题，并检测课堂学习的效果，从而实现堂堂清，确保课堂教学的高效。

（七）“温暖课堂”教学文化特征

1.“温暖课堂”体现对话型教学文化

对话是一种人与人之间“在各种价值平停、意义平等的意识之间相互作用的特殊形式”，是一种“同意或反对关系、肯定和补充关系、问和答的关系”。它是师生独特的表述方式，通过心灵沟通、思想的碰撞、意见的交换实现知识的共有与个性的全面发展。“温暖课堂”教学文化是“对话型教学文化”，它不仅体现了新课程改革提出的教育民主的思想，而且体现了“师生主体价值平等、主体精神并存，以主体性活跃为原则的教学”。教师不再处于对学生灌输、说教的权威地位，而是处于和学生平等对话的地位。与学生之间的平等对话，加强了师生之间的沟通，使课堂教学成为教师和学生共同进行知识建构和意义创造的过程，从而有利于建立温暖、民主、平等、融洽的师生关系，使学生的学习方式向自主、合作、探究转变。

2.“温暖课堂”体现合作型教学文化

哈葛利斯指出，合作型教学文化具有精神支持增进效率改善效能、减低负荷、同步进行、建立安全感、增强反思能力、提高组织反应能力、提供学习机会、不断改进的特点。合作型教学文化强调教学过程是师生、生生之间相互交往、积极互动相互协调共同发展的过程，充分体现教师主导和学生主体的作用。在这种教学文化的影响下，教师和学生成为课堂合作的主体，具有独立人格，从而形成一种平等、民主、理解的师生关系。

3.“温暖课堂”体现探究型教学文化

探究是指个体对自己没有接触过的有价值的东西，不停留在表面的认识，而去深入地思考，以期有自己的发现。探究型教学文化强调学生的主体地位，主张发挥学生的能动性，培养学生的主体意识，实现学生由被动地接受知识向自主探究发现知识的转变，真正成为学习的主体，从而不断获得成功的体验。教师要为学生创造探究的氛围，给学生提供发现、思考的机会，鼓励学生在学习中对各种观点进行质疑，敢于提出自己的假设主动地进行探寻，成为学习中的探究者。

4.“温暖课堂”体现自主型教学文化

“温暖课堂”中的“自学”，就是指学生自主学习，是指学生在教师导航、任务驱动下进行的个体学习行为，包括课前自学、课内自学和课后自学。学生自学前和自学过程中，教师一定要有自学指导，教学过程中要有激趣或问题导入，并出示简明易懂的自学目标，自学要做到知识问题化、问题层次化。为减轻学生的课业负担，课前自学尽量不布置，要做到随课而异，一些探究性、研究性、背景式的材料，可以放在课外查阅，自学要以课内自学为主。课内自学教师要充分引领，以主问题来贯穿课堂教学，并做到自学要有检测，保证堂堂清。

（八）“温暖课堂”教学文化的建构与实施策略

1.整体设计，逐步推进

首先建立学校实施整体方案，然后确立实施基本建构（环节），最后分年推进，逐步施行。

2.以赛促研，强化过程

（1）制定常年赛课计划

计划中包括赛课目的（推进课改，探索新路，总结出各学科、各种教育活动“温暖课堂”的操作方法；改变学生的学习方式，提高教学质量，实现学年奋斗目标；提高教师素质，建设名师队伍），计划中明确赛课地点，赛课时间，不同学科每周一晒。

（2）推进青年教师课堂教学比武活动。

每学期开展一次青年教师课堂教学大比武活动，形成说模式---赛模式---议模式的基本流程，通过反复的教学比武，不断提升教师的教学能力，从而提升教学质量。

（3）认真总结，奖优罚劣。

第一，实施任务驱动，确保深入推进。每个学科每周开展一次晒课；每个教师每月上交一次“温暖课堂”教学研究课教学案例（教案，学案，反思）；每个教师每周听2次同科晒课；每个教师每期参加一次学校层面的课改赛课；每个教师每年写一篇与课堂变革相关的经验文章，获市级奖励或发表为准。第二，强化过程“三展”，细化“一会”落实。每月展听课笔记，每期展教学设计，每年展课改论文；召开每期的课改经验交流大会。

3.注重考核评价，实现正向激励。

第一、设立课改专项考核评价制度，对阶段赛课、听课、教学设计和经验文章优秀的教师实行奖励。第二、制定温暖课堂评价指标量表，对教师的课堂实施有效的评价。

建立课后服务制度

课后服务是属于学校教育的延伸，是为了解决放学早下班晚“时间差”问题而衍生的一种服务，我校本着帮助学生家长解决实际问题，促进学生健康成长的原则，进一步增强教育公共服务能力，着力解决学生在学习日下午放学后存在接送难、监管空档期等问题，保障学生健康安全，不断强化担当意识和责任意识，回应群众关切，立足工作实际，积极创造条件做好学生课后服务工作，努力办好人民满意的教育。

（一）施行课后服务的背景

1.家长方面，学生监管无法得到全面保障

我校学生来自学校周边的各个小区，距离有远有近，家庭条件有好有差，父母文化水平有高有低，还有好些父母工作时间很不固定。据不完全统计，我校有40%的家长要么是外地务工人员、要么是个体商贩，他们有的早起晚归，有的长期上夜班，这一部分家长加上自身认知水平有限，基本上不过问孩子的学习情况。有时孩子出现了问题老师打电话找家长沟通，家长说得最多的一句话就是：“我们是真的没有时间管孩子呀！”我校不是一所寄宿制学校，学生如果放学就回家，一部分孩子就会存在大量的空档期无人监管，无形之中就加大了学校的管理难度。

2.学生方面，课堂知识无法及时温故知新

小学期间，学生的学习内容是比较简单的，学科也相对简化，主要学习语文、数学等最基础的课程。语文主要是识字教育和简单的听说读写能力培养；数学主要掌握基本的运算能力；其他方面只是接受一些直观、感性的知识。老师的教学也更重趣味性和直观性，而不是强调知识的完整体系。进入中学以后，学习的内容发生了明显的变化。学习的课程门类逐渐增加，内容也逐步加深。语文、数学、英语这些小学曾学习过的课程，由直观的、感性的、零碎的知识点变成了更为完整、系统的知识体系，并更加突出能力要求；同时，物理、化学等课程相继开设，历史、地理、生物等人文社科知识也成为重要的学习内容。因此学生能将每天所学的知识进行系统完整复习就显得尤为重要。孔子云："温故而知新，可以为师矣。"但是初中生的自控、自律都不够强，如果家长的监督也不到位，学生完成作业都无法保障，课堂知识的温故知新更是无从谈起。

鉴于以上情况，我校开展了学生课后服务，开设了丰富的课后服务内容，既有体育、艺术、科技、阅读等学生素养方面的培养，也有课业辅导、学业检测等知识巩固的加强。成为了促进学生健康成长、帮助家长解决按时接送学生困难的重要举措，是进一步增强教育服务能力、使人民群众具有更多获得感和幸福感的民生工程。

（二）落实课后服务的原则

1.制度化原则。组织全校教师加强对文件政策的学习，充分认识课后服务工作的意义，建立班级管理、签到考勤、评价考核等制度，明确分工，落实责任，实行课后服务工作责任追究制度，让课后服务工作制度化、规范化。

2.安全性原则。完善安全管理制度，加强对师生安全教育，确保师生人身安全。加强对师生安全意识教育，强化活动场所安全检查和门卫登记管理，严格落实考勤、监管、交接班制度和应急预案措施。

3.自愿性原则。从实际出发，根据学校场地、设施、工作人员等条件，对确实有需要的，按照家长申请、班级审核、学校统一实施的工作机制，家长提出申请，审核通过后，学校和家长签订学生课后服务委托协议，由学校统一组织实施。对于家长要求在校外另行实施的，主动提醒家长选择有资质、有保障的课后服务机构。

（三）强化课后服务的内容

遵循教育规律和学生成长规律，合理确定服务内容，坚决防止将课后服务变相为集体教学和补课，不得组织存在较大安全风险的活动。

1.安排学生自主阅读。利用学校图书资源，组织学生广泛开展读书活动，增强学生读书的兴趣和热情，帮助学生培养良好的读书习惯。

2.开展体育、艺术、科普等社团活动。把学校现有的活动教室当做课外服务工作的阵地，加强学生体艺美及科普知识教育，通过形式多样的娱乐游戏、拓展训练等活动，促进学生素质综合发展。

3.观看适宜儿童的影片。利用学校多媒体设备向孩子播放爱国主义题材、历史题材的纪录片、适合学生性格特点的健康的影视作品，通过影视作品来塑造学生良好的人生观和价值观。

4.创新形式开展服务。着眼学生成长，强化服务意识，不断探索，创新形式，采用与校外活动场所、社区、机关企事业单位和社会团体联合组织开展社会实践活动的形式，做好课后服务工作。

（四）严格课后服务的要求

1.加强领导，建立健全课后服务制度。学校成立以杨刚校长为组长、李永树、彭廷学副校长为副组长，教务处、德育处、安稳办、后勤处负责人为组员的课后服务领导小组，领导小组办公室设在教务处。领导小组定期召开会议研究改进课后服务工作，领导小组成员定点蹲班指导、监督工作落实。教务处要落实课后服务工作人员，制定好详细的工作措施，制定严格的考勤制度，严格按照工作安排准时出勤，做严做实做细，确保课后服务工作取得实效。

2.严格管理，确保课后服务学生安全。明确课后服务人员责任，建立带班行政巡查监督、值班教师安全检查、科任教师具体负责的安全管理机制。通过班团活动，加强对师生安全卫生意识教育。强化活动场所安全检查和门卫登记管理制度，制定并落实严格的监管、交接班制度和应急预案措施，切实消除在交通、场地、消防、食品卫生、安全保卫等方面的隐患，确保师生人身安全。

3.多方筹措，不断完善经费保障。通过“政府购买服务”“财政补贴”等方式，按照政策对参与课后服务的教师给予适当补助，严禁以课后服务名义乱收费。课后服务工作纳入学校目标考核体系，创新工作机制和方法，积极探索形成具有金溪特色的课后服务工作模式。

4.加大宣传，形成定期汇报机制。各年级组要将工作开展情况定期向领导小组总结汇报，领导小组及时解决存在的困难和问题，对工作中典型做法和有效经验及时进行宣传推广。

三、改革成效

（一）完善了基于学生核心素养提升的“温暖教育”校本课程体系

近4年来，学校按照《重庆市中小学度课程计划》，结合本校实际，在充分研究课程结构的基础上，逐步实现基础型课程校本化；拓展型课程弹性化，即“统一+菜单（选择）”的模式，既有共同必须学的拓展型课程，也有自主选择的拓展型课程；探究型课程学校特色化，使每个学生的个性得到充分、自由、和谐的发展。具体如下：

基础型课程：即国家课程的优化和本土化。教学目标是掌握基础知识和基本技能，为学生发展奠定基础。我们大力推进国家课程的优化和本土化，探索“温暖课堂”教学模式，实施小组合作探究、加强群激性评价的班级管理，以信息化引领学科教学，促进课堂教学效益提升。

拓展型课程：即学科知识和技能向深度广度延伸的课程。旨在培养学生个性特长、创新精神和实践能力，促进学生的全面发展、个性发展。

实践型课程：即研究型课程和社会实践类课程。探究性的课题研究活动和实践体验活动，旨在培养学生的创新意识、创新精神、创造能力和实践能力。

（二）打造了旨在提升专业能力的“温暖课堂”教师团队

近4年来，金溪中学紧跟课程改革步伐，狠抓课程管理，利用现代化教学手段和最优化教学方法打造高效课堂，以教学质量铸就学校品牌；精心组织学生社团活动，培养学生的社会实践能力和科技创新能力，将课程建设与学校“温暖课堂”教学模式研究紧密结合，在促进“温暖课堂”教学模式研究深入开展的同时也打造了一支专业能力过硬的教师团队。

教学业绩过硬。我校第一届初三毕业生，入校成绩在全区排名末位，三年之后，各项升学指标（上线率、优生率、平均分）均名列全区一、二名。

教学水平过硬。近4年来，我校青年教师参加各级各类赛课比赛，成绩斐然。语文、英语学科先后获得全国赛课一等奖；语文、历史音乐、综合实践、道德与法治等学科获得重庆市赛课一等奖（语文、历史获得第一名）

科研水平过硬。短短4年，学校先后有4个市级课题立项，其中重庆市教育科学“十三五”规划2016年度规划课题《五大特色社团活动促进初中生综合素养的实践研究》已成功结题。论文获奖和发表更是成绩显著。

（三）形成了彰显鲜明特色的“温暖教育”学校制度文化

近4年来，学校逐步规范了各项管理制度，制定并实施《教师团队捆绑考核制度》《教师全员竞聘上岗制度》《课后服务分配制度》等五项制度，从学校管理、教学管理、德育管理三个板块修订汇编了60000余字的《管理手册》，初步营建了“利益共享、捆绑考核、能上能下”等工作机制，建立了以目标为导向的团队捆绑考核机制，落实了“多劳多得、责重多得、绩优多得”的分配机制。

特别是学校通过“五大社团”课题的研究，在课题管理制度设定，校本课程开发制度，校本课程学分制管理的研究等方面取得了新突破，弥补了社团活动类课程评价制度的空缺，逐步完善了学校制度体系。

学校章程和核心制度，已经具备了现代学校管理制度的雏形，是学校文化的重要组成部分，是促进学校可持续健康发展的重要保障。

学校完成了“专业化、精细化、个性化、温暖化”教育品牌——温暖教育研究导图（见下图），它标志着我校校管理十大保障体系逐步走向成熟，涵盖了学校文化理念、学校管控、质量保障、教师发展、评价标准、课程开发、社会资源等方方面面。（附：金溪中学教育品牌制度建设体系图解）

重庆两江新区金溪初级中学"专业化、精细化、个性化、温暖化"教育品牌

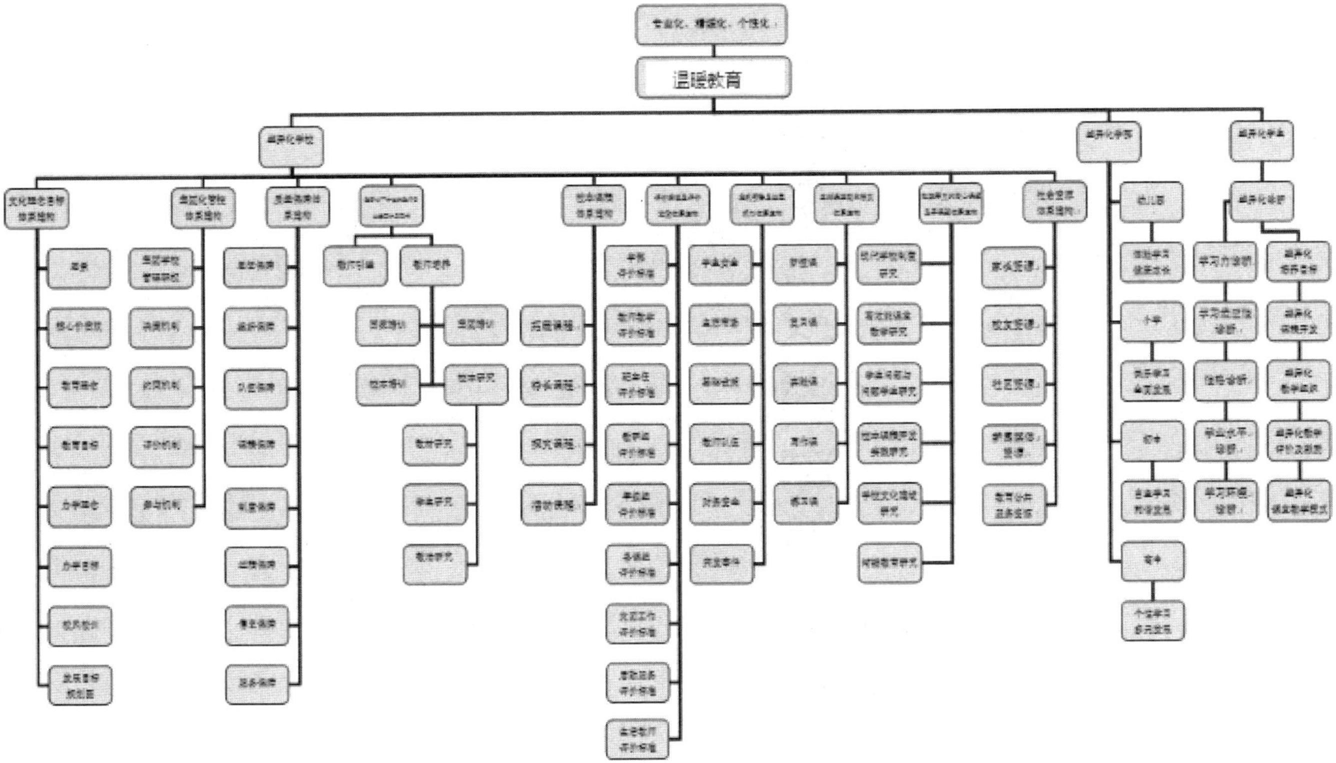

第二章

推进学科建设，构建温暖课堂

第一节 语文课堂教学实践探索

现代散文教学课例教学流程

现代散文在初中语文教材中占据了重要的位置，足以见得在语文教学领域，现代散文教学的课例研究不容忽视。语文组结合学校温暖课堂教学模式在现代散文教学中确定了“以读促学，以读促教，以读促写”的方式推进，即为以下五个环节：听读——整体把握；自读——探究品味；悟读——理解主题；扩读——延伸思考。整个过程充分体现学生为主，教师为辅的温暖理念，现以《紫藤萝瀑布》为例介绍如下。

一、听读——整体把握

操作要领：

■疏通字词

字词主要以课后“读读写写”和“课下注释”为准，可通过预习的方式也可通过检测的方式。

■背景及作者介绍

背景介绍必须选取与课文有关的，可以单独介绍，也可适时地插入教学环节中，甚至是导入中和结尾中。

■初读感知

初读的方式可以多样，可根据单元的朗读要求，如：默读、跳读等，还可以选择丰富的方式，如：合作朗读、师生共读、角色朗读等，《紫藤萝瀑布》一文，采用的就是师生共读的方式，师读第1、2段，生1读第3段，女生读第4段，男生读第5段，生2读第6段，生3读第7段，生4读第8段，齐读第9—11段。

■再读梳理

这部分内容可以让学生再读课文，主要目的是概括主要内容、梳理重点段落的大意，给文章分层，理清行文思路、找准线索、判断情感基调等等整体感知的内容。如《紫藤萝瀑布》一文，我们设计了三个方面的内容:

（1）说话题：

用一个词说说作者借着这篇文章讨论了一个关于的话题。

（2）说形象

简单地说：

文章塑造的两个形象是________与________。

详细地说：

花的变化过程：

昨天的花是的；

今天的花是的；

明天的花是生生不息的。

人的变化过程：

看花前：的“我”；

看花时：的“我”；

看花后：开朗坚定的“我”。

通过一个话题“生命”、两个形象“花”和“人”、三个层次的概括和梳理，让学生明白了主要内容和行文脉络，为后面的赏析奠定了基础。

二、自读——探究品味

现代散文最大的魅力在于语言，散文的语言总是很美，但是衡量语言的表达之美并不是那么容易。在教学过程中教师要注重学生语言理解能力的培养工作，帮助学生掌握方法，能够顺利地在文中找到品味的“切入点”，提升学生的赏析水平，这个环节是散文教学的核心。

■品味方法

（1）抓修辞：比喻、拟人、反复等；

（2）抓描写手法：人物描写、景物描写；

（3）情感色彩：贬词褒用、褒词贬用；

（4）用词：叠词、拟声词、形容词、副词等。

■挖掘角度

角度的挖掘可以从写作对象、情感、读者、作者、内容等角度，但是一定要注意斟酌，切忌脱离文本整体而从局部细节臆想作者的观点或者想法，可以参考教参及课程标准教案。例如《紫藤萝瀑布》一文，我们设计的角度有四个：

（1）品味描写藤萝瀑布的语言；

（2）品味描写紫藤罗花的语言；

（3）品味最动人心的一种情感；

（4）品味最富有哲理性的语言。

这四个角度，从每段的内容入手，有描写对象，有情感，有哲理，由前往后，由浅入深，由语言到情感再到主旨，层层递进，逐步升华。

■读品结合

"朗读"是品味语言最基本也是最有效的工具之一，在品析美的散文语言时，可以通过一遍遍地阅读，在读的过程中老师要有效地指导，让学生的读有情感、有温度，更有技巧的提升。

三、悟读——理解主题

这个环节是教学中的难点，理解主题是三维目标中情感态度与价值观的体现，这个环节可以与口语交际或片段写作相结合来达成目标。

■与口语交际相结合

一篇散文的主题总是与学生的生活实际紧密相关的，读散文我们也是为了更好的启迪学生的智慧，陶冶学生的情操，所以可以根据该散文的主题抛出一些话题让学生发表自己的感想、自己的观点，以此来达成情感态度价值观这方面的教学目标。

■与片段写作相结合

能读会写，是学生学语文最重要的技巧，而教材中的每一篇散文都是学生学习写作的最好范文，及时地用“以读促写”的方式不仅可以更好的加深学生对文章主题的理解，而且可以有效地促进学生的写作水平。例如在《紫藤萝瀑布》一文中，我们设计了一个训练是：假如你是紫藤咯花，你会对作者昨天、今天、明天、生命说点什么呢？请展开想象，用丰富和精美的语言写一段话。（你也可以选取其他的角度），教师再从学生的回答中提炼与归纳散文的主题：

生命的美好；

生命的美丽与喜悦；

热爱生命、珍惜幸福、珍爱人生；

生命的长河虽有曲折但永远前进；

苦难对于人生的意义；

执着追求与希望的可贵；

在逆境中坚守自己生命的价值，就永远不会为生活所抛弃；

生命的力度（生命不息，奋斗不止）；

生命的韧性。

四、扩读——延伸思考

拓展可以说是对这篇散文的拓展延伸，课本只是载体，通过学习这篇散文，我们要学会举一反三，扩读的方式可以多种多样。可以选取其他名人名言名篇放声朗读和理解，可以是推荐书目的方式，可以是做题的方式，可以是设计活动的方式等等。我们在《紫藤萝瀑布》一文中设计的是名人名言对于生命的解读，让学生美美的朗读。如：

辛妮加：生命是篇小说，不在长，而在好。

海涅：认识了生活的全部意义的人，才不会随便死去，哪怕只有一点机会，就不能放弃生活。

冰心：生命中不是永远快乐，也不是永远痛苦，快乐与痛苦总是相辅相成的。在快乐中，我们要感谢生命；在痛苦中，我们也要感谢生命。因为快乐、兴奋、痛苦又何尝不是美丽呢？

宗璞说：花和人都会遇到各种各样的不幸，但是生命的长河是无止境的。

总结：现代散文的教学流程要始终抓住形散而神聚的特点，情感、主旨都是教学的重点和难点，一定要在“读”中去领悟和写作，才符合课文课程听、说、读、写的核心素养和金溪中学温暖课堂的理念。

案例链接

【教学内容】《紫藤萝瀑布》

一、导入——先看文字

宗璞《哭小弟》

师:上课之前，老师先给同学们朗读一段文字，请同学们静静聆听。

小弟去了。小弟去的地方是千古哲人揣摩不透的地方，是各种宗教企图描绘的地方，也是每个人都会去，而且不能回来的地方。

我长小弟三岁。从我有比较完整的记忆起，生活里便有我的弟弟，一个胖胖的、可爱的小弟弟，跟在我身后。这一年多，从他生病到逝世，真像是个梦，是个永远不能令人相信的梦。我总觉得他还会回来，从我们那冬夏一律显得十分荒凉的后院走到我窗下，叫一声“小姊——”。

那一段焦急的悲痛的日子，我不忍写，也不能写。每一念及，便泪下如雨，纸上一片模糊。

师问：同学们，你们知道这段文字里的“我”是谁吗？

预设生：当代著名女作家宗璞。

师：是的，今天，老师就要和同学们一起学习她的一篇散文《紫藤萝瀑布》。

（板书）这篇散文写于1982年5月，作者因小弟身患绝症而沉浸在悲痛忧郁之中(小弟于1982年10月去世)。一天，她独自徘徊在初夏的庭院中，忽然看见一树紫藤萝。

（紫藤萝花图片）

那淡紫色的瀑布一般的藤萝花闪烁着生命的光辉，她不由得停住了脚步……

二、听读——整体把握

（一）师：接下来，我想请同学们和老师一起共读课文，我们朗读的安排是这里的，老师朗读1.2段，生1读3段，女生读4段，男生读5段，生2读6段，生3读7段，生4读8段，齐读9—11段，同学们清楚了吗？

预设生：清楚了。

师：女生读？男生读？齐读？

师：当然，我们读也是有任务的，听读课文，整体把握，在读的过程中有发现相关的关键词语请进行勾画。

（点击课件，配乐朗读）

师：同学们和老师一起和着音乐，读读令人仿佛沉醉在一片紫藤萝的花海中，接下来，我们检验一下听读的效果。请听题。

梳理课文脉络，抢答。

注意板书

1. 说话题

用一个词说说作者借着这篇文章讨论了一个关于的话题。

2. 说形象

（1）简单地说：

文章塑造的两个形象是与。

（2）详细地说：

花的变化过程：

昨天的花是的；

今天的花是的；

明天的花是生生不息的。

师：昨天的花是稀落的，今天的花是繁密的，明天的花会是生生不息的。

人的变化过程：

看花前：的“我”；

看花时：的“我”；

看花后：开朗坚定的“我”。

师明确：以上所说的概括起来就是一个话题“生命”、两个形象“花”和“人”、三个层次。告诉我们之前焦虑痛楚的我在这样一树繁盛，充满生机的紫藤萝面前，我的心境变得开朗，变得更加坚定了。

三、自读——探究品味

过渡师：有人说，宗璞的《紫藤萝瀑布》是一幅精美的画，是一首深沉的歌。俗话说“文如其人”，要想对这篇文章的美有着更深刻的体验与认识，我们先来了解其人。

（宗璞其人）男生读第一句，女生读第二句，齐读第三句。

创作翻译并举，小说散文俱佳，是当代女作家中屈指可数的学者型作家。

即便不微笑，也让人触到慈爱；哪怕不开口，也觉得腹有诗书气自华的气象。

宗璞散文最能打动人的地方产生于她的不事雕琢的真情。

过渡师：看了这些介绍，相信同学们已对宗璞略有所知，品味了她的文章以后，也许会对其人有更深刻的了解。

师：探究品味语言的方法同学们还记得有哪些吗？

生1：用词。

生2：用修辞。

师：是的，同学们的记忆力很棒，今天我们主要用这两个方法来品味。“抓最美的字词”和“抓最妙的修辞”。用这两种方法，老师给同学们准备了四个角度，我们分小组来完成：（品味其文）

1. 品味描写藤萝瀑布的语言（1. 2. 小组）

2. 品味描写紫藤萝花的语言（3. 4. 5小组）

3. 品味最动人心的一种情感（6. 7小组）

4. 品味最有富哲理性的语言（6. 7小组）

师：现在，请各小组以深究品味的方法再次进入课文，每小组完成相应的任务，各组放声朗读，探讨并作好笔记，选好发言人，等会儿一起来分享，开始。

师巡视并作出提醒：同学们也可以再寻找其他品味的角度，请批注在书上。最美的词语美在哪里？最妙的句子妙在何处？最动人之处是什么？最富哲理的句子你悟出了什么？请同学们批注的时候具体一点。

（一）品味描写藤萝瀑布的语言（1. 2. 小组）

第一小组：

预设生1：我们这小组品味的是第二段第一句：从未见过开得这样盛的藤萝，只见一片辉煌的淡紫色，像一条瀑布，从空中垂下，不见其发端，也不见其终极。这句从“盛”“辉煌”等字词直接写出了紫藤萝的盛大的特点，“还有不见其发端，也不见其终极”看不到头，也看不到尾，可见藤萝的盛大、宏伟。

师：这位同学用“抓词语”的方法品味出作者看到了一树盛大、壮观的紫藤萝，请同学们在相应的位置作好批注，记下关键词：盛大、壮观。

预设生2：紫色的大条幅上，泛着点点银光，就像迸溅的水花。仔细看时，才知道那是每一朵紫花中的最浅淡的部分，在和阳光互相挑逗。这句“大条幅”“迸溅”等词，写出了紫藤萝的壮观、雄伟。

师：迸溅的意思是向外溅出或喷洒，一般能溅出或喷洒的东西肯定非常得满，就表现出非常的多。

师：非常的盛大而繁密的特点。

师：“挑逗”最富表现力。作者展开了想象，写出了花朵在互相对话，争先恐后的开花，充满活力与生机。

师：挑逗是什么意思？

生：逗引，招惹。

师：我们一般用这个词形容谁的呢？

生：孩童。

师：没错，这里把紫藤萝拟人化，仿佛孩童一般充满着情趣。这样一树充满盛大、充满活力的紫藤萝让作者感受到了生命的盛大，所以作者不由得停住了脚步，“从未”说明作者对它充满着什么样的情感呢？

生：吃惊、赞扬，喜爱。

师：在停住脚步之前，作者沉浸在小弟身患重症的绝望和痛楚之中，忽然，从未见过的开得这样盛的藤萝，请同学们带着这种盛大、壮观、吃惊、赞扬的情感，再次朗读这一段。注意重读刚刚品味的这些词语。

（二）品味描写紫藤萝花的语言（3.4.5小组）

预设生1：花朵儿一串挨着一串，一朵接着一朵，彼此推着挤着，好不活泼热闹！

生：这是运用了拟人的修辞手法，写出了开花的争先恐后的动态。

师：又扣住了她盛大而繁密的特征。接着，第二小组

预设生2：“我在开花！”它们在笑。“我在开花！”它们嚷嚷。运用拟人，把花儿写得充满无限的活力。

师：每一朵花都想要自己的笑脸绽放在人们的面前。她们笑，她们嚷嚷，但是老师在这儿发现她们笑她们嚷，她们之间的差异很小，会不会有重复之感？是不是删掉其他一句也是可以的？

生：如果删掉，就不能看出花儿争先恐后，就是这里有一朵花，那里有一朵花的感觉。

师：有很多花儿在开花，抽一个学生读“我在开花”，（连抽三个）

师：作者看到花儿就联想到了她们像人一样的在欢笑在吵嚷，而我们在生活中为什么看不到呢？

生：因为作者写出了它的生机勃勃。

师：作者看见了生机勃勃而把它转换成人们的欢笑有什么好处？把视觉的生机勃勃转换成听觉的生机勃勃有什么好处？

生：通感

师：更加赋予了他生命的活力与美好。就像你一样，谢谢你！

师：所以盛大一定是争先恐后地展示自己，盛大是不愿被忽视的笑和嚷嚷，但是我认为盛大的生命还有一个非常了不起的地方。你们读到下面的时候，老师读到了上面的一句。“这里春红已谢，没有赏花的人群……”孩子们请齐读。

师：这一句写到这里这个“盛”是不是反而消减了，没有赏花的人群，连蜜蜂都不来采蜜，那她的盛大。生机、美好不是没有被烘托出来吗？

生1：我觉得前面这一句是为了烘托下面这一段，因为她说了没有别的修饰，有的只是她闪光的，盛开的美丽，而正是这样的闪光和美丽，生机盎然才吸引了作者的目光，所以更突出了他花开的漂亮，这种植物本身就很朴实的特点。

生2：我觉得这里没有赏花的人群，是因为她不是为了给人观赏而开放，而是为了自己开花漂亮的感觉才开花的。

师：所以盛大（美好）的生命不是为了讨好，是生生无人水流花开，是生命自然要追寻一种美好的绽放，所以这里是从另外一个角度来阐释她的盛大，不仅是繁茂骄傲的，也是朴实坚强而有力的。

预设生3：第六段。“忍俊不禁”“仙露琼浆”。

生：“仙露琼浆”这个词使这个甘露充满着神秘而美好的姿态。

师：有一种神秘的感觉为什么？

生：因为这是仙人喝的美酒，

师：仙人喝的美酒对于我们平凡的人来说，非常的

生：难得

师：那在此时此刻又指得什么难得呢？

生：作者眼前的花穗中包含的甘露很难得。

师：仅仅只是这个吗？请同学们看看后面的那一句。请同学们读出来。

生：我凑上去，想摘一朵。

师：但是我没有摘。这是为什么呢？

生：我没有摘花的习惯。

师：还有呢？

生：我不忍心摘。

师：为什么？

生：因为她很美好。

师：这么美好的紫藤萝，美丽的生命作者不想、不忍、也不能去破坏。因为作者明白生命是可贵的。（美好与可贵的）孩子们，带着对生命的美好与可贵的情感我们一起读读这一段。

（三）品味最动人心的一种情感（6小组）

预设生1：句子“我只是伫立凝望，觉得这一条瀑布紫藤萝瀑布不只在我眼前，也在我心上缓缓流过。留着留着，它带走了这时一直压在我心上的关于生死的疑惑，关于疾病的痛楚。我浸在这繁密的花朵的光辉中，别的一切暂时都不存在，有的知识精神的宁静和生的喜悦。”

生：我的心由原来的痛楚已经被紫藤萝打破了，当看到这个美丽的光辉的时候，我明白了藤萝就像一股暖流冲走了我的痛楚。

师：请问，“别的一切暂时都不存在”“生死的疑惑”“疾病的痛楚”别的一切指的是什么？

生：她弟弟的重病。

师：此时此刻，作者已不再是单纯地欣赏眼前的紫藤萝花了，而是联想到了自己的生活的痛楚，而这树盛大、充满活力的紫藤萝流进了作者的心里，给此时痛楚的我些许心灵的安慰，作者被她所感染了，被她给打动了，变得宁静而喜悦。带着这种温情我们一起读一读。

预设生2：忽然记起，十多年前但花朵从来都不稀落，东一穗西一串伶仃地挂在树梢，好像在察言观色，试探什么。后来索性连那稀零的花串也没有了。

（或者第九段）

生：眼前的藤萝让作者联想到了自己的生活和遭遇，通过藤萝的各种开花和藤萝的美丽指导自己应该怎么做。使作者感到遗憾的悲痛。

师：本来眼前的藤萝已经让作者感觉到了宁静和喜悦，可是突然又写到了十多年前的紫藤萝这是为什么呢？我们一起读一读。

师：十多年前的花的不幸是什么？我们一起读一读这段。

生：稀落、伶仃、稀零

师：十多年前的藤萝花朵稀落，惨遭劫难，好像在擦眼观色，试探什么？那她到底在试探什么呢？

（四）品味最有富哲理性的语言（7小组）

师：面对这重生的力量，作者发出了一句最富哲理的语言是：

生齐读：花和人都会遇到各种各样的不幸，但是生命的长河是无止境的。

师：那我们要怎样去面对各种各样的不幸，在生命的长河中应该怎样去挣脱，去创造，去展现生命的力量吗？作者有告诉我们方法吗？微小的我们在人生长河中会遭遇各种不幸，我们应该怎么办呢？同学们能不能用藤萝花的口吻和作者对话呢？假如你是一树藤萝，那时那刻你会对作者说些什么？

四、悟读——理解主题

（紫藤萝花说生命）

师：假如你是紫藤萝花,你会作者、昨天、今天、明天、生命说点什么?展开想象,用丰富和精美的语言写一段话。

生：我觉得我们应该一直往前走，如果一直沉浸在过去的痛苦中，是没有办法前进的，

生：像花一样不断的，永无止境的往前走。

生：像花一样无畏的往前走。

师：所以向花一样去奔流、涌动，去创造生命和展现的力量。这个时候流动的就不只在情感，还有对生命的思考。这是一条无止境的长河，她启迪我们遇到各种遭遇只有奋力向前，这一树闪光的、盛开的藤萝。

师：你也可以选择其他的角度，请同桌之间互相说一说。（差的抽1-2个，好的抽3—5个）

在学生发言的基础上，教师要注意适时适度地加以归纳与提炼：

生命的美丽与喜悦。

热爱生命、珍惜幸福、珍爱人生。

生命的长河虽有曲折但永远前进。

苦难对于人生的意义。

执着追求与希望的可贵。

在逆境中坚守自己生命的价值，就永远不会为生活所抛弃。

生命的力度（生命不息，奋斗不止）

生命的韧性（紫藤萝的植物特性：生性喜阳光，却也能耐阴耐寒；喜湿润肥沃、排水良好的土壤，也有一定耐瘠薄和水湿的能力；对土壤酸碱度适应性较强，微碱性土中也能生长良好）

师过渡小结：藤萝花告诉了“我”生命的真谛，让我们再来听听名人们是怎样说生命的吧。同学们，和老师一起，让我们美美地读一读吧！

五、扩读——延伸思考

（名人说生命）

师：老师读作者，你们读内容，我们一起美美的品读一番吧！

（PPT出示顺序，一个一个出示）

4.宗璞说：花和人都会遇到各种各样的不幸，但是生命的长河是无止境的。

1.辛尼加：生命是篇小说，不在长，而在好。

2.海涅：认识了生活的全部意义的人，才不会随便死去，哪怕只有一点机会，就不能放弃生活。

3.冰心：生命中不是永远快乐，也不是永远痛苦，快乐与痛苦总是相辅相成的。在快乐中，我们要感谢生命；在痛苦中，我们也要感谢生命。因为快乐、兴奋、痛苦又何尝不是美丽呢？

六、结语

师过渡：花和人都会遇到各种各样的不幸，但是生命的长河是无止境的。我想通过今天的学习，希望同学们对生命的长河有些许领悟。最后，老师想用诗人海子的话来结束我们这节课，希望同学们在你们人生的长河中遇到挫折和困难时，从明天起，做一个幸福的人，愿你在尘世获得幸福，愿你面朝大海，春暖花开！下课！

诗歌课堂教学流程

中国是诗歌的国度，有人的地方就有诗歌。诗歌已成为中国文学史上最耀眼夺目的瑰宝。然而，诗好在何处？古人说的很抽象，说诗歌要读出它的“味”；现代评论家说得具体一些，也往往只是从诗的写景抒情予以肯定：诗歌色彩鲜明，景象如画，见景生情，情景交融。

我们初中教学中，古诗教学又是我们必须要面对的重要环节，可是我们的初中生们大多囿于知识能力和生活阅历的局限，无法真切地体味诗歌的韵律美、结构美和意境美。怎样才能深入浅出地教学诗歌呢？我们备课组经过反复的思考和探索，以部编版的一些诗歌鉴赏为例，浅略谈谈诗歌教学的教学流程。

一、读味

想要把诗歌的味道读出来，首先要做到读准字音，读出节奏，读出停连。以崔颢的《黄鹤楼》为例，这首诗是七律，每句有七个字，七律我们通常采用二二三的节奏来读，这首诗篇压的“ou”韵，朗读的时候注意把停顿的地方延长，把韵脚的声音也延长一些，那么整篇诗歌读起来就会有那么一点味道了。

当然，读的最好的方式还是吟诵。

吟诵，就是有节奏地诵读诗文。李白《游太山》诗之四：“清斋三千日，裂素写道经。吟诵有所得，众神卫我形。”吟，有音阶，是像唱歌一样地诵读。吟和唱的区别是：唱是音乐为主，语言为辅，目的在于欣赏曲调；吟是语言为主，音乐为辅，目的在于更准确地表达语言内容。教师可以把基本的调教授给学生，让学生只注意平长仄短，依字句和情绪做微调而已。这样一遍又一遍不同形式的读下来，诗歌的味道就读出来那么一些了。

二、品味

清代吴修龄把诗人的思想情感喻之为米,认为一般的文章只是把米煮成饭,诗则是把米酿为酒,所以,在品诗即"品酒",在"品"中,我们去发现、去把握、去挖掘、去想象、去发挥,从而领悟到诗歌的神韵,感受到诗歌的美之所在。就这首诗而言，到底品什么？我们备课组一致认为可以从品题目、品意象、品字词、品修辞、品章法这五个角度入手，引导学生沉浸在诗歌所勾勒的意境中。

品读诗歌，先看题目。题目往往是一首诗的题眼，起着纲举目张的作用，它基本上概括了作者写作内容。比如，文天祥的《过零丁洋》我们从题目就可以窥见词人写的就是作者路过零丁洋的所见所感；然而一些诗歌直接以《无题》来命名，比如李商隐就写了很多无题诗，我们无法从题目上获取更多有效内容，怎么办？不用紧张，看后面诗歌的内容就好。题目只是辅助作用，品读还得深入诗歌本身里去。

当我们聚焦诗歌内容后，我们一定要看诗歌中所描述的意象，通过意象结合诗歌来感知一下作者想要说什么。意象是一个非常重要的因素，因为诗歌的写作离不开意象，而古人也经常利用意象来表达自己的情感。

中国人受到儒家文化的影响，大多数情况下是比较内敛和含蓄的，说话不是很直白的表达，而是山路十八弯般的含蓄。作者的情感不会直接说出来，就只能借助景物来抒发，可能是蝴蝶，可能是风，也可能是花花草草，或者鸟虫鱼兽，各种各样。比如苏轼就用“一蓑烟雨任平生”的“烟雨”这个意象来表现自己的所遇的坎坷不平；岑参用“风掣红旗冻不翻”的画面来传递军中将士战斗到底，宁死不屈的倔强精神。

古人常说：“两句三年得，一吟双泪流”，“吟安一个字，捻断数根须”。前人写诗讲究推敲，我们后人读诗不课囫囵吞枣，必须字斟句酌，反复体会品味。

古典诗歌语言凝练、语意含蓄。语言表达上有许多特点，诸如受字数的限制，用字要省略；由于韵脚的约束，不得不运用倒装；要用短小的篇幅容纳丰富的内容，所以常采用多种修辞手法；遣词造句要合辙押韵等，只有从这些细部入手，反复品评，仔细赏析，才能进而分析作品的结构层次，作品的形象、语言和表达技巧，最终对作品的思想内容作出准确的评价。

古诗中常用的修辞手法主要有：

1.比喻。古典诗歌中运用比喻，写景状物时能突出生动的形象，强化特定意境的渲染；议论抒情时能以生动形象强化表情达意，从而深化诗歌的主题。如：“谁言寸草心，报得三春晖”（孟郊《游子吟》），“寸草心”、“三春晖”分别比喻“游子”、“母亲的恩泽”。再如：“为我一挥手，如听万壑松”（李白《听蜀僧濬弹琴》），“万壑松”比喻音乐震撼人心的效果。

2.借代。借代是古典诗歌中运用很广泛的一种修辞手法。如“孤帆远影碧空尽，唯见长江天际流”（李白《望天门山》）中的“帆”本是船的一部分，但其借指“船”；“岸芷汀兰，锦鳞游泳”（范仲淹《岳阳楼记》）中的“鳞”同样也是采用部分代替整体的借代手法，借指“鱼”。

3.托物起兴，意味隽永。如巧用双关、象征等手法来写，更为别致。如王维《相思》，首句“红豆生南国”托“红豆”起兴，暗喻后文相思情，用语清纯又极富形象性。“春来发几枝”，寄语设问，饶有情趣，读来倍觉亲切。“愿君多采撷”，仍言在此而意在彼，实际上是暗示友人珍重友谊，用语诚恳动人。“此物最相思”，此句既切“相思子”之名，又合相思之情，妙用双关，加上这“最”字更显含蓄深婉。全诗选择象征赤诚友爱的红豆来寄托情思，语浅情深，意味深长。

4.色彩烘托法。色彩烘托指的是诗人在作品中把多种色彩并列在一起，相互映衬，使人感到鲜明、振奋、活跃，从而加强意境中的效果。如白居易《忆江南》中“日出江花红胜火，春来江水绿如蓝”，春天百花盛开，已极红艳，红日普照，更红得耀眼，春江水绿，红艳艳的阳光洒满江岸，更显绿波粼粼。这里，同色烘染提高了色彩的明亮度，异色相映则加强了色彩的鲜明性，造成一种红者更红、绿者更绿的效果，正因如此，作者怎能不忆江南呢？杜甫也是着色的高手，“江碧鸟逾白，山青花欲燃”、“两个黄鹂鸣翠柳，一行白鹭上青天”都艳丽如画。

另外还有对比（“朱门酒肉臭，路有冻死骨”）；衬托（辛弃疾的人生际遇使他在《破阵子》里抒发英雄末路之感慨，以梦中的理想“了却君王天下事，赢得生前身后名”反衬现实的“可怜白发生”，以壮写悲，更显其悲）；互文（“秦时明月汉时关”中“秦”与“汉”互补见义。即明月仍是秦汉时的明月，山关仍是秦汉时的山关，以此来映衬物是人非，并非明月属秦关属汉）；倒装

（如王维《山居秋暝》“竹喧归浣女，莲动下渔舟”，其正确顺序应为“竹喧浣女归，莲动渔舟下”）等等。

三、回味

通过读味和品味两个环节，就能看出来，中国古典诗歌富有音韵美，字词之美，句式之美，章法之美，但美味的东西不光要读出来，品出来，还得在嘴里和心里留下深刻的记忆，所以趁着这股热乎味儿，赶紧让学生回味诗歌——背诵诗歌，那绝对有事半功倍之效果。

背诵的方式可以由简到难，先自己试背，然后师生对背，分组对背，男女生对背，接龙背，最后抽生独背等等，在背诵中不光能温习巩固鉴赏出来的诗味儿，还能将诗人美好的文字内化为学生自己的语文素养。

四、续味

学完《黄鹤楼》后，可以引导学生了解关于黄鹤楼的其他诗词。这座楼不光吸引了崔颢，其实古代很多文人墨客都光顾过它，并留下了很多名篇佳作，黄鹤楼俨然成为了诗人们的斗诗竞技场，比如：“黄鹤楼中吹玉笛，江城五月落梅花”（李白），“昔登江上黄鹤楼，遥爱江中鹦鹉洲”（孟浩然），“城下沧江水，江边黄鹤楼”（王维）等等。所以黄鹤楼就不仅仅是一座楼那么简单了，它还有着厚重的文化底蕴，所以“回味”之后，要赶紧续味，让诗歌“美味”如涓涓细流自然流淌。

当然，除了古诗续味，还可以选取今人登上黄鹤楼感慨万千后留下的一些楹联，比如：“黄鹤飞去且飞去，白云可留可不留”，“恨我来迟鹤已去，怪人早到诗先题”，“登楼看月胸襟阔，把酒临风感慨多”等等。而这些对于学生语文知识能力的拓展都有着极为重要的作用。

通过“读、品、回、续”，诗歌的味道就这么体现了出来。只要我们教给学生阅读古诗词的方法，指导学生走好这五步，那么学生就不会再为古诗阅读而头痛，而能够通过反复朗诵，深入体会，来理解出古诗的主要内容，感受出古诗词的艺术形象，领悟出古诗词的思想感情。

案例链接

【教学内容】《黄鹤楼》

教学目的：

1. 诵读诗歌，领略律诗的韵律之美。
2. 通过“品味、回味、续味”的方法理解诗歌的意境，感悟诗人的情感。
3. 积累有关“黄鹤楼”的名句。

教学重难点：

通过品味理解诗歌的意境，感悟诗人的情感。

教学过程：

一、故事引入

咱们今天学的内容与唐诗有关，一说到唐诗，你首先想到的是——（李白）

话说——有一年暮春时节，大诗人李白和朋友一起登上黄鹤楼，望着滚滚东流的长江水，李白不禁诗兴大发，拿起毛笔就直奔到墙根想赋诗一首，可刚要下笔，就被墙上的一首诗给石化了，无奈之下，他只留下了两句打油诗“眼前有景道不得，崔颢题诗在上头”，便扬长而去，而这首让李白都词穷的诗作就是崔颢的——《黄鹤楼》（板书）

今天这堂课，我们有三个环节。首先，进入第一个环节——

二、读味

1. 读准字音

抽生读《黄鹤楼》，纠音。

屏显：颢、载、萋

评：需要注意的音，你读得非常准确。同学们要注意这三个字的读音，做好笔记。

2. 读出节奏

师：要想读出诗歌的美感，我们还要读出节奏。《黄鹤楼》是一首七言律诗，每一句七个字，通常采用二二三节奏来读。请一位同学来读读。

评：你注意了停顿，很不错。

3. 读出停连

要想读出诗歌的味道，我们还要注意诗歌的声断气连，我们一起来读一读。

屏显：诗歌

评：同学们悟性很高，读出了诗歌的那么一点儿味道，那么，你们在读这首诗时，有没有感受到诗人的情绪？用一个词来概括一下。（忧愁、惆怅、伤感）

过渡：通过我们的初步朗诵，同学们读出了崔颢那份淡淡的乡愁。作为中华民族最珍贵的文化遗产之一的唐诗，追求风骨，意境深远，所以我们不仅要好好读，更要细细品，现在进入我们的第二个环节——

三、品味

过渡：清代吴修龄把诗人的思想情感喻之为米，认为一般的文章只是把米煮成了饭，诗则是把米酿成了酒，所以我们读诗读出了味道还不够，还得细细地品。下面进入第二个环节——品味儿。

（一）品字词的味

师：品读诗歌时我们可以从最基本的一个字或一个词开始。比如“此地空余黄鹤楼”，我觉得“空”字很有味儿。关于这个字，老师做了这样的批注：

屏显：一个“空”字让黄鹤楼以一种孤独的姿态提醒我们，曾经的仙人和黄鹤都离去了，现在只有它孤零零地立在那里，盛日不在，繁华落尽，黄鹤楼也变成一个没有灵魂的躯壳。

过渡：像老师这样，反复地去读诗，然后看到能点燃你眼睛的字或词，用你生动的语言去传达它微妙的味儿。

预设：诗贵在悟，不在解。透过那个字，那个词，你读到了诗人怎样的心情，你品到了怎样的不易让人察觉的微妙？

悠悠：飘飘荡荡。（有一种孤独的味道，无论是从时间还是空间上来说。一是，万里长空实在广阔辽远，几朵飘飘荡荡的白云顿显空无，凸显了自身的孤独。二是，“白云”无人作伴，独自空流，且飘荡千年之久，孤独到极致。）你读读这份孤独——

历历：叠词，充满了音韵美，分明的样子，林木在阳光的照耀下，晶莹剔透，翠色欲滴，给人一种连天的醉人的绿意的享受。你读读这份享受——

萋萋：草木繁盛的样子。鹦鹉洲上一派生机，绿意盎然，让人禁不住眼前一亮，心里都催生出了奋斗的花朵。你读读这份生机——

乡关：在思念的日子里， 故乡的山、故乡的水、故乡的亲人， 以及故乡的一草一木， 都清晰地翩跹于眼前， 在游子心里泛起一阵乡愁的涟漪。你读读这份眷念——

日暮：快要落山的太阳。夕阳西下，我心伤悲， 莫知我哀， 及到深处，一片苍凉。你读读这份悲凉——

何处：在哪里。月是故乡明，景是家乡好，但诗人站在黄鹤楼上看不到自己的家乡汴州，晴川之后还是晴川，家乡汴州在那莽莽群山之后，可谓西北望长安，可怜无数山。武昌望汴梁，游子望断肠啊！你读读这份惨淡——

烟波：雾霭笼罩的江面。笼罩江面的分明是那一份淡淡的乡愁， 浓浓的情意，纵使相隔千里，心仍牵挂着那可爱的故乡。你读读这份牵挂——

愁：忧愁。舴艋舟，载不动，许多愁——这个愁是沉重的，你读读。

白发三千丈，缘愁似个长——这个仇是悠长的，你读读。

自在飞花轻似梦，无边丝雨细如愁——这个仇是绵密的，你读读。

（二）品句式的味。

师：有的味儿在藏在方方正正的汉字里，有的味儿却藏在不易察觉的标点里，你们注意到这八句哪一句的标点比较特别？

出示：黄鹤楼

崔颢

昔人已乘黄鹤去，此地空余黄鹤楼。

黄鹤一去不复返，白云千载空悠悠。

晴川历历汉阳树，芳草萋萋鹦鹉洲。

日暮乡关何处是？烟波江上使人愁。

师：这个问句在这里有什么好处呢？我们不妨来做一个小小的改动，比较一下，全班一起读问句，女生读陈述句，男生读否定句。

日暮里面想乡关。

日暮乡关不知处。

师：你觉得哪句好？

这样一问，不仅引人思考，也让那份无处安放的乡愁，像这江上的烟波一样使人回味无穷。

过渡：其实，问句是古典诗歌里常见的表达方式，它可以通过问句中的奇问来展示古诗中的灵动之美。这样的妙句，古诗中比比皆是，一起读：

乡书何处达？归雁洛阳边。（王湾《次北固山下》）

问君何能尔？心远地自偏。（陶渊明《饮酒》其五）

问君能有几多愁？恰似一江春水向东流。（李煜《虞美人》）

小结：这些问句让人不自觉地融入了自己的情感，悲他人之悲，乐他人之乐。

过渡：有些味儿体现在诗的形式上，有些味儿还藏在诗的内容中。

（三）品章法的味。

师：同样是七言律诗，我们来对比一下在朗读它们的时候，有什么不同的感觉。

孤山寺北贾亭西，水面初平云脚低。

几处早莺争暖树，谁家新燕啄春泥。

——白居易《钱塘湖春行》

昔人已乘黄鹤去，此地空余黄鹤楼。

黄鹤一去不复返，白云千载空悠悠。

——崔颢《黄鹤楼》

小结：前者的第一联和第二联在内容上有跳跃性，这是古诗常用的手法。

《黄鹤楼》却反其道而行之，第一联和第二联有连贯性，重复使用三个“黄鹤”读来一气呵成，营造了一种流畅之美。

怪不得，宋代诗论家严羽曾说（齐读）：“唐人七律诗，当以崔颢《黄鹤楼》为第一。”（出示）

四、回味

过渡：美味的东西，我们要让它在嘴里、在心里留下记忆。下面进入我们的第三个环节——回味。

1. 师声对背《黄鹤楼》。
2. 学生齐背《黄鹤楼》。
3. 接龙背诵《黄鹤楼》。

五、续味

过渡：黄鹤楼作为天下江山第一楼，吸引的何止是崔颢，好多文人墨客都光顾过它，而且还留下了众多名篇佳作，黄鹤楼俨然已经成为诗人们的斗诗竞技场，就让我们来续续味儿。比如：

黄鹤楼中吹玉笛，江城五月落梅花 。

（李白《与史郎中钦听黄鹤楼上吹笛》）

昔登江上黄鹤楼，遥爱江中鹦鹉洲。

（孟浩然《鹦鹉洲送王九之江左 》）

城下沧江水，江边黄鹤楼。

（王维《送康太守 》）

这么看来，黄鹤楼就不止是一栋楼那么简单了，浓浓的诗味赋予了它更厚重的文化底蕴，怪不得，现在的雅士登上黄鹤楼也会受到诗味儿的感染，吟诗作对，老师选取了三副楹联，你看——

黄鹤飞去且飞去，白云可留可不留。

恨我来迟鹤已去，怪人早到诗先题。

登楼看月胸襟阔，把酒临风感慨多。

师：老师也忍不住想来续续这个味儿：

白云舒卷去，赏讲台人师，赛课传情。

黄鹤喜归来，赞云枫学子，登楼品味。

六、结语

今天这堂课，我们从多方面探寻了《黄鹤楼》的味，其实古诗的味寻之不尽，如那一去不复返的黄鹤，那时与空的慨叹，那规整的对仗等等，然我们的课堂容量有限，如果同学们在读、品、回、续中有新发现，可以通过邮件发给陈老师，愿我们的这段缘分在诗歌的美好味道中继续！

名著阅读课堂教学操作要领

温暖课堂教学模式在初中语文名著阅读教学中一般采用“主题式汇报展示”的方式进行推进，即为如下五个环节，确定专题、组内分工、板书名著书目、小组汇报展示、多种评价方式相结合。其中前两个环节为准备环节，后三个环节为展示环节。全过程充分体现学生自主学习，自主探究，集中展示，提升学生阅读名著的主动性，增强名著阅读的实效。应用时，名著书目不同应略有调整，现以《海底两万里》为例介绍如下：

一、确定专题

例如，我们用了六个星期的时间阅读了凡尔纳的《海底两万里》，在准备阶段，收集并确立专题尤为重要。每个小组各自确定了自己感兴趣的专题并招兵买马成立了六个探“奇”小组，即海底路线、海底潜艇、海底风光、海底遭遇、海底人物、海底科技。这六个专题是学生经过严密的讨论并有所取舍最终确定的，不仅能够激发学生自主阅读的兴趣，还可以激励每个组员尽心准备获得良好的汇报效果。

操作要领：

■为了让学生自主选择专题，老师不要有过多的参与，不要提前预设专题限制学生的思维。

■让学生内部讨论专题的确定，老师可从选题价值、汇报要素、展示效果等方面给予指导。

■内部讨论专题时，也应以小组为单位上台讲解选题原因、选题价值及汇报方向。

二、组内分工

专题确定后，为了确保公平公正，采用抓阄的方式将专题与组别进行一一对应，随后应快速进行组内分工，组长安排或组内讨论均可，根据组员的兴趣或特长合理分配任务。

操作要领：

■提前制作好抓阄道具，保证抓阄时每个组同时进行，并做好记录，严格按照抓阄结果进行准备工作。

■组内分工时应尽可能多地听取每个组员的意见与建议，尽量根据每个学生的兴趣或特长进行分配，如家里方便用电脑的学生可负责制作PPT和下载背景音乐等；文采较好的学生可负责书写发言稿或审稿等；口才较好的学生可作为主要发言人代表小组上台汇报展示，当然也可让平时比较胆怯的学生上台汇报，增强其自信心和自豪感。

■组长需对准备时间作出明确限定，在规定时间内进行统一彩排，以确保展示效果。

■确立整场名著阅读汇报展示的主持人及分组上台展示的主持人，确保人人有事做，事事有人做，事事主动做，人人争着做。

三、板书名著书目

板书名著书目或屏幕展示书目名称，或者教师一边读名称一边展示，怎样效果好，就用怎样的方式板书。

操作要领：

■为了让学生看清书目名称，屏幕上的字要工整、美观，不要太小，一般不要配颜色鲜艳的画面，搭配与主题相关的海洋底图即可。

■教师要情感投入，引导学生快速进入主题，此环节不宜节外生枝，转移话题。

四、小组汇报展示

此环节是整堂课的展示环节，也是最重要的环节，因此对学生展示的相关要求要作现场规范，即提前做好评分表，发放到各组组长手中，以便进行实时评分。例如《海底两万里》的汇报展示：经过六个星期的阅读，我们跟随凡尔纳的笔触，一起经历了一场奇妙的海底航行，欣赏了奇丽的海底风光，品尝了珍奇的海底美食，体验了奇险的海底遭遇，六个小组——“惊奇”组、“奇特”组、“奇丽”组、“奇险”组、“传奇”组、“神奇”组即将带领大家一起走进一场寻“奇”之旅。

操作要领：

■主持人要自信大方。首先在心理上带领大家走进这场寻“奇”之旅，各个小组间的穿插串词要精练完整，体现小组寻“奇”之特色。

■专人负责拷贝。每个小组都要有专人负责提前拷贝PPT等展示素材，确保展示的过程不出纰漏。

■脱稿汇报。中心发言人尽量做到脱稿展示，从穿着到站姿、从音量到语调、从态势语言到感情投入都要进行严格的评比。

■PPT的精美度。这也可作为其中一项评分内容，要做到与主题紧密相连，图文并茂，切不可以枯燥铺排的文字作为主要展示内容，图片要色彩鲜明，辅以文字介绍即可。

■合理安排展示时间。汇报时间不宜过长，每个小组以5分钟左右为宜，要让学生紧张、快节奏地完成任务，汇报时间也不宜过短，要留足小组的展示时间，切不可走过场。

■教师适时点评。每一小组汇报展示后，教师可根据发言人的现场表现及小组团队所作的准备进行点评，但注意点评内容要准确恰当，时间不宜过长，每组30秒为宜。

■按时评分。前三个小组展示完毕后，非本组人员可进行对比评分，小组交流后确定最终得分，并第一时间上交评分表至记分员处。

五、多种评价方式相结合

此环节与展示环节同步进行，也是一种新型评价方式，即组内自评、小组互评、教师点评的三结合评价方式。在评价环节，大家各抒已见，相互补充，相互启发，加深对每个学生的问题理解，通过不同观点的交锋、补充、修正达成共识、共享、共进，使每个学生体会到合作的力量，并在合作交流中增强交往能力、分析能力和点评能力。

操作要领：

■提前制作好评分表，评分依据包括内容的完整度、PPT的美观度、普通话的标准度等多个方面构成。

■组内自评应客观公正，自我剖析展示的不完美之处及修正措施。

■小组互评是同龄人之间的对话，它不针对群体中的某个人，而是对于某个现象的评价，因而更具普遍性和宽泛性，能够弱化教师与学生之间的矛盾，便于被评价学生接受，是一种合合情合理的评价方式。

■教师点评要准确精练，时间不宜过长，应留给学生充足的时间展示和评价。

■记分员在完成上述三种评价时快统分，为最后的颁奖环节做好记录和奖状的书写等。

案例链接

【教学内容】《海底两万里》

一.导入新课

曾经有这样一个人：

在人类还没发明电报的时候，他小说中的人物已经在用电报传递信息；

在人类还没有制造出飞机的时候，他小说中的人物已经驾着直升机来往；

在人类还没有着手登月工程的时候，他小说中的人物已经坐在一颗大炮弹里，被发射到了月球上。

同学们，这个人就是？最近，我们用了6个星期的时间阅读了凡尔纳的《海底两万里》，我们跟随凡尔纳的笔触，一起经历了一场奇妙的海底航行，欣赏了奇丽的海底风光，品尝了珍奇的海底美食，体验了奇险的海底遭遇，今天，就让我们一起走进一场寻“奇”之旅。

二. 活动展示

上周五，老师尊重同学们的意愿，挑选了六个小组长，各自确定了自己感兴趣的专题并招兵买马成立了六个探“奇”小组，今天，每个小组的代表分别将从海底路线、海底潜艇、海底风光、海底遭遇、海底人物、海底科技六个方面一一进行汇报交流。

1. 首先有请“惊奇”组。

感谢“惊奇”组一出场就是大手笔，从点到面，从局部到整体，把航海路线介绍得一清二楚，确实带给了我们惊喜，掌声送给他们！

2. 接下来有请“奇特”组。

“奇特”组直观地为大家呈现“诺第留斯号”的剖面图和平面图，并非常详细地给大家解释潜艇的“奇妙之处”，为他们点赞！

3. 好，现在请“奇丽”组的代表上台！

一组海底风光大片，加上声情并茂的解说，看得出，“奇丽”组有一个强大的制作团队，采访一下组长，这是谁的功劳？

4. 接下来是“奇险”组。

记得在《晒晒我们班的牛人》中很多同学都写到了左潇宇，外送绰号“国民戏精”，今天再次领略了“戏精”的精彩演绎，掌声在哪里？

5. “奇险”的遭遇肯定离不开一群“传奇”的人物，现在有请“传奇”组。

人物永远是小说的“核心”，“传奇”组的展示，让我们看到了一群献身科学、反对压迫的英雄与战士，谢谢你们！

6. 最后有请“神奇”组。

有人断言“二十世纪的一切努力都不过是把凡尔纳的预言变为现实的过程而已。”，今天“神奇”组的分享让我们看到：幻想是极其可贵的品质，而科技是让幻想成为现实的唯一杠杆。

三、活动总结

同学们，这节课我们从六个方面展示了《海底两万里》之“奇”这一特点，六个小组的表现形式多样，特色鲜明，看得出大家在阅读上非常用功，在展示上非常用心。在此，我想采访一两个同学，在这次专题探究活动中你最大的收获或感想是什么？

关于科幻小说，《简明不列颠百科全书》第四卷这样定义：20世纪发展起来的一种文学体裁，这种体裁的小说以真实或想象的科学理论的发现为基础。《辞海》上有更详细的定义：依据科学技术上的新发现、新成就以及在这些基础上可能达到的预见，用幻想的方式描述人类利用这些新成果完成某些奇迹的新型小说。

这里老师想说的是，倘若没有任何科学根据或直接违反科学定论的，只能称之为奇幻、魔幻、玄幻作品。而这类作品，老师并不建议大家轻易去阅读。

同学们，科学是神奇的，幻想是奇妙的，愿你们乘着科学与幻想的翅膀，继续阅读凡尔纳的另外两部科幻作品《神秘岛》《格兰特船长的儿女》，相信你一定会收获更多的惊奇。

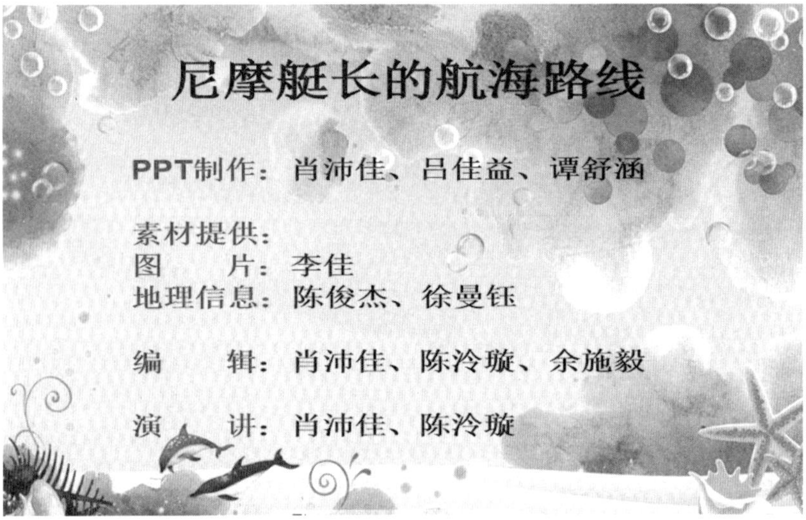

《海底两万里》人物简要关系表

人物	人物特点	关联人物
尼莫船长	他是一个有智慧的高级知识分子，但却因种种原因而制造“鹦鹉螺号”过起了与世隔绝的生活。	1.阿罗克纳斯教授 2.孔塞伊 3.内得.兰德
阿罗克纳斯教授	他是法国自然学家，在法国很有名气，但却被牵连进这件事，但他在途中仍细心观察，做好科学工作。	1.尼摩船长 2.孔塞伊（仆人） 3.内德.兰德（同伴） 4.法兰格林（林肯号船长）
孔赛伊	他是一个仆人，但它却十分勇敢，忠心，知识十分渊博。能够掌握很多分类知识。	1.尼摩船长 2.阿罗克纳斯教授 3.内德.兰德 4.法兰格林（林肯号船长）
内得.兰德	他是加拿大的捕鲸高手，做事勇敢，但性格十分毛躁。	1.尼摩船长 2.孔塞伊 3.内德.兰德（同伴） 4.法兰格林（林肯号船长）
法兰格林	做事十分有耐心，一直等到鹦鹉螺号出现。	1.阿罗克纳斯教授 2.孔塞伊 3.内得.兰德

附部分小组展示的效果图：

第二节 数学课堂教学实践探索

温暖课堂教学模式在初中数学教学中一般采用“三学一练”的方式进行推进；即为如下6个环节，板书课题、揭示目标、自学、议学、悟学、精练。其中前3个环节为辅助环节，后3个环节为主要环节。全过程充分体现学生自主学习，自主探究，当堂检测，提升学生学习的主动性，增强学习的实效。应用时，课型不同应略有调整。现举例介绍如下：

1.概念+例题课

（1）板书课题

上课开始，教师导入新课，激发学生学习兴趣，并板书课题；或屏幕展示课题；或者教师一边读题一边展示课题。怎样效果好，就用怎样的方式板书课题。

（2）出示学习目标

板书课题后，教师可以通过PPT（或投影）出示学习目标，让学生明确本节课的学习目标，提高学习效率。

操作要领：

■为了让学生看清目标，屏幕上的字要工整，不要太小，屏幕上一般不要配鲜艳的画面。

■学习目标的内容主要是理解知识、培养能力，至于情感价值观等方面的目标，应由教师把握，靠教师形象、生动的课堂教学进行渗透，一般不作为向学生揭示教学目标的内容。

■学习目标要准确，根据教材和课程标准，既不降低，该“会运用”的，就要求能当堂运用，形成能力。不能认为降低到“知道”的程度。也不拔噶高，该“知道”、“了解”的，不能要求“运用”。

■学习目标具体，简明扼要，通俗易懂。

■揭示学习目标时，教师要注意情感投入，引导学生快速明确目标，不宜节外生枝，转移话题。

（3）自学

揭示目标后，教师要有效的指导学生自学。自学指导的方式通过PPT出示，让学生更容易明白。自学指导的目的是让学生做到四个明确：内容、方法、时间、要求。

操作要领：

■自学内容。自学内容注意引导学生学习新知识部分，同时抓住新旧知识的衔接领域。例如，学习列方程解应用题时，引导学生看例题中列方程部分，对解方程可以略看，因为前面已经学过。

■要精心设计好自学提示。要设计好自学提示，一般以知识内容，探究方法等为主题，要求明确具体，富有启发性，便于学生通过提示有效的开展自学。

■要铺垫好自学方法。怎样学得好，就怎样学。一般要让学生独立看书，思考，教会勾、画、圈、点、旁批方法。提高自学效果。

■要合理安排自学时间。自学时间不宜过长（一般5分钟左右），要让学生紧张、快节奏的完成任务；时间也不宜过短，要留足学生自学时间，切不可走过场。

■要明确自学的要求。要让学生明确读什么？记什么？想什么？答什么？

（4）议学

即生生互动，师生互动，生本互动。本环节重点通过小组合作学习培养学生质疑和发现的能力，以及交流展示的能力。在“议学”环节中，要激活学生的思维，以“动”为主，针对学生自学中的问题和教师预设的问题，生生交流，师生互动，由个别问题到共性问题，共同解疑答难。

操作要领：

■小组议：

每个学生都会以不同的方式建构对事物的理解，不同学生看到的是事物的不同方面。在小组讨论，组内交流、合作探究中，大家各抒己见，互相补充，互相启发，加深每个学生对当前问题的理解；每个组员不仅自己要主动学习，还有责任帮助其他同学学习，互教互学，共同提高；通过不同观点的交锋、补充、修正，达到共识、共享、共进，使每个学生体会到合作的力量，并在合作交流中增强交往能力和合作的能力。

A、组内互帮互学：把预习中一些不懂的、模糊的知识点用双色笔中的红色笔标出来，把自主学习过程中自己的问题提出来，先在组内通过平级交流——“AA，BB，CC”三层对应进行一对一的讨论，解决该层次能力范围内能够处理的问题，再把通过平级讨论仍不能解决的疑难问题向上一层级组员请教，普遍性问题组内集体讨论解决。

B、组际互帮：小组内如果有不能解决的代表性问题，则由组长（或选派一名组员）向其他组的同学请教（主要是向该学科拔尖的学生寻求帮助），然后对组内成员进行讲解。

组内交流、合作探究是教学的中心环节。在分小组合作探究中会出现各种问题，如小组讨论组织无序，少数优秀生垄断课堂等等，教师要充分发挥主导作用，加强对合作学习的监控。在学生进行小组活动时，教师要通过观察了解学生在干什么，有什么不理解，他们在合作过程中遇到了什么问题，发现问题后适时地介入小组活动并加以指导。如果小组对合作任务不清楚，目标不明确的，教师要耐心向学生说明任务及操作程序；应注意小组研讨的民主性，让每个同学都积极参与进来，充分尊重与众不同的思路和独到见解，吸纳与众不同的观点，防止个别优秀生的“话语独霸”现象；当小组讨论无法进行下去的时候，教师可提出一些启发性的问题，使小组讨论顺利开展；当小组讨论有了一定的结果时，要注意开展集体交流，真正实现相互沟通，相互补充，达到共识、共享、共进的目的。

■班级展：

通过组内交流、合作探究，每个学生都介绍自己的探究结果，通过讨论、交流，相互启发，学生可学会不同的方法或者多种有意义的答案；然后小组代表向全班汇报，展示疑难问题，典型问题，学生在更大的范围内进行合作，达到对知识进行巩固强化的效果。这一环节要注重以下几个方面的问题：

①小组展示的内容（展示什么？）：交流、探究中的疑难问题，典型问题。

②展示对象的确定（谁展示？）：小组交流讨论，形成小组答案，确定小组发言人（展示人）：较简单的问题一般由能力较差的学生回答或讲解，较难的问题一般由能力稍强的学生解答；同一问题，可先由差生展示，再由优级生补充。小组发言人一般由学生自行担当，也可由组长按一定规律指定或老师临时指定。

③展示方法：（如何展示？）

承担某一任务的小组发言人分别展示——没有承担此任务的小组成员补充或质疑追问——其他学生讲解或老师点拨。

如B、C层学生展示，A层学生或老师作点评。主要由B、C层学生展示，以B级为主。

没有展示任务的小组则根据课堂情况自主学习，如进行组内小组展示，组内一帮一互助。或者认真倾听、准备点评；已掌握本节内容时，可关注展示内容或演练展示内容。教师根据课堂展示中暴露出来的问题或有益的“生成的课堂资源”进行适度的开发，有针对性地对学生的薄弱环节进行强化纠正，对课堂中“生成的课堂资源”进行深度发挖掘。

④小组展示的要求：全面、完整、口头展示要声音洪亮，黑板展示要整洁、规范。有价值的展示，错误率较高等进行展示，对错误较少，价值不大的只在小组内部展示即可。有一题多解的情况，鼓励其他小组申请同时展示。如果某一小组无法完成展示任务，则让出展示机会，由其他小组进行补充展示。

■教师评：教师对学生难解决的问题进行总结讲解，做到该讲则讲，讲必讲透讲深讲到位。对学生已掌握的知识坚决不讲。

（5）悟学

即知识归纳，总结提升。本环节重点指导学生通过画“知识树”或“思维导图”对所学基础知识，基本方法（思想）进行归纳，提炼。

操作要领：

■搭建支架，教会学生知识总结的方法，学会画简易知识树或思维导图。

■引导学生对数学方法进行提炼升华，形成学习能力。

■提供平台，在全班分享交流。

（6）精练（当堂检测）

即巩固练习，深化提高。本环节培养学生的迁移能力,运用新知解决问题的能力。在“精练”环节中，以学生动手操练为主，这是一个由理论走入实践的过程，运用新知解题，并检测课堂学习的效果，从而实现堂堂清，确保课堂教学的高效。

操作要领：

■课堂练习的时间不少于10分钟。

■此环节可分为两种，一种是知识记忆；一种是书面练习，也可以只做书面练习。

■精炼设计要求分层，试题要有代表性、针对性和层次性。有基础题，中档题和思考题，有必做题和选做题，满足不同层次学生的需求。

■学生练习时，教师要巡视指导。要求学生独立完成，对少数已完成的学生可安排其他学习任务。

案例链接

【教学内容】《关于原点对称的点的坐标》

【学习目标】

1.理解关于原点对称的两个点的横纵坐标的关系；

2.会用关于原点对称的点的坐标关系解决有关问题.

3.经历探索、操作、应用的过程，培养观察、归纳及动手能力；体会数形结合思想.

【学习过程】

一、基础复习

1.点M(-3,-4)在第__________象限,点M到x轴的距离是__________，到Y轴的距离是__________，到原点的距离是__________.

2.点M(2,3)关于x轴对称的点的坐标是__________，关于Y轴对称的点的坐标是__________.

3. 点P(x, y)关于x轴对称的点的坐标是__________，关于Y轴对称的点的坐标是__________.

【设计意图】为本课探究学习关于原点对称的两个点的横纵坐标的关系做铺垫，并引入课题。

二、探索新知（自学）

探究：关于原点对称的点的坐标关系

活动一：在直角坐标系中，作出下列已知点关于原点O的对称点，并写出它们的坐标. 这些坐标与已知点的坐标有什么关系？

A（4，0），B（0，-3），C（2，1），D（-1，2），E（-3，-4）.

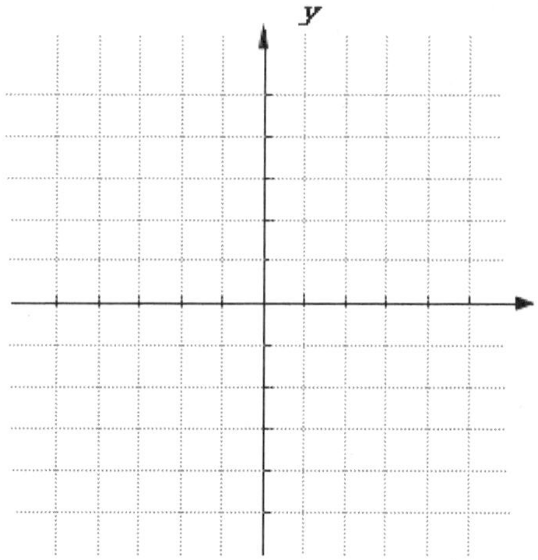

	关于原点对称点的坐标
A（4，0）	
B（0，-3）	
C（2，1）	
D（-1，2）	
E(-3,-4)	

做一做：作出点A、B、C、D关于原点O的对称点. 并写出它们的坐标.

想一想：关于原点对称的点的坐标有什么关系？

[归纳]在直角坐标系中，两个点关于原点对称时，它们的坐标________，即点P（x，y）关于原点对称的点的坐标为P′____________.

[引申]若点P和点P′的坐标互为相反数，

即P（x，y）和P′（−x，−y），则点P和点P′____________.

【归纳总结】平面直角坐标系中，关于x轴、y轴、原点对称的点的坐标的关系.

【设计意图】让学生通过自己动手画图与观察，发现关于原点对称的两个点的横纵坐标的关系，获得新知，既让学生体验自我学习的收获喜悦，肯定自己；又让学生学会如何去发现、猜想、验证的科学研究方法。

三、应用新知（议学）

活动二：阅读教材68页例2，相互交流思考下面的问题：CBA..1122334455-1-1-2-2-3-4-5xyo.如图，利用关于原点对称的点的坐标的特点，作出与△ABC关于原点对称的图形.

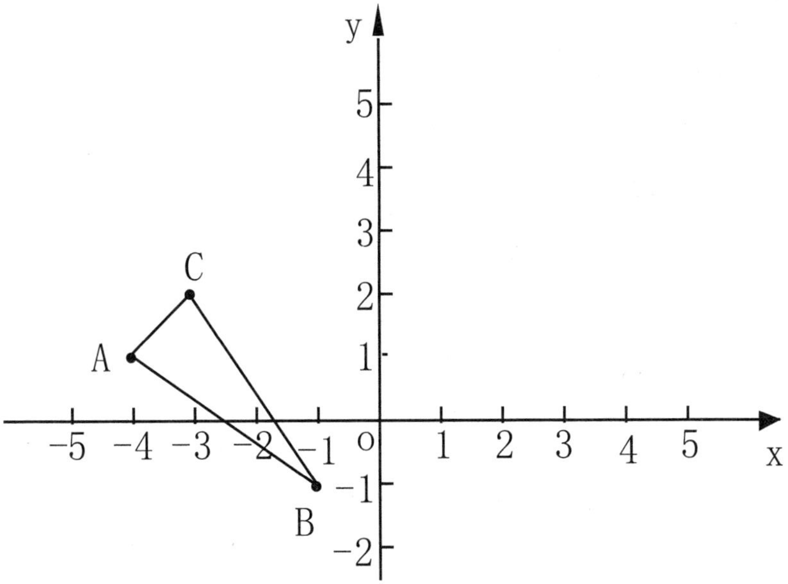

想一想：

（1）A，B，C三点关于原点的对称的点A′，B′，C′的坐标是什么？

（2）作关于原点对称的图形的步骤是怎样的？

画一画：作出与△ABC关于原点对称的图形.

思一思：求ABCSD.

【设计意图】灵活运用新知，掌握如何运用原点对称的知识作出一个图形关于原点成中心对称的图形.

四、课堂小结（悟学）：本节课你有哪些收获?

五、当堂检测（精练）：

1. 在平面直角坐标系中，点 $P(2,-3)$ 关于原点 O 对称的点 P' 的坐标为 ________.

2. 点 $M(a-1,5)$ 和 $N(-2,b-1)$ 关于原点对称 $(a+b)^{2016}$ = ________ .

3. 已知点 $M\left(-\frac{1}{2}，3m\right)$ 关于原点对称的点在第一象限，则 m 的取值范围是________.

4. 若点的坐标是（a，b）且 a、b 满足 $\sqrt{a-3}+b^2+4b+4=0$，求点 A 关于原点 O 的对称点 A' 的坐标是________

5. 如图，利用关于原点对称的点的坐标的特点，（1）作出与△ABC 关于原点对称的图形.（2）求 $S_{\triangle ABC}$

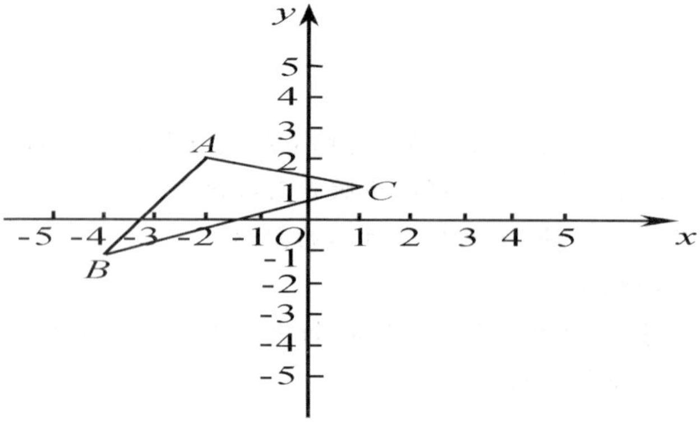

6.（2016 重庆中考）（思考题）如图 1，在平面直角坐标系中，抛物线 $y=-\frac{1}{3}x^2+\frac{2\sqrt{3}}{3}x+3$ 与 x 轴交于 A，B 两点（点 A 在点 B 左侧），与 y 轴交于点 C，抛物线的顶点为点 E.

（1）判断△ABC 的形状，并说明理由；

（2）经过 B，C 两点的直线交抛物线的对称轴于点 D，点 P 为直线 BC 上方抛物线上的一动点，当△PCD 的面积最大时，Q 从点 P 出发，先沿适当的路径运动到抛物线的对称轴上点 M 处，再沿垂直于抛物线对称轴的方向运动到 y 轴上的点 N 处，最后沿适当的路径运动到点 A 处停止．当点 Q 的运动路径最短时，求点 N 的坐标及点 Q 经过的最短路径的长；

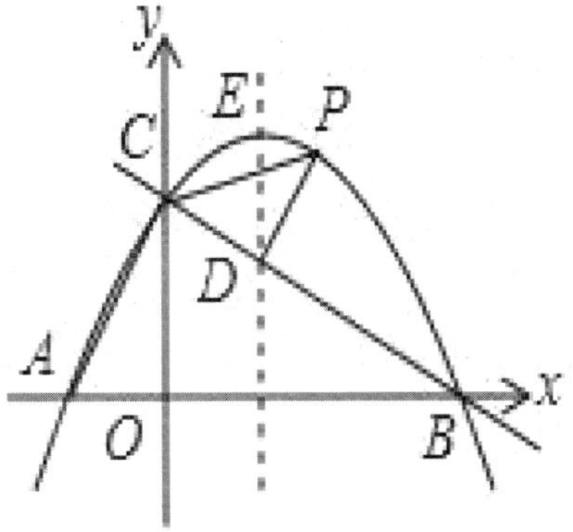

图1

【学习反思】

请自主梳理本节课的知识体系。你是通过什么方法和策略学会主题内容的，你觉得还有什么内容比较薄弱，需要老师提供何种帮助，你还有什么好的经验与大家分享，写在下方区域内。

【设计意图】

这样做的目的是使学生认识学习的过程和方法，从而加深认识；使学生对学习过程和方法在反思过程中更好地实现“自我建构”。提升学生数学核心素养。

2.数学学科习题

在初中数学教学中,习题课的基本目的是通过解题的形式来形成学生的数学技能,并通过解题教学进一步培养学生数学的应用意识和能力。对于教师来说,还可以检查学生对所学知识的理解和掌握程度,以便适时调整教学方法和策略,实现数学教学的基本目标。温暖课堂习题课的教学模式一般采取“一讲一练”的模式，大致分为三个环节“知识回顾——例题精讲——变式训练”。使学生加深对基本概念的理解,使理论完整化、具体化。多方面、多角度地培养学生的观察、归纳、类比等技能和能力。并且在过程当中渗透数学思想方法的教学。

（一）知识回顾

首先，对本节习题相关的概念和知识点进行回顾和梳理，让学生在头脑中形成知识体系和知识框架，对这一部分的学习有一个整体的认识。对于重难点和易错点要重点强调。目前,学生中存在这样一个问题——“会”而不对,“对”而不全,这都是对基础知识掌握不牢的表现。习题课的目标之一是要通过解题来强化对某一知识的全面深入理解,是对已学知识的复习和创新过程。因此,在出示问题之前,先回顾并列举相关知识点就非常必要,并且在黑板的某一角保留下来,让学生更进一步理解该知识点,既清楚本节课的重点,同时对学生分析问题也有一定的提示作用。

操作要领：

■对于基础知识，要求全班掌握，要做到人人过关，即每个学生不仅要知道有哪些知识点，还要能复述和理解。

■要注重知识点之间的关联，让学生了解每个知识点在整个知识体系当中的位置和与其他知识点之间的联系，并且借助这个知识网络来强化记忆。

■对于一些较难理解的概念和知识点，要重点关注优生的反馈，及时了解学生的掌握情况并做出相应的调整。

（二）例题精讲

教师选取一道涵盖内容较为丰富，考点最具有代表性和难度适中的例题，进

行精讲，细讲，

细到每一个分析的思路是怎么来的，为什么要这样分析，并在讲解的过程中不断提升总结和归纳，并注重数学思维 和数学思想方法的渗透。在例题的选取时要让教学内容更加贴合学生的实际情况，以教学目标、教材内容为基础，合理筛选与整合，找到教学重点与教学难点，并以此为核心进行数学教学活动的组织和设计。同时，教师要关注学生学习兴趣的激发，通过优质的教学内容提高学生参与数学教学活动的积极性和主动性。

操作要领：

■为了实现课堂教学效率的提升，教师必须要以良好的学习环境为基础条件，加强学生的学情分析，加强师生或生生间的交流与互动，为学生构建和谐民主的学习环境和教学氛围，强化学生在教学活动中的主动性，积极参与到探究活动中，符合学生的学习心理诉求，实现“教”与“学”的互动。

■在教学中，要创新教学方法，根据教学目标和教学内容，引入游戏法、生活法、探究法等多元化教学方法，并应用微课、慕课、多媒体等现代化教育技术，丰富教学层次和教学结构，

■教师在丰富教学层次的同时，多加注重学生个体的成长，尊重和发展学生的个体差异，根据不同层次的学生设计不同的教学内容，划分学生层次等级，设计针对性教学内容，让学生可以满足现有的学习内容，促进学生的共同成长。

（三）变式训练

针对精讲的例题，进行变式训练，可以一题多变，让学生进行当堂自我检测，检测自己对例题 的掌握程度，以解决很多学生“听懂了但不会做”的问题，从而进行查漏补缺，不仅可以诊断出学生在听课时的毛病与问题，而且实现了同类题型的总结与升华的功能，能够让学生掌握的更加牢固，理解的更为透彻，从而解决了这一类题型的所有问题。

操作要领：

■习题选择要有针对性。教师在选择习题时,要针对教学目标,针对知识点,针对学生的学习现状。学生掌握较好的地方可以少做甚至不做,但普遍存在问题并长

犯错误的地方不但要做而且要反复做。

■习题选择要有典型性。首先,习题选择时要注意避免习题的重复。不要认为希望对某一知识点进行强化而选择大量重复的习题,这会使一部分同学失去对课堂教学的兴趣。不但要注意到知识点的覆盖面,还要让学生能通过训练掌握规律 ,达到“以一当十”的目的。

■习题的设计要有一定的梯度。同一个班级的学生基础知识、智力水平和学习方法等都存在一定的差异。在习题课教学中,对于习题的设计要针对学生的实际进行分层处理,既要创设舞台让优生表演发展其个性,又要重视给学困生提供参与的机会,使其获得成功的喜悦。否则,将会使一大批学生受到“冷落”,丧失学好数学的信心。题目安排从易到难,形成梯度,虽然起点低,但最后要求较高,符合学生的认知规律,使得学困生不至于“陪坐”,优等生也能“吃得饱”,让全体学生都能得到不同程度的发展。

以上三个环节完成以后，再从第二个环节开始循环，实现“一讲一练”的讲练结合的课堂模式。

案例链接

【教学内容】《直线与圆相切的位置关系习题训练》

教学目标

1. 复习巩固直线与圆相切的位置关系;

2. 归纳直线与圆相切的性质和判定方法以及切线长定理,并能运用这些知识进行计算和证明;

3. 会利用方程思想解决几何问题,体验数形结合思想;

4. 在计算与证明中培养学生的分析问题、解决问题以及综合运用知识的能力。

教学过程

活动1【知识回顾】

考点1 切线的性质

定理:圆的切线________于经过切点的半径.

技巧:圆心与切点的连线是常用的辅助线.

考点2 切线的判定

定理:经过半径的外端并且________于这条半径的直线是圆的切线.

切线的判定技巧:

(1)如果直线与圆有交点,连接圆心与交点的半径,证明直线与该半径垂直,即“有交点,连半径,证垂直”.

(2)如果直线与圆没有明确的交点,则过圆心作该直线的垂线段,证明垂线段等于半径,即“无交点,作垂直,证半径”

考点3 切线长及切线长定理

切线长

在经过圆外一点的圆的切线上,这点和切点之间的线段的长,叫做这点到圆的切线长

切线长定理

从圆外一点引圆的两条切线,它们的切线长________,这一点和圆心的连线________两条切线的夹角

考点4 三角形的内切圆

三角形的内切圆

与三角形各边都相切的圆叫三角形的内切圆,这个三角形叫圆的外切三角形

三角形的内心

三角形内切圆的圆心叫做三角形的内心.它是三角形______________的交点,三角形的内心到三边的________相等

活动2【例题精讲】

中考链接:

例 1、△ABC内接于⊙O,∠B=60°,CD是⊙O的直径,点P是CD延长线上的一点,且AP=AC.

(1)求证:PA是⊙O的切线;

(2)若PD=,求⊙O的直径.

探究一 圆的切线的性质

命题角度:

1. 已知圆的切线得出结论;

2. 利用圆的切线的性质进行有关的计算或证明.

探究二 圆的切线的判定方法

命题角度：

1. 利用圆心到一条直线的距离等于圆的半径，判定这条直线是圆的切线；

2. 利用一条直线经过半径的外端，且垂直于这条半径，判定这条直线是圆的切线.

圆的切线的性质进行有关的计算或证明.

探究三 切线长定理的运用

命题角度：

1. 利用切线长定理计算；

2. 利用切线长定理证明

探究四 三角形的内切圆

活动3【变式训练】

如图，△ABC内接于⊙O，且AB为⊙O的直径. ∠ACB的平分线交⊙O于点D，过点D作⊙O的切线PD交CA的延长线于点P，过点A作AE⊥CD于点E，过点B作BF⊥CD于点F.

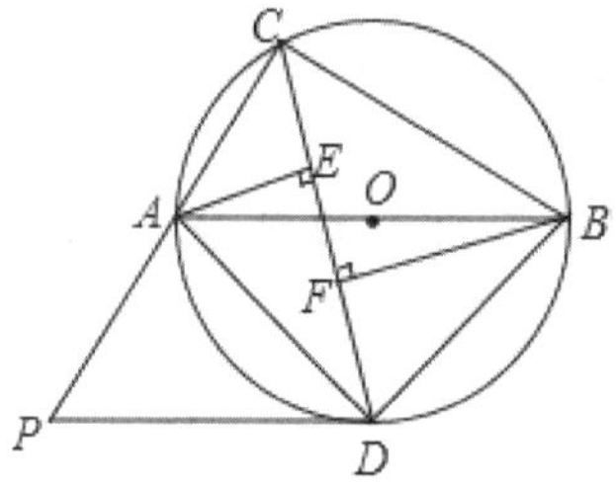

（1）求证：DP∥AB；

（2）若AC=6，BC=8，求线段PD的长.

活动4【课堂小结】

1、判定切线的方法有哪些?

2、常用的添辅助线方法?

(1)直线与圆的公共点已知时，作出过公共点的半径，再证半径垂直于该直线。(有公共点，连半径，证垂直)

(2)直线与圆的公共点不确定时，过圆心作直线的垂线段，再证明这条垂线段为圆的半径。(无公共点，作垂直，证半径)

3、圆的切线性质定理:圆的切线垂直于经过切点的半径。

辅助线作法:连接圆心与切点可得半径与切线垂直。

即“连半径,得垂直”。

4、切线长定理

(1)利用过圆外一点作圆的两条切线,这两条切线的长相等,是解题的基本方法.

(2)利用方程思想求切线长常与勾股定理,切线长定理,圆的半径相等紧密相连.

5、三角形的内切圆

三角形内切圆的圆心叫做三角形的内心,它是三角形三条角平分线的交点,三角形的内心到三边的距离相等。

试卷讲评课

试卷讲评课是目前一种常见的课型，但以往在试卷讲评课中往往出现会准备不足，平均用力，没有突出重点，为了面面俱到，从第一题按部就班地一直讲到最后一题，以教师的分析讲解为主，忽略了教师为主导学生为主体的思想。这样一节课下来，教师感觉讲了很多内容，但学生的收获却不大。为了提高试卷讲评课的有效性，我们教师可以极力创造在有限的课堂教学时间里使学生留下深刻的印象，促使学生系统地牢固地掌握并能灵活地应用课本知识解决问题。

（1）讲评课前的准备工作。

讲评试卷时需要有针对性地讲解，否则从头到尾的逐题讲解，既浪费了时间，学生又收获不大。而要针对性地讲解试卷，就必须广泛收集各个信息，并且仔细分析试卷。因此，在讲评课前需要完成以下三项工作：

■准确统计

一是统计每题得分率（对得分率较低的试题应认真分析错误原因）。二是统计每题中出现的典型性错误（若是无解题过程的选择题，填空题，以小组为单位了解错误的结果是怎么做出来的）。

■归类分析

事实表明，造成学生考试错误的主要原因有：心理素质差，审题不清，书写潦草，语言表达不清，逻辑性差，知识积累不够，知识的迁移能力差，知识之间的综合应用差等因素。因此，根据试卷的主要内容、特点和学生的考试结果，对试卷进行归类分析是非常有必要的。

■制定教案

在前两点的基础上制订试卷讲评的教学方案：首先明确中考考纲要求，理清近几年中考出题趋势，确定讲评要达到的目的；还要确定哪些题略讲，哪些题重点评讲；用什么方法讲，讲到什么程度；确定学生出错关键及思维障碍所在，怎样才能在今后不出或少出错，措施如何。

（2）讲评时以“三要”为指导思想

其实无论家长还是学生对每次考试成绩都看得比较重，但有一部分人由于某种原因而失手，心理承受能力差，情绪一度低落，所以在讲评时教师还应注意帮考得不好的学生恢复信心。

■要重视激励

当学生接到试卷后（尤其是大型的模拟考试）心情十分复杂，多数学生都有后悔，懊恼的表现。如果，此时只是一味地责怪学生“这些内容老师平时再三强调过，为什么还错？”就会挫伤学生的学习积极性，使他们对讲评感到厌倦，进而对数学课望而生畏，甚至产生对立情绪。因此一堂好的讲评课，首先应该是发现学生已经掌握了什么，充分肯定成绩，鼓励和表扬学生的进步落实到具体的学生，具体的题。还要注意因人而异。从解题思路，书写格式等方面细心寻找学习有困难的学生试卷上的“闪光点”，使他们看到自己的进步，增强信心，产生经过努力能取得更好成绩的愿望。

■要借题发挥

在讲解时，可以展现对某题的各种解法，着重分析各种解法的思路，让学生分析比较每种解法的优缺点，从中寻找出最优的方法和解题的一般规律，必要时还可以进行变式题练习，题目不同的问法。

■要追根寻源

“错在哪儿了？”讲评课中要引导学生搞清自己出错的原因，是基础不扎实还是审题不不细心？是解题表述不规范、步骤不完整还是隐含条件的意义不清？是思想不重视还是心理素质不好而紧张过度？要找准病根才能对症下药，以求收到实效。

（3）具体流程

【板书】试卷的难易等级和考试总体情况分析

【PPT】学生总体情况统计

■成绩分析：平均分、及格率、优良率；各分数段人数

操作要领

■为了让学生更深刻的了解这次考试，试卷的难易等级和考试总体情况可以在黑板的左上角工整醒目的写出来。

■为了让学生了解自己所处的分数段，屏幕上的字要工整，不要太小，PPT颜色搭配得当。

【公布答案、学生纠错】

操作要领

■独立修改：本环节要求教师先提前将试卷发给学生，首先要求学生进行自改，剖析出错原因.

■小组讨论交流：根据课前统计结果，得分率低的习题小组讨论交流

①错的原因是什么?

②应该怎样正确的理解?（教师给予小组适当指导）

操作要领：

■研讨内容根据班级每个孩子每个题的得分失分情况，有针对性的选择需要研讨的题目。

■研讨方法先由小组内题目错误的孩子交流，谈谈当时做题的想法，其余孩子作为听众，再帮助他找出错误的原因。最后由组内做正确的孩子来分享经验。

■总结归纳学生根据正确和错误答案的交流分享来讨论归纳以后遇到此类题目该如何解决。

■教师点评教师在孩子们的归纳的基础引导孩子们总结得出解题步骤以及解决此类题的注意事项。

【教师评讲】

积极引导学生参与到讲评过程中，尽量多地让学生发言，以暴露其思维过程，以对其他学生起到警戒、示范作用.具体的方法有：错误让学生“改”、思路和解法让学“讲”、解题过程让学生扮演、学生之间相互批卷和讨论.

对试卷中的新题型和一题多解要介绍给学生，使学生的解题思路更广阔.对试卷中出现的新思路、新解法、同一题目的不同解法及不同解法的优劣选择，不论是否合理和正确，教师都要给以恰当的评价，使学生能理解和尝试学习新思路.

操作要领：

■分类讲解：同一类题归在一类，只需挑选一道讲解，另外的由学生根据讲解自行纠正。

■通性通法：所谓的通性通法就是找出事物的共同性质，用普遍适用的带有一定规律性方法去解决，不过多地强调技巧性.通性通法也是在历年中考中重点考查的方法.简而言之，同一类题目，同一种思想，同一种方法。

■典型错误剖析纠正：引导对于题目中典型的错误进行剖析，分析错误原因，找到陷阱，争取下一次不犯同样的错误。通过典型题目的剖析与讲解，达到总结、提炼通性通法的目的，以此提高学生对学科知识的整体把握.对典型题目的讲解要做到：一是讲解法的发现过程，如何读题、如何寻找解题的切入点、解法探索；二是讲如何规范表述解题过程。

■一题多解及解法优化：在教师评讲环节引导学生用不同的方法解决问题，最后再来比较哪种方法更优越，深入挖掘典型试题的潜在功能，让孩子们掌握不同的方法，在下次遇到同类问题时，能选择最优的方法来解决。

■变式训练：为了培养学生举一反三，融会贯通的能力，教师可以课前设置类似的题目，检验孩子们是否真正掌握了这个知识点，并能自己灵活运用。

【反思总结】

没有反思，复习过程不会得到消化、复习效果不会得到巩固.总结的过程，就是学生认识水平和能力提高的过程.

操作要领：

教师要善于引导学生反思、回顾和总结，概括本节课要点，归纳解题方法，并强调注意问题.反思总结之后，要引导学生完成满分卷并进行二次批阅，重点学生要面批.

【巩固练习】

讲评课的结束，并不是试卷评讲的终结，教师应利用学生的思维惯性，扩大“战果”，有针对性布置一定量的作业，进行巩固性练习.

操作要领：

教师提前收集试卷配套的练习题，可以原创，也可以改编。对某些试题进行多角度的改造，使旧题变题，这样做有利于学生对知识和方法掌握的巩固，提高，有利于反馈教学信息.

案例链接

【教学内容】《2019年秋季数学半期考试》试卷讲评

【教学目标】

1.知识上，回顾知识，巩固基础，学会分析总结、查漏补缺，培养学生抓分意识；

2.能力上，将实际问题抽象为数学问题的能力，培养正确的数学解题方法思路；

3.情感上，通过交流提高自我认知意识；　明确问题所在，增强进步的信心。

【教学重点】

1、知识联系 2、解题方法

【教学难点】

试题与知识的切入，以及解题中所运用的数学思想。

【教学方法】

启发诱导、合作探究、评---讲---练等

【教学过程】

一：试卷评价

本张试卷全面考查学生所学的基础知识与基本技能，数学活动过程，数学思考以及解决问题能力。

1、难度：本次考试难度相对适中，注重学生的基础和综合能力的考查，学生成绩有一定的代表性，比较准确的反映教师的教学和学生的学习。

2、覆盖面：试卷知识覆盖面较广，知识点的综合运用较强，是中考试题的模式。

二：答题分析

1. 成绩分析

考试人数	平均分	及格率	优良率	120～150	90～119	90分以下
40	110	90%	40%	16	20	4

2. 得分率较低且比较典型题题号

大题号	一、选择题	二、填空题	三、简答题
小题号	12题	17题	23
得分率	30%	20%	10%得到全分

3. 答题存在问题分析

从成绩和评卷来看，部分学生基础相对较差，不重视数学学科的学习，忽略知识的巩固，学习的主动性较差，缺少自我学习的能力，并且还存在明显的偏科现象。学生存在一些问题，主要表现在以下几个方面：

（1）审题不清；读题、审题不仔细，忽略了关键字句，误解了题意；

（2）知识不牢、理解不透彻，解题时无法再现所需知识；

（3）答题不规范。解答简答题时，缺乏该有的步骤，逻辑思维能力不够。

（4）综合解题能力不强，不能很好的把握各个知识之间的联系。

三. 试卷讲评

【试题回放】

12. 如果关于 x 的不等式组 $\begin{cases}\dfrac{x-m}{2}>0, \\ x-4<3(x-2)\end{cases}$ 的解集为 $x>1$，且关于 x 的分式方程 $\dfrac{1-x}{2-x}+\dfrac{m}{x-2}=3$ 有非负整数解，则符合条件的 m 的值是（ C ）

【归纳总结】解决此类问题，主要是把题目进行拆分，把一个大的问题分解成若干个小问题来一一解决。

步骤：1.由不等式组求出所研究字母的取值范围；

2.把分式方程的解的情况进行拆分求出所研究字母的限制条件；

3.由1,2求出字母的最终取值范围。

变式：如果关于 x 的分式方程 $\dfrac{a}{x+1}-3=\dfrac{1-x}{x+1}$ 有负分数解，且关于 x 的不等式组 $\begin{cases}2(a-x)\geq -x-4, \\ \dfrac{3x+4}{2}<x+1\end{cases}$ 的解集为 x<-2,那么符合条件的所有整数 a 的积是 （ ）A. -3

B. 0　　C. 3　　D. 9

【设计意图】及讲及练，趁热打铁，让学生通过自己动手按照归纳的步骤解决此类问题，在下次遇到同类问题时才能解决。

【试题回放】

17.小宁和弟弟小强分别从家和图书馆出发，沿同一条笔直的马路相向而行.小宁先出发5分钟后，小强骑自行车匀速回家.小宁开始跑步中途改为步行，且步行的速度为跑步速度的一半，到达图书馆恰好用了35分钟. 两人之间的距离y(m)与小宁离开出发地的时间x(min)之间的函数图象如图所示.则当弟弟到家时，小宁离图书馆的距离为1500米.

【归纳总结】该题目是近年中考的必考题目，图象比较抽象，针对此类题目，可以按以下步骤解决：

1.认清横轴和纵轴代表的含义；

2.根据题目和图象分析运动状态（抓住拐点）；

3.画出线段图，建立方程组；

4.求出需问题的解。

变式：快车和慢车同时从甲地出发以不同的速度匀速前往乙地，当快车到达乙地后停留了一段时间，立即从原路以另一速度匀速返回，在途中与慢车相遇，相遇后两车朝各自的方向继续行驶，两车之间的距离y（千米）与慢车行驶的时间t（小时）之间的函数图象如图所示，则甲乙两地的距离是______千米.

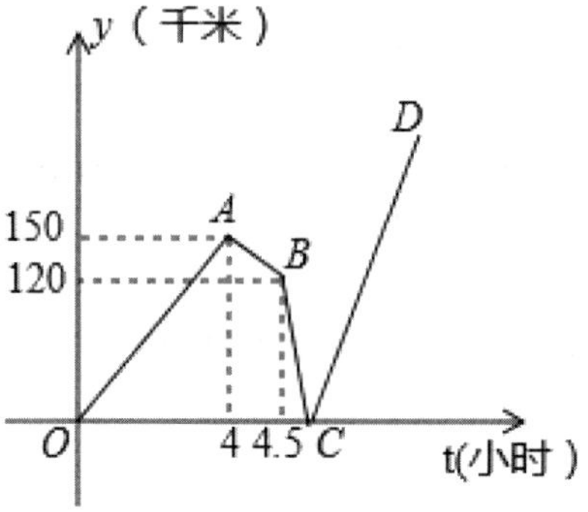

【设计意图】及讲及练，趁热打铁，让学生通过自己动手按照归纳的步骤解决此类问题，在下次遇到同类问题时才能解决。

【试题回放】

23.在“二十四节气”被联合国教科文组织列入人类非物质文化遗产代表作名录之后，中国传统文化再次进入人们的视野，与其相关的创意产品颇为畅销，某文具经销商计划用12元/盒的进价购进一款“二十四节气”创意书签用以销售.

（1）据调查，当该种书签的售价为14元/盒时，月销量为1780盒.每盒售价每增长1元，月销量就相应减少30盒.若要使该种书签的月销量不低于1600盒，每盒售价应不高于多少元?

（2）在实际销售时，由于生产原材料价格上涨，每盒书签的进价提高了25%，而每盒书签的售价比（1）中最高售价减少了51m%，月销量比（1）中最低月销量1600盒增加了m%，于是该月销售利润达到了8000元，求m的值.

解析：（1）设每盒售价为x元，

依题意得：1780－30（x－14）≥1600，

解得x≤20.∴每盒售价应不高于20元；

（2）根据题意

得：[20（1－m%）－12（1+25%）]×1600（1+m%）＝8000，

令m%＝t，

整理得：4t2－t＝0，

解得t1＝0（不合题意，舍去），t2＝0.25，

∴m%＝0.25，∴m＝25.

答：m的值为25.

【归纳总结】此类题目也是近年中考的热点，第一问一般是解方程组或者是解不等式的问题，难度较小，主要是第二问里面带百分号的一元二次方程，难度稍大些，解决此题的策略是：

1.步骤：审--------设--------列---------解--------验--------答

2.方法：通过制作表格列出含百分号的方程，再利用换元法去掉百分号，从而把方程化为普通的一元二次方程，再求解（直接开平方法、因式分解法、公式法、配方法）即可。

变式：某地大力发展经济作物，其中果树种植已初具规模，今年受气候、雨水等因素的影响，樱桃较去年有小幅度的减产，而枇杷有所增产.

（1）该地某果农今年收获樱桃和枇杷共400千克，其中枇杷的产量不超过樱桃产量的7倍，求该果农今年收获樱桃至少多少千克?

（2）该果农把今年收获的樱桃、枇杷两种水果的一部分运往市场销售，该果农去年樱桃的市场销售量为100千克，销售均价为30元/千克，今年樱桃的市场销售量比去年减少了m%，销售均价与去年相同，该果农去年枇杷的市场销售量为200千克，销售均价为20元/千克，今年枇杷的市场销售量比去年增加了2m%，但销售均价比去年减少了m%，该果农今年运往市场销售的这部分樱桃和枇杷的销售总金额与他去年樱桃和枇杷的市场销售总金额相同，求m的值

【设计意图】灵活运用解题策略解决此类问题。

一、　课堂小结：本节课你有哪些收获？

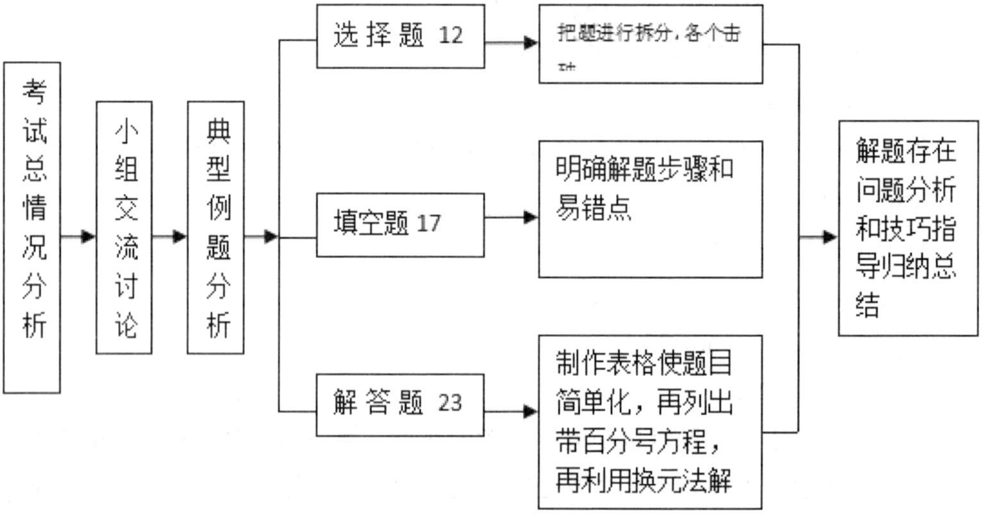

【学习反思】

请自主梳理本节课的知识体系。本节课什么类型的题目比较薄弱，需要老师提供何种帮助，你还有什么好的经验与大家分享，写在下方区域内。

【设计意图】这样做的目的是使学生自我总结归纳，把所讲类型得以消化吸收，提高学生提出问题，分析问题，并解决问题的能力，从而进一步提升学生的逻辑思维能力，为提高学生的数学素养奠定基础。

第三节 英语课堂教学实践探索

英语听说课

温暖课堂教学模式在初中听说课教学中一般采用“任务链活动”的方式进行推进，采用了PWP的听力教学模式，即pre-listening，while-listening，post-listening.听前活动：

1）扫清重要词汇障碍，做好背景知识的导入；

2）看图、读题找关键词等方式进行听力预测；

3）教师根据学情及听力难易度，整合听力题目，做到让学生听有所获。

听中活动：知识输入要合情，听力操作要合理。学情及听力材料的难易决定教师播放磁带的遍数；长难句教师可适当停顿或多次播放；播放时注意停顿，留出学生答题时间等。听后活动：听后的输出活动形式多样，如根据图、表格、听力题目等资源进行对话、写话。现以Unit8 Have you read treasure Island为例介,本课的教学流程如下：

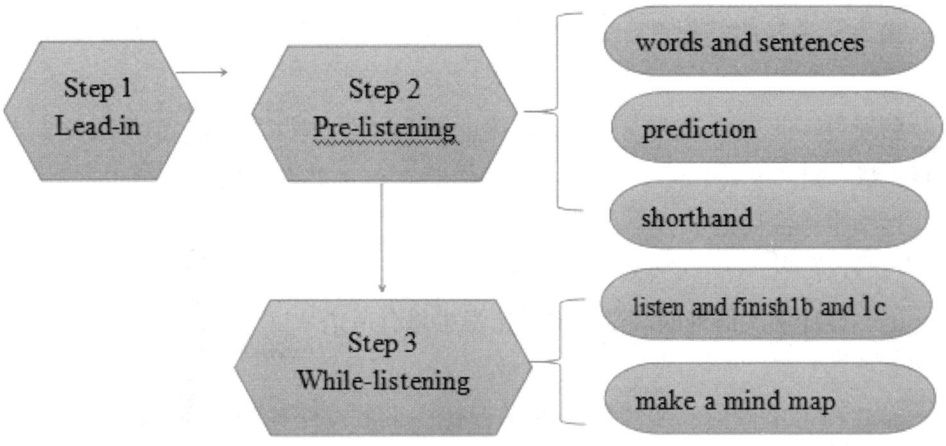

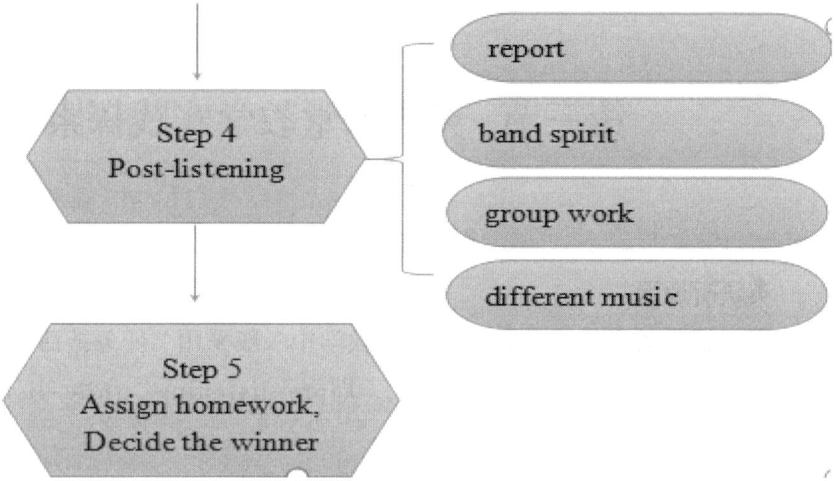

一、听前预习新词汇，自主学习效率高

为了扫清听力时的词汇障碍，教师可以在听前让学生提前预习新单词。教师可以听过一起作业或者音频材料，布置学生跟读词汇跟读和英译中词汇翻译两项家庭作业。这样，学生可以提前感知新单词的意义和读音。其中，通过英译中词汇翻译作业，学生通过自主学习可以感知新词的意义，同时培养语篇意识，这比单独讲解词汇更有效果。读记词汇可以帮助学生掌握新词的发音。

操作要领：

■为了更好的掌握词汇，老师可以提前进行单元词汇教读以及重点词汇划分。

■通过一起中学软件，从词汇跟读，词汇含义，词汇练习，词汇听写多方面结合，帮

助学生掌握词汇。

二、设计层次清晰的教学步骤，让学生思有所悟

做好预习工作后，听说课的教学设计，采取“任务链活动”的方式进行推

进，采用了PWP的听力教学模式，即pre-listening, while-listening, post-listening.听前活动：1）扫清重要词汇障碍，做好背景知识的导入；2）看图、读题找关键词等方式进行听力预测；3）教师根据学情及听力难易度，整合听力题目，做到让学生听有所获。教师用活动和任务提升课堂的趣味性和实用性，在结合听力技巧的训练，让学生思有所悟。

操作要领：

■Warm-up：引起学生兴趣；引出本课听力的主体内容。

■Lead-in ：激活学生对听力内容的储备知识；激发学生的竞争意识，鼓励学生积极踊跃地参与课堂；通过奖励积分含多种形式，促使学生积极回答问题

■Pre-listening：通过对学生的多次提问，完成对新单词及句型的学习，扫除听力障碍。同时又介绍背景知识，为听力部分做好铺垫。

■While-listening：进一步了解听力内容的信息，增强对听力材料的了解和喜爱。通过题板上的关键词学习来了解思维导图。

■Post-listening：将所听内容进行内化，转化为口语表达；开放式问题，头脑风暴，让学生探讨更深入的问题，学以致用。通过小组活动培养学生的口语表达能力，思维能力，创新能力，自主探究能力，合作学习能力。另外，利用教师评价，生生评价等多元化评价方式，使学生关注到学习过程中的优点和不足，促使他们更好地完善自我，也使他们更积极地参与课堂。

■Homework：课后编写对话，由本课的听说能力转变为书面表达能力。提供相关的网址，由课内拓展到课外，鼓励学生主动深入了解，升华情感。

三、创设轻松愉悦的活动情境，让学生悟有所行

在听力练习结束后，教师可以设计活动，创设相关的语言情境，巩固运用目标语言，常用游戏和竞赛的方式进行活动。

操作要领：

■小组抢答，要求学生尽量多运用目标语言教师要求学生互相问答，全员参与，力求让每位学生都能熟练使用本节课的目标语言。

■角色扮演，通过互换角色的方式，让学生更好的融入相应的常见，使用目标语，在贴近生活的场景中，学以致用。

四、挖掘熟悉具体的生活素材，让学生行有所成

为了给学生创设真实的情境，加强对于听力材料的思考和运用。教师耐心引导帮助学生，给学生充分的英语实践机会，让他们从实践中总结所学新知，会取得意想不到的收获。

操作要领：

■创设相关生活场景，为学生使用目标语做好铺垫。

■总结目标语的对话模式，进行小组合作操练。

■设计开放型问题，以小组讨论的方式，让学生加深对于听力材料的理解与思考。

■小组汇报表演，采用小组合作的方式，输出目标语，学以致用。

案例链接

【教学内容】Unit8 Have you read treasure Island

Warm-up（课前4分钟）

播放乐队Maroon 5的音乐视频

设计意图：引起学生兴趣；引出本课听力的主体内容,Maroon 5乐队。

Step 1: Lead-in （1.5分钟）

1.播放介绍Maroon 5乐队的视频

T: Let’s watch a video and learn more about the band.

2.创设Maroon5乐队演唱会的情境，构建任务驱动听说课

T: Maroon 5 will have a concert in Chongqing next month. Who wants to get thetickets to go to the concert?

3.介绍奖励机制

T: If you answer my question correctly, I’ll give youone CD. At the end of the class, the group who havethe most CDs can get the tickets.

设计意图：

1.增强学生对乐队的了解；渗透乐队精神，为情感升华作铺垫。

2.激发学生的竞争意识，鼓励学生积极踊跃地参与课堂。

3.通过奖励含多种音乐类型的光盘，促使学生积极回答问题；同时也为情感升华部分，培养对多种音乐的喜爱埋下伏笔。

1. Step2. Pre-listening （8分钟）

1.学习新单词：rock,pop,band

句型：Have you heard of the band?

The band has made several CDs.

T：Have you heard of the band?

T：How do you feel about ...?

T：What kind of music do they play?

A：Rock music. B. Pop music. C. Country music.

T：The band has made several CDs.

2.使用听力技巧：Prediction

(1)仔细观察图片中的人、事、物，预测听力大意

T： Look at the picture carefully and try to find more information from the picture.

(2)阅读听力题目，圈出关键词，听的过程中有的放矢捕捉关键信息

T： Read the opinions and find the key words in each opinion. Keep the key words in mind.

3.掌握听力技巧：Shorthand

通过写首字母，数字等方式速记，提高听力效率

T：Who said opinion one? If it’s Tom, just write T for Tom, or M for Mary.

设计意图：1.通过对学生的多次提问，完成对新单词及句型的学习，扫除听力障碍。同时又介绍乐队的背景知识，为听力部分做好铺垫。2.通过看图和读题找关键词的方式，完成对听力内容的预测；通过了解听力速记技巧，提高听力效率。

Step3. While-listening （10分钟）

1. 听第一遍，完成1b并核对答案

2. 根据1c表格信息，在黑板上张贴乐队的关键词题板

1. 听第二遍，完成1c并核对答案

设计意图：进一步了解该乐队的信息，增强对乐队及其音乐的喜爱。通过题板上的关键词学习来了解思维导图。

Step4. Post-listening （19分钟）

1. 根据思维导图提示，学生做Maroon5乐队的口头介绍

S: Tom and Mary talk about a band called Maroon5. They have made 6 CDs until now. They come from a foreign country, the USA. There are 5 people in the band. They play pop music, but it sounds more like rock...

2. 引导学生谈论喜爱Maroon 5乐队的原因并思考该乐队成功的原因

T: Do you like the band? And why?

T: To be successful, they must...

1. 小组活动：学生制作思维导图，介绍自己喜爱的歌手或乐队

2. (1)播放国内外知名乐队或歌手的滚动视频，唤起学生心中喜爱的乐队或歌手，激发学生表达的欲望

T: Maroon 5 is my favorite band. Who's your favorite band or singer?

(2)介绍小组活动的内容，要求和规则

T: Each group, First choose one band or singer. Then use the color pens to draw your mind map on the paper. Next write key words about the band or singer in the mind map. After you finish, you will come to the front to show your paper and give a report. If you want to get 4 CDs, you should be loud, be correct, be confident, be creative!

(3)学生在规定的时间内分小组合作完成任务，过程中教师给予指导

(4)学生到讲台前展示小组活动的成果，并利用思维导图对小组讨论的乐队或歌手信息进行口头汇报。教师和其他学生分别对该小组的成果展示作出评价

T: Do you think how many CDs this group can get? And why?

T: You think they can improve their work to make it better. But how to improve? ...

3.把介绍乐队的思维导图变成1张CD，再由CD引出情感升华，鼓励学生喜爱多种音乐类型

T: Look! What's it? It's a kind of mind map, and it's also a CD.

T: Just now I found that you talked a lot about pop music and pop singers. But there are so many kinds of music you can listen and enjoy, like country, classical, jazz, folk...

设计意图：1.将所听内容进行内化，转化为口语表达。2.探究Maroon 5乐队成功及受欢迎的原因：不仅有颜有才，更靠努力、坚持和永不放弃的精神。3.通过小组活动培养学生的口语表达能力，思维能力，创新能力，自主探究能力，合作学习能力。另外，利用教师评价，生生评价等多元化评价方式，使学生关注到学习过程中的优点和不足，促使他们更好地完善自我，也使他们更积极地参与课堂。4.创新有效地升华情感，引导学生喜爱不同的音乐，提升人文素养。

Step5. Homework. （0.5分钟）

T: In the class, We have learned how to use a mind map to talk about a band or singer. Today's homework:

1. According to your mind map, write a composition(作文) about your favorite band or singer.

2. Surf the website: www.song taste.cn to enjoy different music .

设计意图：1.课后作文，由本课的听说能力转变为书面表达能力。2.提供音乐欣赏的网址，对音乐的欣赏由课内拓展到课外，鼓励学生喜爱多种音乐，升华情感。

Step6. 小组评比（1分钟）

颁发演唱会门票，赠送光盘

T: At the end of the class, let’ s see which group has the most CDs. You are the winner. Here are the tickets.

T: Dear students, these CDs are your prizes. Please take them home and enjoy music, enjoy life.

设计意图：1.产生小组冠军，颁发门票，感受学习的乐趣和成功的快乐。2.赠送光盘，作为奖励。这些光盘里有各种类型的音乐，学生通过欣赏光盘音乐，感知不同种类音乐的魅力，增强对音乐的了解及喜爱。

教学评价

1. 评价内容：(1)课堂表现(2)用英语做事(3)任务完成情况(4)语音及表达(5)小组合作学习

2. 评价方法：主要采用师生评价和生生评价的评价方式。通过教师评，学生评等多元化的评价方式，帮助学生积极参与教学活动，极大地提高了学生的学习兴趣。另外，用了音乐CD作为答题奖励，获得CD最多的小组赢得Maroon 5演唱会门票。含有各种音乐类型的CD既贴合本课音乐的话题，又激发了学生的竞争意识，提高课堂参与度。

英语学科写作课

在温暖课堂教学模式的指引下，初三英语学科的过程写作教学需要经过六个步骤的训练：审题目阶段—列提纲阶段—加首尾阶段—连上文阶段—美化句子阶段—检查完善阶段。教师的指导也始终贯穿于整个写作过程之中,直至最后成文。为了更好地操作,笔者结合教学实际,把过程写作教学细化为“六步教学法”。具体如下:

1.审题目阶段。

认真审题、把握文章立意是写好文章最重要的前提。《义务教育英语课程标准》(2011年版)中对初三学生英语写作的要求是： 能根据写作要求收集、准备素材； 能独立起草短文、短信等，并在教师的指导下进行修改； 能使用常见的连接词表示顺序和逻辑关系； 能简单描述人物或事件； 能根据图示或表格写出简单的段落或操作说明。总之，就是初三学生应具备较强的写作能力（切题与否，内容表达清楚与否，文字通顺连贯与否，语言错误多少。）这四方面中，审题便是占了半边江山，因为如果文章跑题，即使内容丰富，语言生动流畅，得分也不会高。因此，审好题、审清题在很大程度上关系到整篇文章的成败，绝不可以掉以轻心。审题不仅要分析题目，还要结合给出的提示句牢牢掌握题情。首先要掌握文章要写的内容；其次要掌握文章所需的主语人称，而在审题阶段确定人称是避免文章人称混乱的有效途径；最后要掌握文章对动词的时态、语气有无特殊要求。在考试中，不少同学往往因为时间的原因匆匆看了几眼题目便草率下笔，导致最后的作文呈现多为偏离题目、缺少要点、文体不当。

2.列提纲阶段。

提纲的功能在于使文章结构完整，条理清晰，段落分明，意义连贯。有了提纲就不会离题，写作时才能做到胸有成竹。考生如果平时写作时养成了列提纲的好习惯，可提高写作速度，缩短写作时间，提高写作质量。教师应指导学生在写作中抓住主干、抓重点，也就是让学生学会写文章的主题，以及相关的要点和细节，或者列出相关的要点、需要用到的词组和短语，让学生审清写作的时态、人称、文章的体裁格式和语言结构等。下面以How to give suggestions to others为写作主题，介绍如何组织学生的初稿写作。

(1) 明确文中应采用的时态。

(2) 阐述对方的困惑，并逐一给出建议。提出建议的句型结构:Why don’t you…, You can…, You should…, I think you can…, You had better (not) …, Don’t do…

(3) 可能会用到的衔接词: first, second,last but not least…moreover,what’s more, most importantly…

(4) 提供范文让学生模仿。(要求学生针对现状,提出相应的合理建议)

操作要领：

■列提纲时一定要注意条理性。条理性是指要合理布局文章结构。首先，文章思路、组 织材料、叙述顺序等方面要有一定的条理性。其次，根据需要安排好段落，各段之间要层次分明。每一篇文章都要注意开头和结尾，开头往往是总起，结尾往往是总结。最后，要特别 注意的是列提纲一定要用英语词汇(重点是动词及词组)，切不可用汉语。一篇文章应该包括四个部分：Title，Beginning，Body，Conclusion.

■积累词块。写作教学的初始阶段，教学内容以课文的词句为中心，采取有效方法，帮助学生为写作积累词汇、句型等必要语言知识。常见方法有：单词和词组分类、连词成句、扩句、句型转换、问题回答、设情境用关键词组和句型造句、单句翻译、根据课文内容填空、重点词汇串记等。建立词间联系（如网络图）、利用单词联想创作五行诗等。 值得注意的是，在学生积累了一定的词汇和句型后，可以进入提示性写作训练。

■连句成段、连段成篇、语篇综合。从句子过渡到段落很关键的一步是选用合适的衔接手段，教师可引导学生关注课文中的连接词和短语，然后利用这些有效的衔接手段，把获取的信息写成连贯的段落；并且在语篇分析中还要引导学生关注和积累不同体裁和题材的写作目的、结构、内容及语言特征，强化学生的语篇意识。重要的是充分调动学生的创造性思维，根据实时性信息，设计激发学生想象力和创造力的写作训练,其形式包括课文的续写、改写及以课文话题为中心的开放性作文。

3.加首尾阶段。

一般文章的开头都比较讲究，文章的开头被称为首段，又被称为“凤头”。“凤头”色彩斑斓，引人注目，给人以美的感觉。尾段则与全篇文章的内容和结构有着密切的联系，好的结尾被称为“豹尾”，即结尾自然、生动、有力，不仅能突出文章主题，而且能深化主题。首段和尾段的写作也有一定的技巧。首段的写作方式一般为：运用事实性信息、调查或故事等引出话题；导入主题，然后提出自己的观点，也就是文章的论点。首段开篇的方式常见的有：谚语法、定义法、提问法、概括法、故事法、引语法、调查法、假设法等。具体写作时，同学们没有必要拘泥于一种方式，可以将上述方法总和起来。尾段的写作方式有以下几种： 首尾呼应，画龙点睛。将文章主旨放在尾段，深化主题，起到画龙点睛的作用。 反复主题，重复主题句，达到强调的作用。 自然式结尾，随着文章的发展脉络，自然形成的结尾。 含蓄性结尾，通过比喻或其他含蓄的方式，让读者自己领会文章深意。 展望未来式，通过结尾展现对未来的期望，引起读者思想上的响应。不管采取何种结尾形式，一定要注意上下文的联系，不能分割其他段落的整体，尽量实现完美收官。

4.连上下文阶段。

学习使用连接词，把握连接上下文的关键。要想使文章有整体性、连贯性，就要学会正确使用连接词。现将中考常见的连接词分来如下：

（1）表示罗列增加的连接词：first, second, third；first, then/next, after that/next, finally ；for one thing …for another…；on （the）one hand…on the other hand，besides / what's more/ in addition / furthermore/ moreover /another/ also；

（2）表示时间顺序的连接词：now, at present, recently, after, afterwards, after that, after a while, in a few days, at first, in the beginning, to begin with, later, next, finally, immediately, soon, suddenly, all of a sudden, at that moment , as soon as,the moment, from now on, from then on, at the same time, meanwhile, till, not…until, before, after, when , while, as, during;

（3）表示转折关系的连接词：but, however, while, though, or, otherwise, on the contrary, on the other hand, in contrast, despite, in spite of, even though, except（for）， instead, of course, after all；

（4）表示并列关系的连接词：or, and, also, too, not only… but also, as well as, both… and, either…or, neither…nor；

（5）表示因果关系的连接词：because, because of, since, now that, as, thanks to…， due to…， therefore, as a result（of）；

（6）表示条件关系的连接词：as （so）long as, on condition that, if, unless；

（7）表示让步关系的连接词：though, although, as, even if, even though,

however, whoever, whatever, whichever, wherever, whenever, no matter how （who, what, which, where, when, whom）；

（8）表示概括归纳的连接词：in a word, in short, in brief, on the whole, generally speaking, in my opinion,　as far as I know, As we all know, as has been stated，as I have shown, finally, at last, in summary, in conclusion;

5.美化句子阶段。

选取多样句式，丰富表达方式。所谓“表达多样”，指的是在一个句子或一个段落中，如有多处要表达同一个意思，我们主要可以通过三种方法来做到表达多样化：　简洁、紧凑型：非谓语动词、with复合结构、复合句；　新颖、别致型：倒装、强调、虚拟；　生动：感叹、反问。

比如，写介绍自己的作文时，最基本的表达有：

I am a good student, and I am determined to do something. I am good at communicating with others. 对这些句子稍加修改，表达效果会大不一样：I am one of the top students in my class. With great determination, I can do everything independently. In addition, Communicating with others efficiently is one of my strengths.

6.检查完善阶段。

提倡学生在草稿上进行自改、互改、完善。在修改的同时，让学生通过二次阅读培养良好的申辩思维。批改过程中，要求学生从以下几个方面进行修改：格式是否正确、卷面是否整洁、文章的中心是否鲜明、文章的选材、结构、表达方式以及语言是否简练、通顺、准确和标点符号有几处明显错误。根据拟定的作文评分标准，学生经过对同一篇文章的反复修改实践，不仅减少了写作中的盲目性，而且在互相修改的过程中进一步加深了对作文要求的了解，取长补短，从而明确努力的方向。这一过程是解决作文难教、难写的好办法，同时一篇优秀作文不断修改完善的过程也是学生自我成长完善的过程。

案例链接

【学习主题】

这是一节初三英语写作复习课，以教材七下Unit 1 I can play the guitar（话题是能力）和八上Unit 6 I' m going to study computer science (话题是职业和理想为基础, 用Jobs & dreams为主题将它们整合到一块复习，目的是引导学生根据自己的能力特长和兴趣爱好来择业，并通过自己的努力将梦想变成现实。

【学习目标】

1.理解关于Jobs &Dreams的话题。

2.能够就“I dream to__________”为题写作。

3. 能够运用过程写作的“六步教学法”，有效检测自己的写作。

【学习过程】

Step I Warming Up.

1. Listen to the song “Never Say Never”

2. Free talk

T: Who is this boy in the video? What does Justin Bieber do ?

What do you do ? What are you going to be when you grow up?

What does your father/ mother/… do ?Where does he/she work?

[设计意图]在课堂导入阶段，通过欣赏歌曲Never Say Never和歌手Justin Bieber，营造上课氛围，激发学生的学习兴趣。这既是课前热身活动，又能自然而然地导入本课话题。从歌手职业引入学生的职业问答，延伸到家长的职业及工作地点，从学生身边熟悉的人物引入话题，贴近生活话题，使他们有话可说，逐渐消除英语写作课的紧张心理。-er

singer player worker cleaner...

Step II Brainstorm.

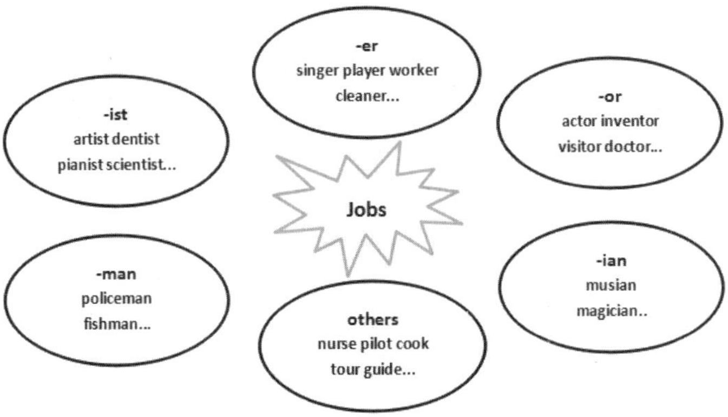

[设计意图]本环节继续讨论Jobs,通过头脑风暴,唤醒记忆,引导学生利用构词法的拼写规则巧记职业名称的词汇。最后用Every trade has its master(行行出状元)和We should love what we do. (干一行爱一行)对学生进行德育渗透。

Step Ⅲ Fill in the blanks with the correct words given.

music, sing, business, play, invent, piano, report

[设计意图]巩固上一步的职业名词，巧妙地把几种不同的构词法都在练习中体现，达到学以致用的目的。

1. Asa popular ,Justin Bieber sang lots of wonderfu lsongs and won lots of prizes.

2. Thanks to Steve Jobs, an and our life becomes more and more colorful.

3. My favorite is Liu Wei. Though he is armless,he practices the piano with his toes, he is a great.

4. Because ofLin Shuhao's success, more and more te enagers want to be basketball.

5. 1 like the TV program Job Come Job Go and the.

6. --What do you think of the jobs?

--Ithink it's to be a/an.

7. In my opinion, being a/an sounds .

Step Ⅳ Pair work. Talk about your dream jobs.

A:What do you want to be in the future?

B:When I grow up, I want to be a/an...

A:And why do you want to be ...?

B:Because ...

A:How are you going to make your dream come true?

B:I'm going to... / I'm supposed to...

[设计意图]通过操练，让学生明确自己的职业理想，并说出缘由，不断激活课堂。通过对话互动，让学生思考如何实现自己的职业理想，为下文的自我展示奠定基础。

Step Groupwork. 4 students work in agroup.

Dream Show, a program from Zhejiang TV wants to know your future plans and the reasons.

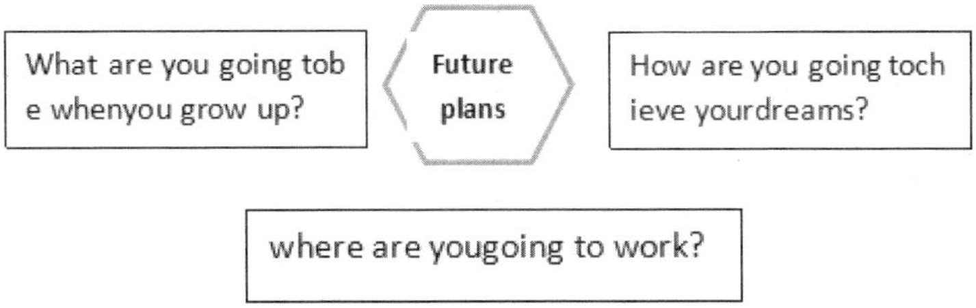

[设计意图]通过小组伙伴间交流、沟通,在创设的情境中积极运用所学语言,将所学知识迁移到现实生活中,用所学的语言进行真实的交际。学生在交流过程中相互补充、相互修改，围绕核心话题发散思维，使句式丰富多变，服务于下文的写作。同时，写作前的充分讨论和合理输出，降低了写作的难度，使学生摆脱了对写作的恐惧感。

Step VI: Show yourself.

Suppose 10 years later, you come to the program Job Come Job Go. How will you show yourself togeta good job?

Ladies and gentlemen,

I’m going to be an.../I wantto bea/an... because I’m going to work ...

In order to make my dream come true…

First of all...Second...Then...I think the most important is...

As long as I...I believe...

[设计意图]本环节教师的主要任务是打开学生的思路,让他们对自己的职业理想产生一些想法，并能对下面写作框架有初步构想。通过自我展示，训练学生的口头表达能力,又可以锻炼学生的胆魄和强化自身的应变能力。

Step Writing.

我校《金溪之声》校报准备开辟 “Dream +Action=Success”专栏，现向我们同学征稿。请以I dream to为题，根据以下提示写一篇80词左右的短文。

提示：

1.你的梦想职业。

2.你做出这些选择的理由。

3.你为此要做的准备…

过程写作“六步教学法”：

★Step 1 审（Analyze)认真审题，找出文章要表达的主题，圈出关键词。

★Step 2列（List）用简单的英语短语或句子列出文章要点。

★Step 3 加（Add)加首尾，使结构完整。可以采取总分总、总分或分总结构,开头或结尾的句子应注意简洁，漂亮。

★Step 4 连（Connect)恰当运用连接词(conjunctions),使文章层次清晰,衔接自然。

★Step 5 美（Beautify）选好词句，美化文章。在有把握的情况下展示自己的语言功底。

★Step 6 检（Check）检查拼写、时态、标点、主谓一致等，再工整誊写到答案上。

[设计意图]通过当堂写作练习，检验学生写作效果。同时,指导学生开展规范写作习惯,贯穿写作步骤指导,以便学生掌握正确的写作方法和技巧。

【教学反思】

人教版初中英语教材Go for it！采取话题—功能—结构—任务相结合的编写思路,教材以“话题”统领每个单元的教学内容,将课标规定的24个话题分散在不同的册次中,循环呈现,不断拓宽和深化。因此,在初三英语写作复习过程中,教师要注意归纳和梳理中考英语写作话题,如环境保护、饮食与健康、交通旅游、学校活动、学习压力、家庭生活、人际交往、职业与理想、介绍传统节假日等。在初三英语写作教学中，我们要在精心选好的话题的基础上，花心思下工夫,精心设计教学流程,把话题和写作教学的点、线和面有机联系起来，以促进学生发展为本，纵向贯通，横向联系。例如：在本节课案例中，学生无论在Free talk，Brainstorm，Pairwork还是Groupwork环节,都是紧扣职业话题,充分展开思维和想象,说出精彩的句子和表达方式。这样,既可提高他们的口头表达能力,也为最后写作实战演练奠定了良好的基础。

【设计意图】这样做的目的是使师生在初三复习阶段持续进行有目的、有计划的写作，有系统地积累相关话题的知识点,有步骤、有层次地进行相关话题的拓展训练,最终学生写出语言地道、逻辑清晰、行文流畅的文章。

英语阅读课

在温暖课堂教学模式的指引下，阅读课上一般采用读前(Pre-reading)、读中(While-reading)和读后(Post-reading)的教学模式。读前活动主要是为阅读作准备；读中活动是阅读课最核心的环节，此环节要进行信息的提取、加工和整理，是学生获取信息和语言的过程。读后活动是围绕课文信息进行的语言输出活动；阅读能力的培养主要是通过读中环节的教学完成的。教师要关注在教学过程中对学生语言、内容和思维三者的引导。教师要根据文本设计相互关联的教学活动，促进学生获取信息，主动思考，引导学生探究文本。

教学流程

1. 读前(Pre-reading)

读前活动是阅读课的热身和导入阶段，需要激发学生兴趣和相关的背景知识，引入话题。

（1）课堂导入lead-in：

操作要领：教师可以通过图片、实物 、简笔画、游戏、视频、头脑风暴创设情境，激活已知，激发学生的阅读兴趣。

（2）Pre-reading:

操作要领：教师引导学生浏览文章标题、文中插图预测文本内容，从而培养学生推理判断、预测想象的阅读能力。

（3）New words:

操作要领：创设情境处理词汇。词汇是阅读理解的基础，掌握词汇能让他们就能更容易、更准确地读懂文章的意思。教师要围绕主题创设情境，在情境中呈现词汇更能引导学生深入理解词汇，为后续阅读理解做好铺垫。

2.读中(While-reading)

操作要领：读中环节是训练学生思维能力的关键环节，教师应通过开展各种教学活动，引导学生观察与思考，分析和理解文本，深入解读文本和作者写作意图。

教学环节

（1）快速阅读，获取大意。

操作要领：学生快速浏览全文，获取文章大意，并培养学生提对文本大意的预测。快速阅读结束后，学生回答自己提出的问题，并核对自己的预测。教师可以采用学生默读，整体听读，教师朗读等多种方式，在读前要提出概括主旨大意方面的问题，让学生带着问题去快读。

（2）整体阅读，提取主线

操作要领：学生认真阅读文本，找出文本主线，理清文章结构。教师可以通过让学生分段、段落与大意匹配、排序等多种方式开展。

（3）仔细阅读，了解细节

操作要领：学生仔细阅读文本，了解文本细节，深入理解文本内容。教师可以通过一系列由浅及深的渐进性设问与追问引导学生逐步理解文本。教师可以通过表格、思维导图、填空等活动引导学生逐步在找细节的同时，深挖文本，还原文本脉络和所有内容。

3.读后(Post-reading)

操作要领：本环节是文本内容的延伸拓展，语言能力的迁移创新和思维品质的提升，有助于培养学生的开放性思维和创新性思维能力，有助于提高学生以读促写的能力。是语言的输出环节，教师通过教学环节和活动可以实现语言、内容和思维的有机统一，推动学生探究作者写作意图与文章主题意义。

（1）课文内容总结

操作要领：教师可以通过让学生短文填空、角色扮演 role play、思维导图、关键词课文复述、故事简写等多种方式，重现课文内容，再次梳理文本脉络，加深文章理解。

（2）探究文本意义，深化主题

操作要领：在学生理解文章结构和内容的基础上，教师可以通过对作者写作意图和文章主题的追问或学生讨论等方式，启发学生对作者写作意图和文章主题的思考，明确作者写作意图和文章主题，提升理解层次，培养思维品质和文化意识。

4.自我评价

操作要领：学生在读后，可以依据教师给出的量表，自我评价，助学生了解本课帮自己的阅读进度和效果。教师也引导学生将阅读与其他语言技能相结合来展示阅读成果，发展学生的综合语言运用能力。比如制作读书卡、佳句分享、阅读感悟、制作海报、电影配音、戏剧表演等。丰富、多样的阅读评价形式既能促进学生提升阅读素养。

案例链接

【教学内容】《人教版新目标七年级下Unit 4 section B 2a》

1. Pre-reading

(1) Enjoy school pictures and talk about school rules

教师提问：Is our school clean and beautiful? 学生回答后，教师再问：Look! It’s our classroom. What can you see in our classroom? 学生观看教室图片作答。教师进一步提问：Can you share with me what school rules you know? Can we eat in class? 并让学生用“have to”，“must”，“can’t”，“don’t”表达规则。

【设计意图】

老师呈现学生所熟悉的学校校园和教室的美丽图片，并展示教室里的中学生守则图片，让学生在轻松愉快的氛围中谈论学校的校规，为规则话题做好铺垫。

(2)Watch videos

教师让学生观看视频，并找出视频中学生违背的校园规则。观看视频后，教师提：What rules can you find?

【设计意图】

学生观看的视频贴近自身的校园生活，生动有趣，既激活了学生有关校园规则的相关背景知识，又迅速地吸引了学生地注意力。观看视频后，教师通过提问引发学生思考，让学生在情境中学习生词dirty，noisy。

(2)Learn the new words

结合视频，教师通过PPT向学生出示一组图片，在语境中学习dirty，

noisy及相关词汇。教师指出：If you always eat in the classroom, rubbishes are everywhere, our classroom will become very dirty. Dirty means not clean.教师带领学生学习单词dirty。教师再次结合视频提问：What rules can you find? 之后，出示另一组PPT图片，在语境中学习单词noisy。教师指出：We can't play basketball in the classroom. It's too noisy. You must be quiet.

【设计意图】

脱离语境的词汇教学只能使词汇的学习停留在识记层面，要掌握目标词汇必须经历理解和运用两个阶段。读前的词汇教学应创设语境，并聚焦于话题(卢爱华，2014)。通过语境学习单词，能够加深学生对目标词汇的理解，增加学生的语言输入。聚焦于话题的词汇学习能补充学生的语言图式，为学生阅读扫清语言障碍，降低学生的阅读焦虑。

(3) Learn about the letter

教师通过PPT给学生出示教材2b中书信的图片，同时指出：This is a letter.接着教师通过提出如下问题，并借助多媒体带领学生回顾书信格式(见图1)。

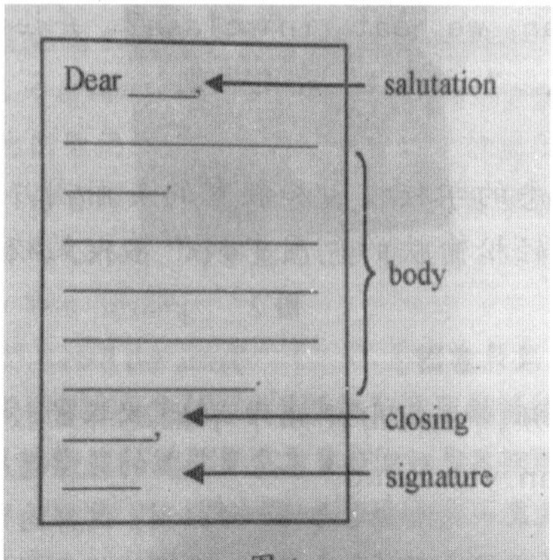

图1

①When we write an English letter, what do we have to write at the beginning?

(Salutation.)

②What do we have to write at the end? (Closing

and signature.)

③What is the part after the salutation? (Body.)

学生回顾书信格式之后，教师就文本中的书信提问，并在教材书信的图片上圈出相应的格式标记。最后教师提出问题让学生思考，引出下一环节。师生对话如下：

T: Who wrote the letter?

Ss: Molly Brown.

T: Who did Molly Brown write the letter to?

Ss: Dr. Know.

T: Why did Molly Brown write the letter to Dr. Know?

【设计意图】

通过观看图片及知识回顾，学生认清文本的体裁，激活并强化已有的形式图式。通过师生问答，学生根据书信格式厘清人物关系，为准确理解文本内容、了解作者写作意图做好铺垫。

(4) Predict

教师用PPT呈现文本插图(见图2)，并提出如下问题，引导学生通过读图对文本内容展开预测。

Why is Molly unhappy?

When you are unhappy, who do you like to talk to?Why did Molly Brown write the letter to Dr. Know?

【设计意图】

教材插图是预测文本内容的重要线索。有效的阅读预测不是对阅读文本毫无根据的凭空想象，而是建立在一定线索之上的合理推测，这样的预测才有助于更好地理解文本内容。学生已经了解到这是Molly Brown写给Dr. Know的一封信，从而推测出插图中的女生是Molly Brow。通过观察插图，可以看出她的不开心，为什么她会不开心？Molly Brown为什么会给Dr. Know写信？这些成为了学生的疑惑。带着这个疑惑走进阅读，学生就有了更强的阅读期待。同时老师提出阅读策略：Tip1：Predict the reading materials with the picture.根据图片预测阅读材料。

2. While-reading

Read the letter from Molly

(1) Fast reading: Read and check the predication

教师让学生快速阅读Molly 给Dr. Know的来信，并引导学生快速阅读文本的第一句和最后一句，让学生回答问题：Why is Molly unhappy? 检测读前预测。学生回答：There are too many rules! 教师让学生认识到：Molly is unhappy because there are too many rules. 同时老师提出阅读策略：Tip2: Skimming: read the first or last sentence quickly to get the topic sentence. 快速略读首尾句，找到主题句。之后，教师再提出问题让学生思考：What are the rules?组织学生再次阅读。

【设计意图】

通过略读理解文章大意是学生应具备的一项重要阅读策略。略读的目的是让学生理清文本脉络，确定文本大意，从整体.上把握作者的写作意图。学生通过回答问题，从整体上认知文本。

(2) Careful reading:

① Read and underline the rules for Molly

教师组织学生再次阅读Molly 给Dr. Know的来信，并勾画出文本中提到的规则，学生依次读出找到的规则内容。同时老师用PPT向学生出示一组图片，引导学生在语境中感知make your bed的词义，猜测“leave the dirty dishes in the kitchen”中leave的词义。同时教师引导学生对找到的规则进行分类归纳,回答问题：Are they family rules or school rules?

②Read and answer: How does Molly feel about the rules?

学生细读Molly的来信之后，老师继续追问：How does Molly feel about

the rules? 学生找出含有情感态度的句子：Rules, rules, rules! It’s terrible! There are too many rules! At school, we have more rules! 老师把表达情感的修饰词标红，引导学生带有情感的大声朗读，并重读被标红的词，从而深刻体会Molly对规则的情感态度，同时唤起学生的情感共鸣。在读前，老师提出阅读策略：Tip3: Scanning: read quickly to find detail. 扫读并快速找到文章细节。

Read the letter from Dr. Know

③Read and underline Dr. Know’s advice

教师提问：Now, class, you are Dr. Know, what can Molly do to feel happy? 学生回答后，教师提出：Let’s read the letter from Dr. Know and underline his advice. 引导学生认识到规则的制定目的地是为了帮助我们，学会调整心态转变态度。

【设计意图】

教师根据文本内容设计不同任务，让学生在完成任务的过程中进入细节阅读。先是对整篇文章的一个总体理解，接着通过让学生找规则，读规则的任务设计了解支撑文段内容的主要细节。再通过提问和追问帮助学生正确看待和理解规则。细节阅读使学生深入理解文本内容，准确把握作者的写作意图，也为下一步情感输出，角色扮演任务做好了准备。在细读的同时，教师向学生渗透语境中猜测词义的方法，引导他们运用猜测词义的阅读策略更好地解决阅读中的语言障碍。最后，通过提问引发学生思考文本的人文内涵，对学生进行情感教育。

3. Post-reading

(1) Role play

以学案纸上的任务作为信息提示，让学生四人一组以第一口吻转述的形式复述课文，学生可以融入自己对角色的理解。学生可以相互提示，相互帮助。学生复述得相对熟练之后，教师再次用PPT出示提示信息，让学生尝试摆脱学案纸，根据段落大意复述课文。最后挑选学生展示。老师给出评价标准，让学生小组互评的形式打分检测学生的完成情况。

【设计意图】

文本复述不仅有利于加深学生对文本内容的理解和巩固，有利于培养和提高学生的想象能力、思维能力及语言运用能力，而且还能培养学生的语言创新能力(杨天喜，2013)。学案纸上的信息承载了文本的主要内容，为学生完成复述任务提供了语言支架。然后，教师撤去原有支架，减少对学生的提示，让他们根据段落大意复述课文，以提高学生的语言表达能力。同时，复述任务深化了学生对文本内容的整体把握。

(2) Summary

教师对本节课的内容进行总结，同时展开情感升华，帮助学生理解规则在我们生活中扮演着重要的角色，理解无规矩不成方圆，无论是在学校还是在家庭中以及以后走上社会都应当遵守规则，按规则办事。

(3) Homework

请以Family rules in my heart为题写一篇60词左右的短文，向万事通博士描述你心目中的家规。

【设计意图】

通过书面表达训练，帮助学生进一步内化课堂所学语言，将口头输出转化为笔头输出，从谈论他人的规则转化为谈论自己的规则。

第四节　综合学科课堂教学实践探索

物理概念教学

温暖课堂教学模式在初中物理概念教学中一般采用“探究点拨”的方式进行教学，分为三个阶段、五个环节。全过程充分体现学生自主学习，自主探究，高效点拨，集中展示，以提升学生概念学习的主动性，增强自主探究的实效。现以《摩擦力》为例介绍如下：

一、教学流程图

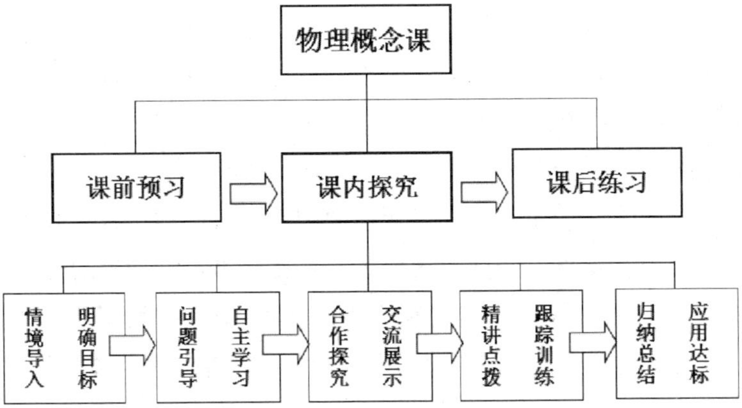

二、课内探究操作要领：

1.情境导入，明确目标。

通过演示实验、情景再现、回顾旧知等方式，引发学生的学习兴趣，从而尽快进入学习状态。引导学生明确学习目标，知道一节课的重点、难点、疑惑点，清楚学习任务，知道学习内容、学习要求和学习方法。

2.问题引导，自主研修。

教师要根据学情和概念教学特点，有层次的设计问题，引导学生通过自主学习、自主探究、初步构建起知识体系。教师应及时了解学习进程，掌握学生自学中存在的疑难问题和不足之处。

3.合作探究、交流展示。

在自主学习的基础上，对于学生自主学习中出现困难的问题，教师可以引导学生开展小组互助合作探究。针对各小组存在的共性问题，围绕重点难点易错点，教师精选具有思维价值、创造价值和发散价值的问题引导学生进一步思考和交流。教师要适时点拨，保证课堂讨论的方向性和有效性。

4.精讲点拨、跟踪训练。

在学生自主互助学习的基础上，组织全班汇报交流。这是一个暴露问题、发现问题、解决问题的重要过程，对有疑义、争议的困难问题，教师要通过提示、点拨，鼓励学生通过分析、对比、综合、思考来解决问题。每解决一个或一类问题后，要根据学情设计有代表性的习题进行训练，帮助学生进一步理解、巩固所学知识，掌握应用学习方法。

5.归纳总结，应用达标。

教师要引导学生结合学习目标对所学的知识进行归纳，找出知识点之间的联系，掌握重点知识，建立起严谨的物理概念，突破难点，理解物理概念的内涵，体会物理概念的引入、探究、建立和应用等，掌握学习物理概念的一般方法步骤。最后让学生通过课堂达标测试来检验课堂学习效果，并当堂反馈矫正。

案例链接

【教学内容】《摩擦力》

1.情境导入，明确目标

【做一做】全体同学将手按在桌面上滑动，体会手的感觉。

学习目标：

（1）理解滑动摩擦力的定义，理解滑动摩擦力的大小与接触面粗糙程度及压力大小的关系；

（2）知道增大摩擦和减小摩擦的方法，并能在日常生活中应用这些知识。

2. 问题引导，自主研修

(1)手平放在桌面上，用力推或拉，但保持手不动，感受有没有一个阻碍手运动的力；

(2手平放在桌面上，用力推或拉，使手在桌面上运动，感受有没有一个阻碍手运动的力；

(3)手平放在桌面上，保持手不动，也不用力推或拉，感受有没有一个阻碍手运动的力；

(小组讨论)同学们交流以上三次活动中的感受与体验，定义摩擦力。

小组2号同学第一个发言，依由3、4号同学补充。

摩擦力：两个物体互相接触，当它们要发生或已发生时，就会在接触面上产生一种阻碍物体相对运动的力，这种力叫摩擦力。符号是f。

3. 合作探究、交流展示

想一想：你在生活中见到那些情形的摩擦，告诉同组同学，组长做好记录。

小组交流讨论：这些摩擦现象有什么特点?应该如何归类？摩擦力有几种?

小组1号同学发言，依次2、3、4号同学进行补充。

小组讨论：要有摩擦力，必须有哪些条件?(举例汇报说明)

讨论结束后，小组3、4号同学进行举例汇报。

摩擦力的方向是：与物体相对运动方向相反。

滑动摩擦力的测量(原理：二力平衡条件，f=F(转换法)

4. 精讲点拨、跟踪训练

【练一练】判断下列情况是否有摩擦力，分别是什么摩擦力？

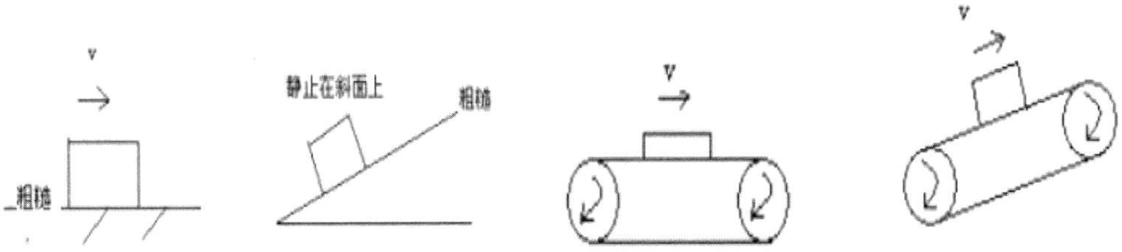

小组3号在黑板上画，其他同学在座位上画

【探究点拨】探究滑动摩擦力的大小与什么因素有关(阅读课本23-24页)

学生猜想，归纳起来有如下几种：

(1)滑动摩擦力的大小可能与__________大小有关；

(2)滑动摩擦力的大小可能与接触面的__________有关；

(3)滑动摩擦力的大小可能与物体运动的__________大小有关；

(4)滑动摩擦力的大小可能与物体的__________大小有关。

研究一个物理量可能同时与几个因素有关时，应该采用__________方法来研究。

如图为探究改变摩擦力大小的实验装置，其中甲和乙为同一水平木板表面，丙为一水平棉布表面。

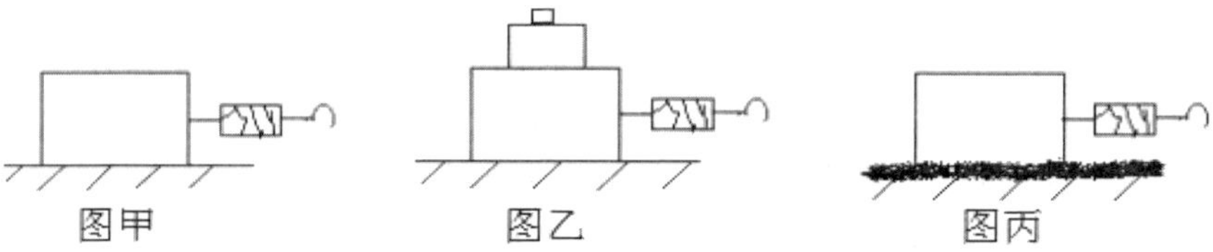

在操作中应注意的问题是

方法指导：要尽量满足拉力等于摩擦力的条件。

小组讨论：在接触面和压力一定的情况下，摩擦力的大小与接触面的面积大小是否有关?如何设计实验验证?开始小组合作研究。

小组汇报实验结论

分别出2、3个小组汇报探究结论和探究中应该注意的问题。小组问抢答。

【练-练】同学课堂完成练习册20页15题。

5.归纳总结，应用达标。

摩擦的利用和防止(学生独自自学)

如何增大和减小摩擦(阅读25页-科学世界26页)，结合影响摩擦力的大小因素填空。

增大有益摩擦力的方法：

减小有害摩擦力的方法：

出各小组1、2号学生举例说明，完成上面填空题。

【练一练】课堂完成练习册19页填空题1.2.3.4题。

【课堂小结，布置作业】

(1) 延伸训练。针对本课时的教学目标，设计课后作业。作业要具有巩固性、适量性、针对性、落实性。

(2) 反馈评价。教师对学生的课后作业应及时批阅，对完成情况做出评价对存在的问题应及时进行反馈矫正。

化学“探究性实验课”

一、课前准备（至少提前一天）：

教师：科学设置实验问题、做好学生分组、准备好实验器材和药品。

学生：复习实验操作注意事项、实验中可能涉及物质的性质等。

二、课中主要教学流程：

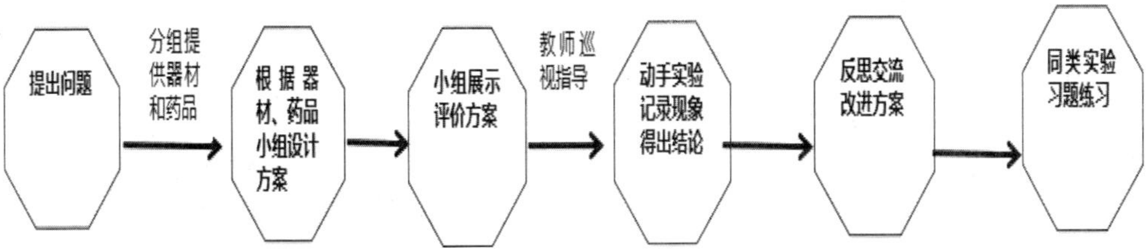

三、课后总结：

学生：整理完善实验报告册，上交。

教师：批阅实验报告册、撰写教学反思。

案例链接

【教学内容】《探究生活中的酸碱指示剂》

一、实验教学内容及方法

根据教材所学内容，设计：实验自制酸碱指示剂，实验应用酸碱指示剂两个实验。并采用以学生分组实验为主,教师演示实验为辅的方法来完成学习内容。

二、实验教学目标

知识与技能：了解指示剂概念，初步学会制作指示剂和会用指示剂检验溶液的酸碱性。

过程与方法：通过提出问题、学生讨论、分组实验、相互交流、归纳总结，完成教学目标。

情感态度价值观：在活动中体验科学探究的乐趣，鉴赏化学变化之美，培养学生应用知识的能力。

三、实验器材、用品

小试管50个 、试管架6个、量筒6个、白酒6瓶（25ml）、甘蓝1个、苹果1个、白萝卜1个、玫瑰花1支、康乃馨1支、葡萄皮少许，剪刀6把、纱布适量、捣蒜器6个、塑料瓶2个

四、实验教学过程

【提出问题】：根据酸碱指示剂的变色特点，可以用来检验酸性、碱性物质，生活中有很多物质也呈酸碱性，那么生活中去哪里找指示剂呢？

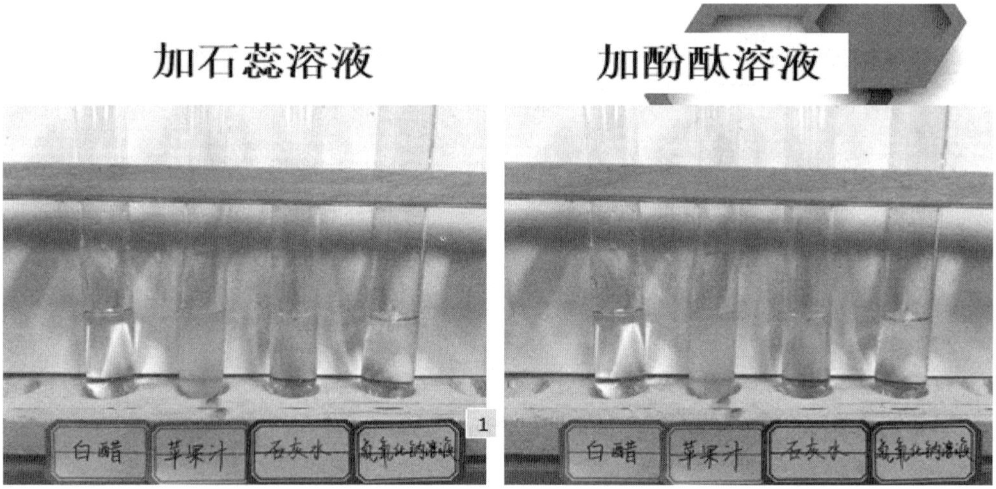

【提供实验器材和用品】下面咱们将分成6个小组进行探究酸碱指示剂的制

作，看看实验桌上有什么？(甘蓝、苹果、白萝卜、玫瑰花、康乃馨、葡萄皮，剪刀、纱布、白酒、捣蒜器、塑料瓶)请利用桌上提供器材和用品，小组内设计实验方案。

【小组讨论设计方案】（3分钟）学生根据桌上器材和用品设计方案。

【展示方案、评价】小组长上台，利用投影展示小组设计，教师时时评价。主要问题：交代操作步骤不清，用量不明确。【小组实验 记录现象 得出结论】（5分钟）小组按照设计方案，分工进行实验，记录实验现象，得出结论。（教师巡视指导）

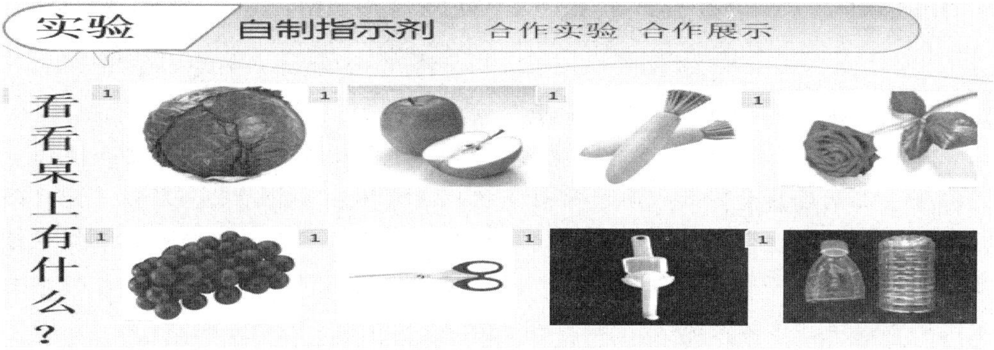

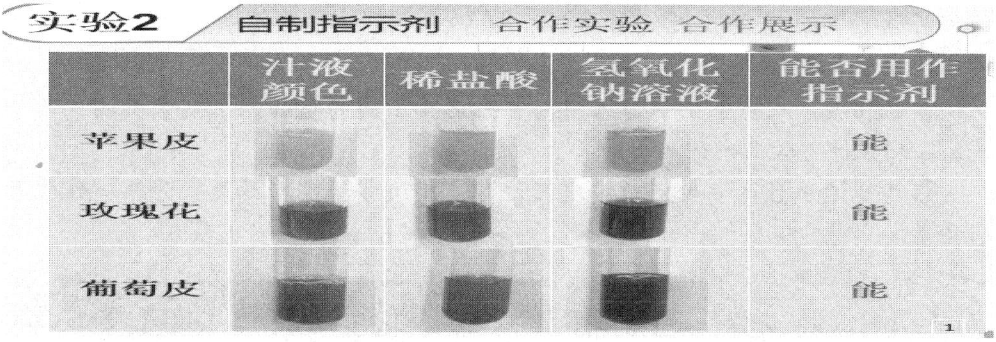

	汁液颜色	稀盐酸	氢氧化钠溶液	能否用作指示剂
苹果皮				能
玫瑰花				能
葡萄皮				能

【小组展示实验结果】展示是实验的价值体现，也是学生获取知识的过程，我对学生的展示提出来如下要求：

1. 展示制得的指示剂

2. 展示自制指示剂中滴入酸性溶液和碱性溶液的颜色

3. 判断能否作指示剂

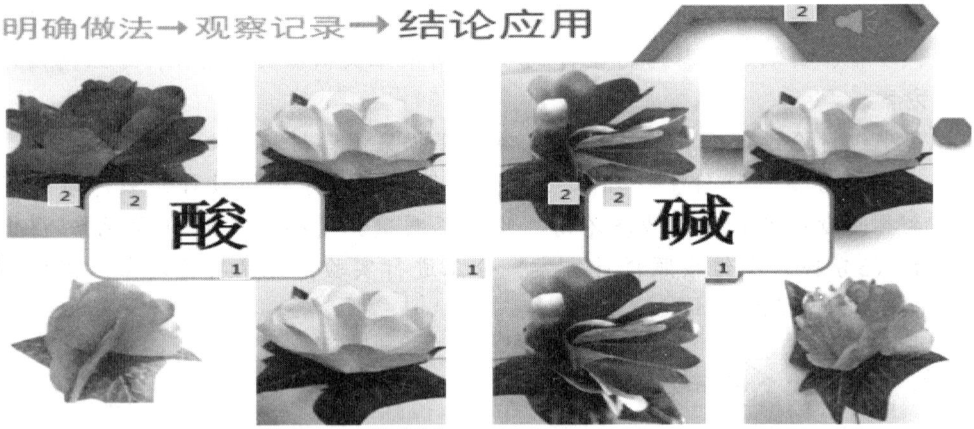

学生还用其他植物制得了指示剂。

【反思交流、改进实验】根据实验结论，同学们都明确了用品和操作步骤，但没有明确用量，所以实验时难免出现现象不明显的情况，所以，建议每组使用酒精浸泡量10毫升，并先将植物用剪刀剪烂，捣蒜器代替研钵来捣碎植物，矿泉水瓶代替漏斗来分离汁液。（教师演示提取植物汁液过程）这样学生会更明确操作，减少失误。

【同类实验练习】实验是课内知识的延伸，是化学走向生活的一步，学生的课外活动同样离不开教师的组织和指导，为了让学生更明确实验内容和任务，我做了两项工作：

分配任务：我将学生分为三组，学生选择不同的植物指示剂来检测生活中洗涤品、果汁、饮品的酸碱性。

搭建交流平台：学生借助班内微信群，交流各组实验结果，分享合作学习的快乐。

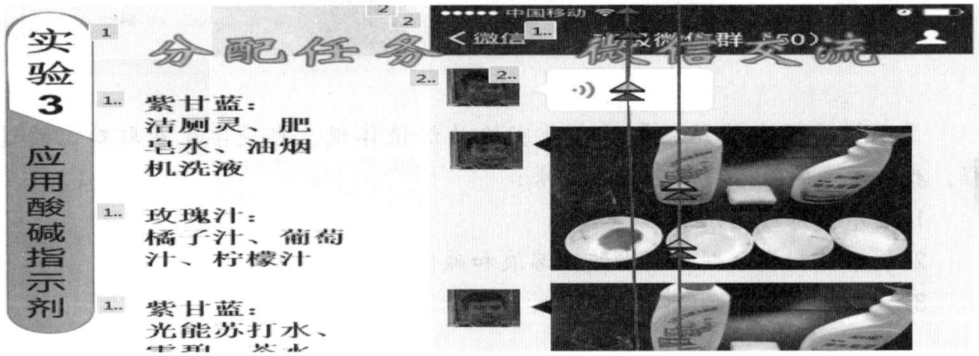

四、教学反思及评价

（一） 实验创新点：

1. 自制教具。用滤纸折成的纸花，用指示剂反复浸泡之后，才会得到色彩均匀的效果；而自制的漏斗，是将生活中的废旧物变废为宝，体现绿色化学的思想。

2. 自制药品。利用身边物质来制作各种指示剂，培养学生探究能力，体现生活与化学的紧密联系。

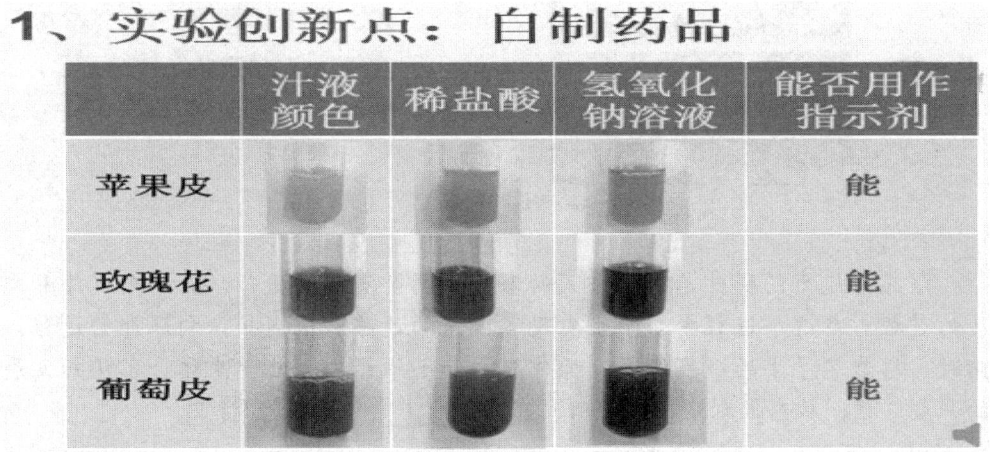

1. 生活用品酸碱性检测。自制酸碱指示剂，检验生活中物质的酸碱性

（一） 学习方式的创新：“互联网+”已逐渐走进我们的课堂，利用微信平台，突破了时空限制，改变传统教学模式，丰富了学习方式。

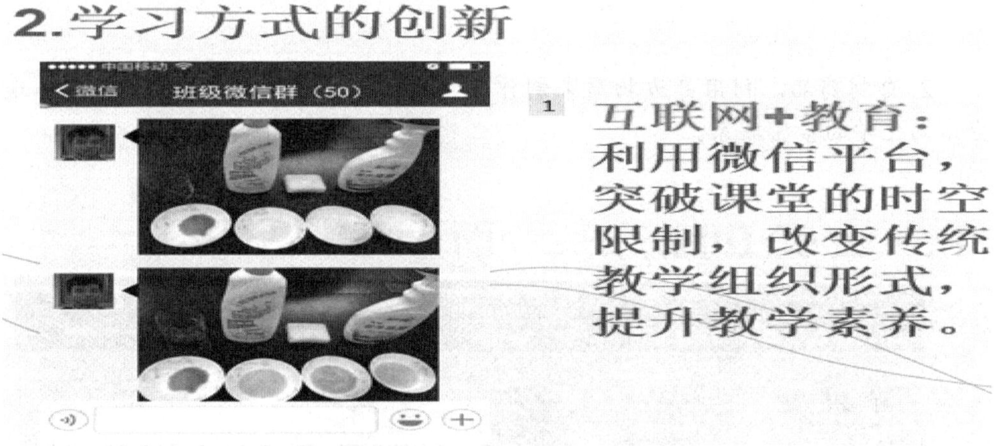

（三）能力的提升与思维方式的培养：两个实验的进行，是一个有序和发展的过程。在这个过程中，学生实现了概念的迁移和课内知识向课外的迁移。同时，培养了学生的观察能力、操作能力和思维能力，让学生体会了认知发展的一般过程，从感性到理性，再回到实践。

1. 观察能力提高：学生在有色溶液中观察指示剂的颜色变化，观察难度升高，有利于提高学生的观察能力。

2. 操作能力提高：实验到实验，学生使用的仪器更多、操作的步骤更多、创新的空间也更大。

3. 思维能力提高：给出生活中植物和用品，利用酸碱指示剂特点进行设计并实验验证，属于逆向思维。从正向思维到逆向思维，实现了思维能力的提高。

初中道德与法治课

温暖课堂是“以生为本”课改理念的内核，要给学生营造温暖的课堂氛围，让其在自然、和谐的环境中学习。《道德与法治》核心素养的重要性主要在于社会和生活方面的应用，《道德与法治》的学习具有抽象到具体的特点，应注重学生价值观的应用和学生个人素养的养成。因此在教学过程中，通常采用“三步六环节互动式情景教学模式”，“三步”即：导入、活动探究、小结；“六个环节”具体包含：教学目标、自主学习、激情导入、创设深挖情景——互动探究、价值引领、拓展延伸。在具体的教学过程中程序略有调整，现介绍“三步六环节互动式情景教学模式”的操作程序。

一、出示教学目标

板书课题，运用多媒体展示本课教学目标，让学生有目标的进行学习，做到有的放矢，提高学习效率。

操作要领：

■教学目标要根据教材和课程标准进行制定，突出重难点，既要简明扼要，也要具体准确。

■教学目标分为三个层次：情感态度价值观目标、知识与能力目标、过程与方法目标，首先出示情感态度价值观目标，道德与法治学科是培养人的学科，因此，应更加注重情感态度价值观的引领，以便符合当代中国社会主义核心价值观的要求。在知识与能力目标的设置中，要分清“理解”“了解”“知道”“掌握”“运用”等的使用，做到目标准确，使学生做到学以致用。最后是过程与方法目标的定立，让学生知道本课学习过程，并懂得应掌握的学习方法。

■出示目标时注意屏幕字迹工整、大小合适，时间恰当。

二、自主学习

自主学习是在老师的指导下学会学习，这既是学习能力和习惯的培养，更是终生学习观的引领。用多媒体展示本课重点要掌握的问题，让学生带着问题思考。

操作要领：

■用PPT出示自学内容，字迹大小适中。

■自学问题设计要简明，且具有引导性，易于学生对教材内容的把握。

■通常采用独立自学的方法，并要求有勾画、批注。比较复杂的问题可采用同桌协同自学的方法，有利于群策群力，但需要注意纪律问题。

■合理安排自学时间。一般在5分钟之内完成自学，不宜过长也不宜过短。

■检测自学情况。一般采用同学举手回答、全班同学齐声回答等方式，自学期间老师要深入学生了解情况，便于老师掌握学生对本课知识的了解程度，并找出学生学习的难点。

三、激情导入

俗话说：“好的开始是成功的一半。”课前导入，是一节课的开端，生动有趣的课前导入可以直接有效地提升一节课的质量。众所周知，《道德与法治》里面的知识内容和概念比较抽象，学习起来比较枯燥、乏味。所以大部分学生在《道德与法治》的学习中都提不起兴趣。为了提高初中学生对《道德与法治》学习的兴趣，在课堂教学中创设生动有趣的课前导入就显得非常重要了。这样既改变了传统的《道德与法治》课堂教学中乏味枯燥的教学氛围，还能唤起学生的学习兴趣，激发学生的学习热情，最终达到提高课堂教学效率的目的。

操作要领：

■导入方式可采用视频、音乐、图片、游戏、小测试等进行，根据课题的不同进行设计。

■导入把握好时间，控制在3分钟之内，不可过长，过长会显得头重脚轻。

■导入时问题设置要有悬念，激发学生的学习兴趣，引发学生的主动互动。

■导入时教师语言要抑扬顿挫，风趣幽默，尽可能地用最短的时间吸引学生的注意。

四、创设深挖情景——互动探究

在传统的《道德与法治》教学过程中，采用的教学方法基本是“教师讲，学生听”，但是这种教学方法容易磨灭学生的主动性和积极性。所以，在实际教学工作中，对于《道德与法治》教师而言，一定要重视教材的研究，在设计教学环节中要挖空心思的创设情景、研究情景，开发情景中尽可能多的生成信息，巧妙地设置具有挑战性的问题，这样可以增加师生之间的互动，提升学生的想象能力，增强学生对所学知识点的掌握。

创设生活情境，激发学习兴趣。兴趣是最好的老师，是学生积极学习的最有力的动力。在兴趣的引导之下，学生能够对学习产生热情，继而积极地投入到学习之中。《道德与法治》在许多人看来是枯燥的，其实不然，如果教师能够在《道德与法治》学习过程中结合教学内容和生活实际，创造适合学习的情景，就可以把《道德与法治》中许多抽象的知识具体化和形象化。

情景的创设有很多种，比如法治案例、社会生活、典故史实、故事童话等，可根据该堂课的主旨内容，选取恰当的情景。在引用中尽量选取和切合学生实际的场景，更能引发共鸣，提高学生参与课堂的积极性和主动性。

操作要领：

■根据课题选取切合学生实际的情景，寻找共鸣，引入课题。

■情景选取要有具有典型性，能够以小见大、以点带面，便于学生对同类案例的联系，提升学生的思维能力。

■情景的创设最好能做到一案到底，这样联系紧密，学生思维不易混乱。如果不能一案到底，案例的设计尽量控制在3个以内。

■要深挖情景，注重情景再生资源的利用，问题设计环环相扣，同时问题设计要做到精而准，做到简单直观的问题不设计，重复累赘的问题不设计，和课题无关联的问题不设计。

■互动探究，采用方法有小组合作探究、同桌探讨等，互动探究前，在PPT上出示问题、时间、要求、展示方式，便于学生知道自己应该解决什么问题？用多长时间？如何呈现成果？探究过程中让学生都积极参与，老师要深入小组了解探究学习情况。探究过程完成后，在了解学情的情况下选出典型性的小组展示成果。

■展示成果，一般由小组推荐同学进行展示，也可老师指派学生进行展示。展示时要求声音洪亮、不笑场，语言准确、逻辑严密，展示完毕由其他学生代表予以点评或者补充，最后老师加以小结。

五、价值引领

初中道德与法治课程是一门以初中生生活为基础，以引导和促进初中学生思想品德和法治素养发展为根本目的的综合性课程。在初中道德与法治学科教学中，我们要遵循“三点一心”的学生发展核心素养，所谓“三点”，即道德品质、健康生活、法治观念三个基本点；所谓“一心”，即以培养“负责任的公民”为中心。因此，在课堂设计这个环节要更多注重对学生核心素养的引领，让学生学会运用本节课的知识指导未来的生活，真正落实立德树人的目标。

操作要领：

■价值引领可采用书信、绘图、实作等方式，用以对本科内容的升华，让学生能够学会生活、形成道德品质和法治观念。

■形式可采用独自完成和小组合作等，提高学生解决问题的能力。

■时间安排在5分钟左右，要让学生充分动起来，真正起到学以致用、乐学善思的作用。

■展示需要学生对呈现的成果进行解说，要求语言精练、声音洪亮、有理有据。

■展示结束教师给予一定的点评，指出亮点激发学生主动参与的积极性，也需要指出不足，进行必要的补充，完善学生的知识框架。

六、拓展延伸

初中道德与法治课程教学过程中，常常是运用以小见大、以点带面的方式，从一个比较典型的小的切入口开始分析问题，最终要达到发现、思考并解决同类问题的能力，因此在最后拓展延伸部分，要倾向于学生理论联系实际能力培养。

操作要领：

■拓展延伸部分即作业的布置，用于学生课后升华，形式以诗词创作、调查问卷、资料收集、阅读为主，辅之一定的练习题。

■拓展部分要进行分层处理，对于基础较差的学生要更多的拓宽他们的眼界，提升他们对社会的感知力，因此多采用资料收集、阅读方式。基础较好的学生要做到既强化他们的思维力，还要培养他们的应考能力，因此要辅之一定的练习题。

■拓展内容的选择要目标明确，容量适中，满足不同层次学生的需要。

■对学生拓展延伸完成情况，要及时给予督促、回复、批阅，使拓展延伸真正落到实处。

案例链接

【教学内容】《延续文化血脉》

学习目标：

1. 情感态度价值观目标：确立民族文化的自信心和自豪感，丰富我们的精神世界，自觉继承和发扬中华传统美德，让美德走进生活。

2. 知识与能力目标：了解源远流长、博大精深的中华文化，知道新时代传承和发展中国特色社会主义文化的要求，增强文化自信。

3. 过程与方法目标：通过创设情景、分组讨论和实践体验法，提高学生主动参与的积极性，培养其归纳概括、实践操作和分析问题的能力。

教学重点：中华文化根

教学难点：美德万年长

课前自学：（P58-P66，第1-2子目录）

1. 中华文化有哪些内容？

2. 中华文化的特点？

3. 如何增强文化自信？

4. 中华传统美德有哪些表现？

5. 如何践行中华传统美德？

一、导学：

重庆火锅文化探源。（图片展示）

思考：重庆火锅蕴含着怎样的文化渊源？

二、活动探究与思考：

探究一：放眼中华，寻文化之根

观看奥运会开幕式，思考并回答以下问题：

1. 你找到了哪些中华文化的缩影？

2. 这场奥运会文化盛宴给你带来了怎样的感受？

探究二：汇聚匠心，美德永流传

观看视频《匠心筑梦，延续陶都窑火——梁先才》

阅读辅助材料：山城匠人梁先才

梁先才，重庆市荣昌人，家族第11代制陶传人，国家级非物质文化遗产项目“荣昌安陶”代表性传承人。8岁学陶，16岁自立门户，一块泥巴他捏了整整60年。

“我不能让它在这里断了根。”这是他坚持开办古法制窑的原因。

古法柴烧，需要用特质树木三天三夜不中断的燃烧，需要窑火师傅们轮班值守，生产一件手工陶制品十分耗费人力物力成本，很难取得经济效益。在他看来，柴烧不仅是烧柴燃薪，更是人与窑的对话、火与土的共舞，是冥冥中大自然赋予这件器物的灵性。2016年底，梁先才和两位老师傅花了几个月日夜赶工，砸了无数个大酒缸，制作出了一个高达2.65米、重达1.3吨的全国最大酒缸，填补了荣昌陶在制作大型陶器方面留下的空白。随着荣昌陶知名度提高，很多年轻人前来学习，但大多数人未能坚持下去。即便如此，只要有人来学，他都愿意教，不管人家干不干得成，他就希望人家能有兴趣。他每个月都会贴点钱给徒弟，但人家最后还是走了。梁先才说："我今年68岁了，想一直做下去，也希望趁现在还能做，多带几个徒弟，好把这身手艺传下去。"

思考：

1.既然古法制窑很难创造经济效益，梁先才为何还要坚持下去？

2.他身上都延续了哪些值得我们学习的中国传统美德？

3.重庆荣昌安陶作为中国四大名陶之一，如今却处于低谷，作为重庆人，我们应该如何让本土的陶文化发扬光大，重振雄风？

探究三：走进安陶，践文化传承

品鉴安陶，思考：

请各小组以"和"为主题，共同创作一个陶艺作品，并且附上相应的解说词。（作品要求：既能传达中国优秀传统文化，又能体现时代性。）

三、小结

四、课后实践探究：

收集你感兴趣的重庆国家级非物质文化遗产的相关资料，以小组为单位呈现传承非遗的方式与成果。

五、拓展思维：

1.筷子的长度为什么是七寸六分？

2.文房四宝包括哪些？

3.世界上最早的天文学著作是哪部？

4.我国中医学上，外科成为独立的专科，是在哪个朝代？

5.我国传统图案中石榴象征什么？

6.内练一口气，外练筋骨皮，筋骨皮分别指的是什么？

7."满招损，谦受益"出自哪部著作？

8. 故宫的宫门为什么有81颗门钉？
9. 庆祝“弄璋之喜”是什么喜事？
10. 书法是在什么时期兴起的？
11. 太极拳是什么时候创立的？
12. 汉字的演变过程是怎样的？

生物课堂教学

温暖课堂教学模式在初中生物教学中一般采用“先学后教，当堂训练”的课堂教学模式。有5个环节，分别是揭示教学目标、指导学生自学、先学、后教、巩固复习，当堂训练，充分体现学生自主学习和自主探究，当堂检测，提升学生学习的主动性，增强学习的实效。根据教学内容不同，初中生物可分为新授课、复习课、实验课三类课型。现介绍“先学后教，当堂训练”课堂模式在新授课中的应用。

一、揭示教学目标

出示教学目标是课堂教学的首要环节，教师和学生要带者明确的目标去教和去学，这样整个教学过程有了明确的方向和内容，否则教学就会带有随意性和盲目性。首先，目标的确定要有层次性，因为我们面对的教育对象存在个体差异，这就要求我们指定目标时必须要分层次进行，对不同层次的学生提出不同层次的要求，这里讲的层次性，并非一定要在目标中写明好、中、差生所要掌握的目标，而是根据学生的学习反馈信息去确定学生所要掌握的目标层次。其次，目标的制定要循序渐进，要按照课本的知识体系和遵循学生的认知规律，由浅入深、由易到难、有简到繁来设计教学目标。再次，出示目标的方法要多样化，可以用小黑板、幻灯片、卡片和教师口授等方法，引起学生学习的兴趣，增强达标信心。

【目的】让学生首先清楚本节课的学习任务，明确目标。

操作要领：

■新课导入后马上板书课题。

■用幻灯片或者其他方式展示和讲述本节课的教学目标。

注意事项：

■目标的制定要准确简明，要从识记、理解和应用三个方面去把握。

■给学生展示目标的同时，也要向学生讲述目标，在讲述目标时，一定要做到语速较慢，简明扼要，使学生一看便知；语言必须准确，对知识点如何掌握，掌握到何种程度，学生进一步明确本节课要完成的教学任务。

二、指导学生自学

根据教学目标读教材，观察有关的生物标本模型或挂图，通过自学实现教学目标。教师在这个环节要做好“导”的工作，主要表现在明确自学的内容、要求和方法。

【目的】让学生知道要自学的内容、要求、时间、和方法。以及届时检测自学效果的方法，让学生充分体验获取知识过程中的艰辛和快乐。

操作要领：

■布置自学的思考题，知道自学后要解决什么问题。

■布置自学的范围，让学生有目的地进行自学。

■指导自学的方法。如阅读、勾划、找知识点等等。

■明确自学的要求。如纪律、方法等。

■规定自学的时间及检测的手段。

注意事项：

■教师要根据自学的内容帮助学生确定自学的方法。

■让学生在自学的过程中清楚的将要解决的问题和思考题从书本中找出来。

■自学过程中指导学生在有疑难的地方做好记号。

三、先学

这是在教师的指导下，学生初步达标的过程，是整个课堂教学过程中培养学生能力的重要阶段。

【目的】

■培养学生的自学能力。

■通过学生描述自学内容的大致概述，说出通过自学找出的知识点，尝试解决教师要求自学的问题，检测学生自学的成果。

■暴露出学生在自学过程中出现的问题，并把这些问题进行归纳总结，反思出现问题的原因，为后教做准备。

操作要领：

■学生自行阅读教材理解。

■学生完成思考题。

注意事项：

■教师要在学生自学中可以通过行间巡视、个别询问、大面积交流等形式认真督察学生的行为和状态，不能流于形式，确保完成自学任务。

■教师要对学生在活动中的表现进行及时的课堂评价，对表现好的学生进行表扬，对态度不好学生也要马上批评。

■教师要特别关注中等生及偏下的学生的自学情况，多询问学生是否掌握方法，并给予必要的指导。

四、后教

学生自学结束后，进入“后教”阶段，教师的主导作用表现在让学生自己讲，讲得对的给予肯定，不必重复，讲得不完整或不对的要加以引导，不能生硬的否定学生，应给予更正和补充。教师在教的过程中，要善于因势利导，提问时要照顾学习困难的学生，对他们适当的降低要求，让学习困难的学生回答简单的问题，通过“跳一跳就能摘到桃子”让他们树立信心，使他们逐步进步。

【目的】通过学生描述的自学内容和知识点，教师要进行点拨，更正和补充。针对学生暴露出的问题，教师要帮助学生解决疑难问题，进一步培养学生的自学能力和学习品质，提升学生的学习自信。

操作要领：

■针对学生的问题进行反问，再进一步提问。

■学生在老师的引导下回答问题。

■教师对学生的回答做点拨、更正和补充。

注意事项：

■后教不是说本节课的教学内容都要教，要理解什么是“后教”，是教学生不会的地方，学生会的地方不用教。

■学生不能就题讲题，要传授学生规律性的东西，抓住生物是一门有规律的科学，只有掌握了规律，才能准确掌握和理解知识，构建起知识体系，培养学生学习的方法。

五、巩固复习，当堂训练

根据遗忘曲线的规律，遗忘速度的特点是先快后慢，所以在先学后教结束之后，为了让学生所学知识得到消化，要及时进行巩固复习和题型训练。教师可以布置复习的内容和方法，学生自主复习、互相检查等形式。复习过程中教师要做好巡视工作，了解学生复习情况，特别是督促学习困难的学生进行自主复习。

自主复习额互相检查结束之后，教师就要带领学生进入当堂训练阶段，从知识的不同层次、不同面的让学生去进行练习，并且针对检测中存在的问题进行补救，对有难度的题目，可以让学生通过分组讨论的方式来启迪思维，加深对知识的理解。教师在设计达标训练题应注意，题型要灵活；训练要循序渐进，也要有层次性；题目不超纲，也不超标；对知识点要全面；还要注意知识点的迁移和引申。

【目的】

■培养学生分析问题，解决问题、运用知识的能力。

■通过训练巩固知识，强化记忆。

操作要领：

■学生自己阅读，记忆，可以用抽问的形式互相检查基础知识的记忆情况。

■完成教材上的当堂测验，及时评讲。具体如下：

（1）学生自己记忆。

（2）同桌互相抽问。

（3）教师巡视学生掌握情况。

（4）布置教材上的测验题目。

（5）向学生明确完成测验题目的要求。

（6）作业评讲，查漏补缺。

（7）信息反馈。

注意事项：

■教师要在这个环节认真督察学生的互相检查和作业完成情况。

■训练的方式必须是学生独立快速完成。

■重点了解中等生和差生的学习情况，并及时采取必要的补救措施，确保全部学生都完成教学目标。

■训练后要及时掌握情况，并作出评价，并进行总结。

案例链接

【教学内容】《心脏》

【学习主题】

心脏的结构和功能。冀教版初中生物七年级下册2.2.2(教材35—36页）。

【设计者】

张李梅

【学习目标】

1. 说出心脏的结构和功能。
2. 理解心脏瓣膜的开闭与血流方向的关系。
3. 使学生懂得珍惜生命，关注心脏健康的道理。

【学习过程】

一、知识复习

1. 人体的血管分为动脉、静脉和毛细血管。
2. 动脉管壁、弹性、管腔、血流速度，把血液从运往。
3. 静脉管壁、弹性、管腔、血流速度，把血液从运回。大中型静脉内有半月形的有防止血液倒流的作用。

4. 毛细血管管壁、仅有层细胞构成，管径，血流速度，连接和 ，有利于血液和组织细胞之间进行充分的物质交换。

5. 动脉血管里流动的是动脉血，静脉血管里流动的是静脉血。（　　）

6. 动脉和静脉是按照血管内血流方向来区分的。（　　）

二、探索新知

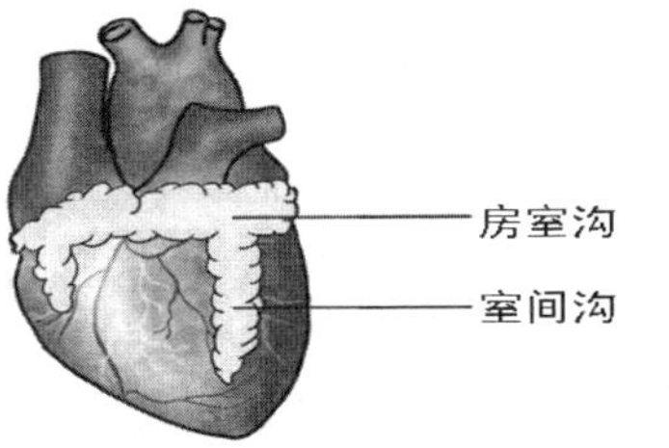

探究活动一：找出和心脏相连的血管中，哪条是动脉？哪条是静脉？取猪或羊的心脏，观察其外形，对照右图，找出房室沟和室间沟，并分辨心脏的前、后、左、右。找出和心脏相连的血管，分别从各血管灌水，注意观察有什么现象发生。

讨论：和心脏相连的血管中，哪条是动脉？哪条是静脉？

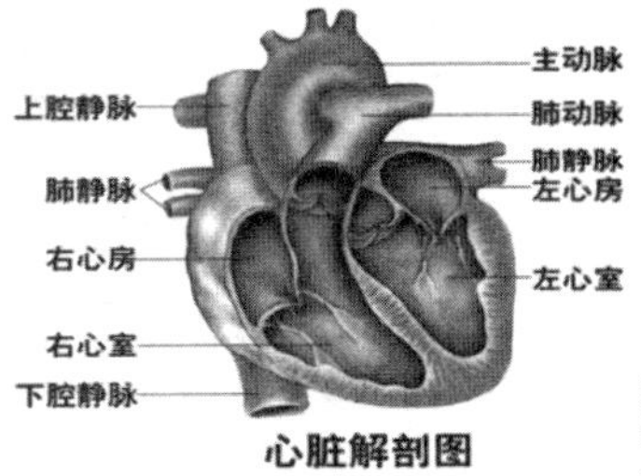

心脏解剖图

动动手：组织学生参与向心脏灌水。

想一想：1. 能灌进水的是动脉还是静脉？

2. 为什么有的血管能灌进水，有的血管却不能？

总结：1. 能灌进水的血管是，不能灌进水的是。

2. 静脉和相连，接收从全身运回的血液。

3. 动脉和相连，把血液压向肺部和全身。

探究活动二：心脏的结构

1. 学生阅读教材36页的图文，了解心脏的结构。

2. 教师展示心脏结构模型，学生指出心脏的各部分结构。

3. 将心脏实物进行解剖，学生指出心脏的各部分结构。

总结：

1. 心脏分为四个腔，分别为左心房、左心室、右心房、右心室。

2. 左心房与相连，左心室与相连，右心房与相连，右心室与相连。

3. 心脏同侧的和相通。

4.心房和心室之间、心室与动脉之间有只能单向开闭的，防止血液倒流。

5.心室壁比心房壁更，的心肌壁最厚。

想一想：为什么左心室的心肌壁最厚？与它的什么功能有关？

几个概念：心率、每搏输出量、每分输出率（心输出率）。

【设计意图】通过学生自己观察和解剖心脏，了解和学习心脏的结构，也清楚了与之相连的血管；通过观察瓣膜的结构和开闭方向，知道了瓣膜的功能和心脏中血液流动的方向，从而获得新知。学生既体验到了自学的喜悦，又学会了如何观察、和解剖的科学研究方法。

三、课堂小结

这节课你学到什么？你有什么收获？你掌握了多少？

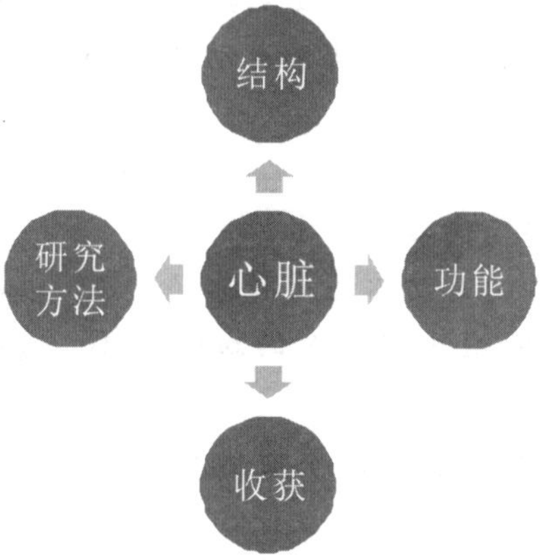

四、当堂检测

1.判断下列说法是否正确，并说明理由。

（1）心脏的四个腔中，肌肉最发达的是右心室。（ ）

（2）和心室相连的血管是动脉，和心房相连的血管是静脉。（ ）

（3）心脏四个腔中，左、右心房相通，左、右心室相通。（ ）

2.小明同学从屠宰厂买了一个新鲜并带有血管的牛的心脏。从肺静脉向心脏灌水，发现水从血管A流出。

（1）血管A的名称是。

（2）谁流出的路线是：肺静脉→→→血管A。

（3）如果从血管A灌水，水能否从肺静脉流出？为什么？

3. 下图心脏结构模式图，读图并回答下列问题：

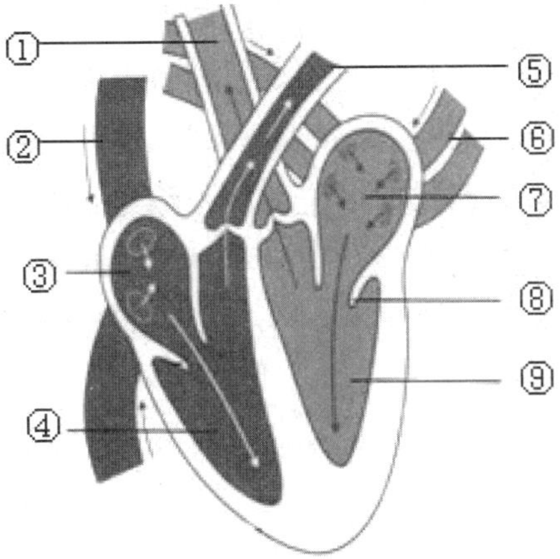

（1）请写出各序号所指结构的名称：

①________③________④________⑦________⑨________.

（2）心脏连着许多血管，其中与心房相通的血管是②和⑥，前者流着静脉血，后者流着动脉血。

（3）可以衡量心脏工作能力大小的标志。成年人每搏输出量大约次/分，则心输出量为毫升。

五、学习反思

请梳理本节知识体系。你是通过什么方法和策略学会主题内容的，你觉得在哪些方面还没有掌握好，需要老师提供什么帮助，你还有什么好的学习经验，请与大家分享。

【设计意图】这样做的目的是使学生认识学习的过程和方法，从而加深认识；使学生对学习过程和方法在反思过程中更好地实现“自我建构”。提升学生生物核心素养。

信息技术课

温暖课堂教学模式在初中信息技术教学中一般采用“程序设计IPO模式”的

课堂教学模式，即“输入—处理—输出”模式。有7个环节，分别是揭示教学目标、提出问题、分析问题、自主探究、解决问题、拓展延伸、管理评价，充分体现学生学会解决问题的能力，培养自主学习和自主探究，再通过拓展延伸，让不同层次的学生对知识和技能有更深入的掌握和领悟，增强学习的实效。通过平台的管理对每一个学生可以进行实时、全面的跟踪与了解，在过程性和结果性评价中掌握学情，并不断调整教与学，优化教学过程，提高教学质量。在信息技术课实际应用时，课型不同应有调整，现介绍“程序设计IPO模式”课堂教学模式在新授课中的应用。

一、揭示教学目标

新授课是学生进入到一个新的陌生的知识领域，揭示课题后出示教学目标至关重要，是一切教学活动的出发点和最终归宿，立足学生，明确方向和目标，能使学生有兴趣主动地围绕目标探究性学习。

【方法】

1. 板书课题。

2. PPT展示教学目标。

【注意事项】

1. 教学目标力求全面。不仅要考虑学生的知识和技能目标，还要注重情感价值目标的渗透。

2. 目标的广度与深度与课程标准和教材的要求保持一致，不能太低，也不能拔高，更不能搞错、搞偏。

3. 目标要具体，不要抽象，要简明扼要，不要长篇大论，要通俗易懂，让学生一目了然。

4. 揭示目标的时间要恰当，不要急于切换投影，要让学生能够认真看懂并记住需要掌握的内容。

二、提出问题

“I”就是提出问题。创设问题情境，激发学生兴趣，提出本节课需要解决的问题，这也是新课标中突出学生对问题意识的能力要求。

【操作方法】

1. 创设合适的情景作为教学支架，挖掘和依靠各种积极因素，从而引出问题，让学生能够容易地接收到问题，并理解问题。

2. 提出的问题一定是围绕本节课需要实现的教学目标为前提，具有可操作性、实践性、有意义的，能够贴近学生的实际情况。

三、分析问题

这个环节中教师主要的作用是引导，教师重“导”在连接处导、在关键处导、在疑惑处导、在求异处导。由浅入深、由近及远、由表及里、由易到难地一层一层帮助学生剖析问题，弄清楚逻辑关系，弄清楚问题的实质，让学生明确知道提出的问题可能需要用到哪些模块，如何设计流程图和算法，编写出程序。

【操作方法】

1. 明确所要分析的问题，最终需要解决什么问题，得到什么效果。

2. 遵循“以学生为主体，教师为主导”的理念，启发学生积极主动地思维，通过不同的引导方法来完成问题的分析。比如引趣启发、演示启发、类比启发等方法。

3. 教师在适当的时候可以通过演示直观的进行问题的分析，缓解学生的畏难情绪和紧张压力，增强学生的求治欲望。

四、自主探究

“P”就是处理问题。根据提出的问题有计划、有目的、有步骤地进行研究与探索，以自主为前提，以探究为主线，从而获得结论。教学生会学习、会观察、会思考、会表达、会总结、会反思，培养学生动手实践、自主探索、合作交流的能力。

【操作方法】

1. 独自探究。

2. 小组合作探究。

3. 教师注意观察、引导、巡视，当做他们的“指南针”，及时发现学生探究过程中存在的问题，并梳理归类，以便讲解的时候解决学生存在的个性问题和共性问题。

4. 注意自主探究学习的要求和时间安排，一般5分钟左右，同时关注不同层次的学生完成的不同情况，让学生保质保量的完成任务。

五、解决问题

“O”就是输出问题的结果。学生通过自主探究和教师的引导（或演示）完成分析问题、设计算法、编写程序，最终解决问题。其中设计算法和编写程序是核心。在解决问题的过程中，要引导学生寻找出规律，真正让学生知其所以然，并要帮助学生归纳、总结。

【操作方法】

1. 通过绘制流程图或简易算法来设计程序。

2. 编写程序需要通过反反复复的测试才能最终实现，并在研究的过程中寻求最有算法。

3. 学生可以通过分享成果的方式来展示自己的程序，锻炼学生的表达能力，提升学生的自信。

4. 教师需要对学生的回答作点拨、更正或补充，及时有效地给予评价。

六、拓展延伸

基础部分是所有学生共同需要掌握的知识和技能。分层教学，是让不同层次的学生有不同的能力提升，是对本堂课所学知识的一个拓宽、加深，既加深学生的理解，也增加学生的知识积累，培养创造性思维，培养学生触类旁通，举一反三的能力。

【操作方法】

1. 针对不同层次的学生给予适当的拓展延伸，而不能为了拓展而拓展。让不同层次的学生掌握相应的内容。可以选择课上的知识进行拓展，也可以发散学生自己的思维进行拓展，二者结合也可以。

2. 精心选择拓展的内容，可以选择有助于重难点的突破，有助于打开学生的思维，提升学生自主学习的能力。

3. 拓展的形式可以多种多样。教师注意做好引导和组织，可以联系课堂内外，实现知识的融合，学生学会学以致用，在知识迁移中提升自我能力。

4. 适度控制拓展容量。拓展内容可以开阔学生的眼界，丰富知识积累，但是拓展是否可以“无极限”呢？答案是“过犹不及”。因此，教师要控制拓展的量，适可而止。

七、管理评价

通过软件对学生的过程性和结果性进行全面的管理和评价，实时掌握学生的学习情况，发现学习过程中存在的问题，并及时进行指正、帮助和评价。

【操作方法】

1. 教师应确立“以人为本”的教育观念，燕哥遵循“以学生发展为目标”的原则，采用“阳光评价”对所有学生的学习进行评价，重视引导和激励学生“健康、自信、好问、乐群”地成长，为期终身发展打下扎实的基础。

2. 评价方式的多样化，建立促进学生全面发展的评价体系。过程性评价和总结性评价、自我评价和他人评价、线上和线下、定量评价和定性评价，多种评价方式来综合考量一个学生的学习情况和掌握知识与技能的情况，关注学生的情感价值观。

案例链接

【学习主题】

幸运大抽奖——scratch程序设计。

【设计者】

龚从应

【学习目标】

1. 通过抽奖程序的设计，初步掌握Scratch中随机数模块的应用。

2. 通过抽奖程序的设计，初步掌握Scratch广播模块的应用。

3. 通过抽奖程序的设计，了解用角色造型存储图片数据。

4. 通过抽奖程序的设计，了解Scratch中用变量模块实现随机数据的存储。

【能力目标】

1. 通过抽奖程序的设计，让学生进一步了解随机数据的获取、存储和表达的过程。

2. 通过抽奖程序设计的活动，引导学生思考生活中那些地方应用了抽奖程序这样类似问题，启发学生设计不同的抽奖方案。

【情感目标】

主动邀请他人分享成果，表达自己的设计思路，愿意合作交流。

【教学重难点】

重点：抽奖程序的设计

难点：让学生了解随机数据的获取、存储和表达的过程。

【学习过程】

一、揭示教学目标

1. 初步掌握Scratch中随机数模块和广播模块的应用。

2. 了解用角色造型存储图片数据。

3. 了解Scratch中用变量模块实现随机数据的存储。

二、创设情境，提出主题

师：同学们，今天很特别，从大家进教室的那一刻开始就应该觉察到今天不一样。同学们进机房的时候，班长给每一位同学都发了一个号码，下面老师将给大家带来一份惊喜。

师：打开抽奖程序，转动数字抽取幸运学生。

师：元旦即将来临，班上将举行元旦庆祝活动，班主任老师，请我给班上设计一个电子抽奖的程序，下面，我想请同学们来试一试，请你用鼠标点击开始抽奖。

生：学生操作

师：好。老师再请一位同学前来尝试。

生：操作

师：今天我们这节课请同学们也来设计一个趣味抽奖的游戏。你可以自己设计抽奖规则，创作不同的趣味抽奖游戏。我们比一比，看谁设计的最合理。

三、自主学习，研习范例

1、师：请同学打开老师的范例，看一看，探究以下问题：

1）设计抽奖游戏前，你准备设计一个什么样的趣味抽奖活动方案？

2）抽奖的呈现的画面；

3）围绕主题，收集图片素材；

生：回答

师：引导解说

2、讨论：程序分别包含哪些角色？

1）小组代表回答。开始按钮、停止按钮、十位数字、个位数字。

2）利用scratch制作场景，搭建“抽奖”舞台和角色。

任务一：搭建“抽奖”的舞台和角色。

师：注意色彩搭配、空间布置、角色设置。

示例：

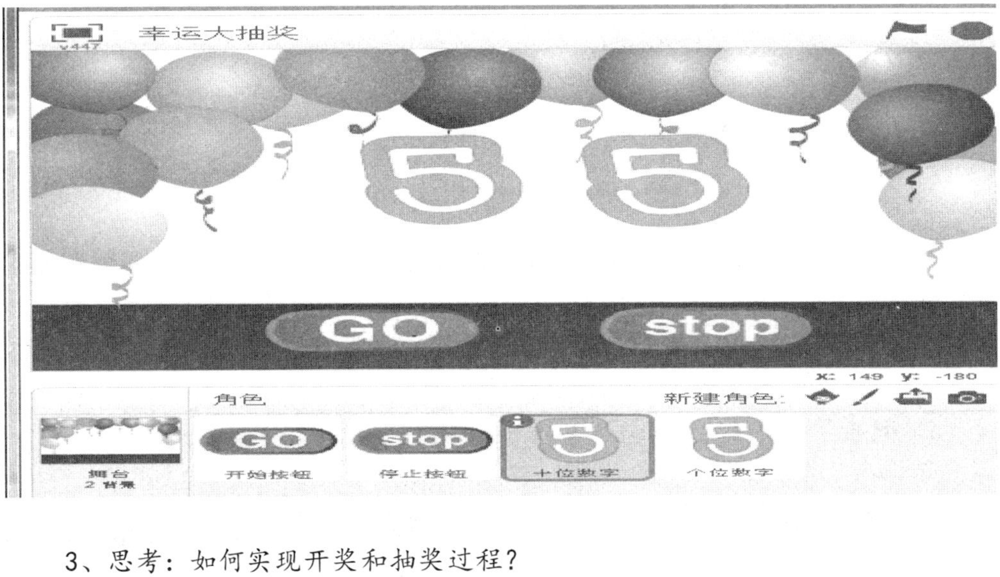

3、思考：如何实现开奖和抽奖过程？

师：脚本创建。开始按钮、停止按钮。

任务二：创建开始、停止按钮、十位数字、个位数字。

师：提醒按钮添加文字方法；脚本模块事件、控制。

生：程序设计。

师巡视查看。

脚本：开始按钮　　　　　　　停止按钮：　　　　　　十位数字、个位数字：

4、思考：如何产生一组随机中奖号码？

回忆数据的获取和存储，如何创建“变量”？如何实现用变量存数一组随机数？

【学生演示】同学A和同学B演示两个动作蹲和起。蹲赋值为0，起赋值为1，随机演示，学生回答最后的数字（即中奖号码）。

四、学生设计，教师巡视指导

任务三：完成抽奖程序。

1、完成的同学，可以邀请同学来玩一玩？提出自己不同的意见？

2、同组同学可以互相帮助，共同解决问题，完成作品。

五、展示作品，分享交流

1、展示优秀作品，互相欣赏，让学生各抒己见，锻炼他们的语言表达能力。老师看了大家的作品，增添了不少的趣味性，有的同学采用了外观模块中颜色的特效功能，突出被点是的高光显示；还有的同学用说的模块添加了画外音、有的用旋转实现抽奖过程……

2、请同学提出抽奖程序还可以有哪些改进？

示例：

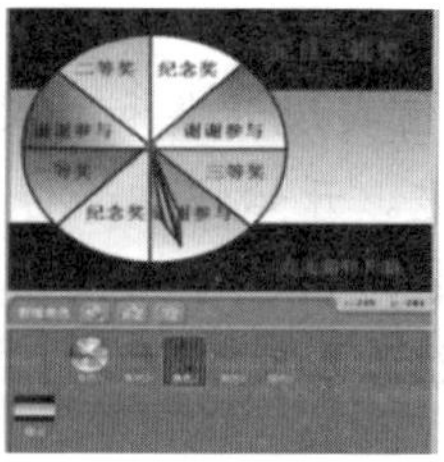

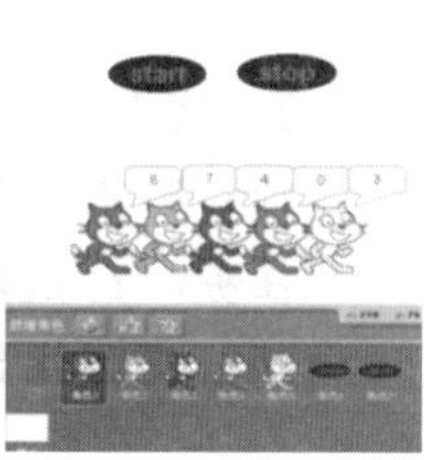

六、拓展和改进

1、抽奖程序的设计有不足之处，比如，如何解决重复中奖号码？

2、有兴趣的同学可以看一看，老师改进后的程序设计，你还能继续改进吗？

七、总结反思

1、一个角色多个造型的创建；2、控制按钮的设计；3、循环模块的使用。

美术课

温暖课堂教学模式在初中美术教学中一般有5个环节：提出教学目标、指导学生自主寻找资料、课堂教学、实践创作、师生互评。

其中最重要的部分是实践创作和师生互评环节，在美术课堂中，这两个环节尤其展现我校温暖教育的理念。初中美术课可分为设计应用、造型表现、欣赏评述、综合探索四类课型。

一、提出教学目标

教学目标是课堂教学的第一个环节，教师和学生要带者明确的目标去教和去学，明确学习的方向和内容，尤其美术课，学生前期明确学什么非常重要。

【目的】师生明确目标，带着目标进入课堂

【要领】前一堂课结束之后，迅速给出下一堂课的目标。教学目标要符合当前学生的实际情况，在美术课的要求上，甚至可以针对不同的学生有不同的成果目标。

二、学生自主寻找资料

美术课区别于其他课程有一项非常重要的步骤就是搜集资料。一切作品的诞生都是基于大量资料的搜集与整合基础上再创作出来的。学生坐在教室凭空创造作品基本是不可能的，所以课前资料的搜集非常重要。

【目的】常言道“授人以鱼，不如授人以渔。”所以，增强学生自觉学习的欲望，提高学生独立搜集资料的技能和方法，培养其良好的个性品质，是我们温暖教学的实质和最终目的。

【要领】切记学生资料搜集的方向指引和难易程度的把握。避免部分学生在搜集过程中没有考虑到课程要求或自身实际情况，导致搜集的资料与最终创作时的需求不匹配。

三、课堂教学

课堂教学是学生后期实践创作的基础，也是作为教师最能展现基本功的环节。是引导学生最重要的阶段。

【目的】课堂教学是教师对学生美术知识和技术方面进行的补充，即使再强调学生自主学习，把时间留给学生，这一阶段也是不可避免的。这是让学生在创作过程中方向性和技术性更明确的必要过程。

【要领】教师在教学中要在有限的时间里运用典型作品启发学生发现知识点，拓宽知识面。原则上非欣赏课里，教师的课堂教学时间不超过15分钟。

四、实践创作

美术课堂教学区别于其他工具学科的一点就是实际作品的诞生，也就是学生实践创作的部分。这也是最重要的流程之一。

【目的】这是检验前面三个步骤的重要环节。学生能否创作出好的作品，是检验美术课是否达到教学目标的一个标准。不管基于哪一种课堂类型，这都是最重要的一个方面。

【要领】学生在美术课上的实践创作一般分为两种情况：个人创作和分组创作。尤其是分组创作，必须做到分工明确，小组内每个人都有属于自己的一部分事情可做，这样既发挥了个人的聪明才智又增强了学生的团队合作的能力。

个人创作则需要严格关注学生个人的创作进度，具体作品具体分析，控制学生的创作时间。

教师在这一阶段要在教室里穿插走动，实时监测学生的创作情况。

五、师生互评

师生互评是一堂美术课结束前最后一步，也是我校温暖教育的一大体现。

【目的】打破以往教师点评一言蔽之的习惯，把作品的分享与点评交还给学生，教师作为引导者，适时的点评作品，引导欣赏方向。学生自评与互评也有助于加强其对作品的理解和印象。培养学生的表达能力。

【要领】艺术没有统一标准。美术课上教师的评价更应该以鼓励为主，在鼓励的基础上再把作品中存在的问题指出来，给学生以正确的导向。让学生后期在自评与互评中懂得发现存在的问题，并找出问题，总结自己在创作过程中应该避免发生的错误，为今后的创作做好铺垫。

案例链接

【教学内容】《有意思的剪纸——团花》

教案背景：

本课选自湘教版美术教材七年级上册第七课《喜庆吉祥的民间美术》这节课内容涉及广泛，集欣赏、工艺制作于一体，表现内容丰富，工艺制作韵味十足，具有特色。通过本节课的工艺制作，使学生了解民间美术的图形及其寓意，尝试学习制作剪纸的基本技法，唤起学生对传统民间美术的关注和热爱，让优秀的民间文化薪火相传。既使学生感受到浓郁的民族气息，同时又培养了学生热爱祖国文化、热爱美好生活的思想感情，体现我校温暖教育。

团花是中国剪纸历史最悠久、运用率最广泛的一种形式。在当前对学生进行民族精神教育的大前提下，这一教学内容的设计显得尤为重要。因为它既符合时代的需求，同时也使学生的剪纸能力和对中国民间的传统美学认识有了一定的提升，了解剪纸在生活中的作用，以及剪纸独特的民族特色。

教学时数：一课时

教材分析：

本课的设置是让学生了解民间剪纸艺术美，发扬我国民族，民间优秀的艺术传统，增强学生的民族自豪感。教师在教学中应运用典型作品启发学生发现知识点，培养学生的观察力与创造力，将民间剪纸艺术发扬光大。

团花剪纸是由折纸和剪纸相结合的艺术，具有造型简化夸张、色彩明快、富有装饰性的特点，构成形式呈均衡或对称式。制作方法简便易学，经过几番折叠的纸上不经意地剪上几剪刀，平展开来，意想不到的奇迹之花就在手中绽放，装饰性和艺术性都很强。

为了更好地实现本节课的教学目标，我将在教学中采用创设情境引导探究式的教学方法，同时借助多媒体音、形、色、动的强大优势，及事先准备好的剪纸半成品进行直观演示，有效地调动学生学习的积极性和主动性。在他们学习的过程中，我主要采取让学生小组合作的学习方式，使他们有充足的时间看书质疑、分析讨论、操作实践，从而培养学生的自主学习意识，掌握解决问题的方法。

教学目标：

1、知识与技能：了解民间剪纸艺术的特点和方法，增加对民间艺术的认知，学会运用剪纸的基本技法表现作品，培养学生的创造性思维能力和动手能力。

2、过程和方法：通过体验、欣赏、总结的方法引导学生掌握团花剪纸的技法。

3、情感态度价值观：通过学习，唤起学生对民间剪纸艺术的热爱。

4、德育目标：让学生学会互帮互助，并且在完成自己作品的同时能够主动帮助他人，以及自主清理作品过程中产生的垃圾。

教学重点：

欣赏、感受剪纸之美，理解和掌握团花剪纸造型的表现方法，培养学生创造性地设计剪纸作品能力。

教学难点：团花剪纸的正确折叠方法以及设计剪制时的注意事项。

教学准备：

多媒体课件、剪纸作品、红色蜡光纸、剪刀、美工刀、固体胶、白色卡纸。

作业要求：

能够在课堂上合作设计完成多个剪纸图样，造型单纯、简洁、富有剪纸情趣，并组合成一幅作品。

教学过程：

（一）组织教学、检查学具

（二）讲授新课

1、视频导入：剪纸作品集中展示。

【设计意图】 在学生的眼中，剪纸是一项有趣的艺术活动，但是对具体的关于剪纸的知识其实又很模糊，所以在课的开始有必要通过引导让学生快速进入课堂，明确本节课到底学什么。实际上在课前，可以让学生自行搜集剪纸的相关知识和作品一并带来课堂上进行分享。

2、结合剪纸作品教师讲述：

（1）剪纸的概述：剪纸是我国传统的民间艺术，历史悠久。剪纸主要是以纸为材料，经过剪、刻、染等多种手段创造镂空图案的艺术。俗称“剪画”或“窗花”。2009年被联合国教科文组织列入“人类非物质口传文化遗产保护名录”

（2）剪纸的流派：北方（粗犷豪放、造型简练）；南方（构图繁茂、精巧秀美）

（3）剪纸的表现手法：大多赋予创作者美好的情感，喜庆，吉祥。

寓意法：寿星（蟠桃、仙鹤、老翁）

青云直上（两童子放风筝）、十全富贵（古钱十枚）、百年好合（一株百合花配一个宝盒）

谐音法：蝠（福）、喜鹊（喜）、荷（合或盒）、早生贵子（枣、桂、栗子、桂花）、双钱（双全）、连年有余（莲、鱼）

辨一辨：分辨《三多图》的吉祥寓意——“佛手、蟠桃、石榴”

寓意：“多福、多寿、多子”

猜一猜：出示几张精美作品，学生猜出其运用的表现手法

喜上眉梢、鱼跃龙门

花开富贵、花好月圆、吉庆有余等

（4）剪纸的形式：（屏幕出示各种形式、师生共赏并得出多样的形式）——窗花、门笺、墙画、炕围花、顶棚团花、灯花、喜花、刺绣用的花等。

3、教授本课教学的主要环节——团花剪纸（实践创作）

（出示大量团花剪纸作品，学生总结团花的特点）

团花是中国剪纸历史最悠久、运用率最广泛的一种形式。制作方法简便易学，在正方形的纸上多次折叠、可剪出重复造型的图案。

团花剪纸的制作步骤：折——画——剪

即：“折”（纸的多种折法）、“画”（在折好的纸上画图案）、

“剪”（把图形之外部分剪掉）。强调在剪刻时，组成各部位的线条要互相连接不能断开（上下左右不能剪短）

教师给学生做团花剪纸的步骤示范。示范时配以讲解，注意扩展学生的思路，引起学生兴趣的同时检查学生的学习进度。

【设计意图】教师示范在美术教学中是不可省略的一个重要环节。在教学中花简短的时间先做一个现场示范，以示范唤起学生的求知欲，增强对剪纸技法的理解，为学生自主学习创作做好铺垫。

折的基本方法：（常见的几种折法）

三瓣花、四瓣花、五瓣花折法：

【设计意图】在本节课中，教师先在实物投影机上，对不同的折法分步骤示范给学生以直观的印象，让学生掌握基本的制作流程及技法。折纸部分结束后再讲解画装饰图案的部分，最后强调剪的要点，循序渐进。

3、表现方法及装饰纹样

（出示两幅作品，教师引领学生赏析，对比其不同之处，得出结论，师板书方法。）

---阳刻

---阴刻

---阴阳刻结合

（屏幕出示三种方法的具体内容，使学生深入理解）

剪纸的基本装饰纹样：（屏幕出示各种纹样，师生共析）

（1）详讲：①月牙纹：②锯齿纹：

学生先合作探究——教师再详细示范剪法——学生尝试剪法——师巡视辅导并提醒注意安全

（2）略讲圆点纹、水滴纹、柳叶纹、云纹等

找一找：出示几幅剪纸作品，学生判断分别运用了哪些纹饰进行装饰。

比一比：对比两组的作品，对比寻找美与不美的原因：

杂乱无章、组织有序

得出结论：装饰纹样的组织法则——大小结合、疏密有序、主次分明

（三）布置课堂作业，学生分小组合作设计制作，教师辅导

出示参考图形，让学生以此为自己的设计灵感，分组进行创作剪制，将做好的作品贴在白色卡纸上并在全班展示点评。（因为会使用到剪刀或刻刀，尤其提醒学生注意安全）

【设计意图】 在剪纸教学活动中，培养团队合作的精神。

（四）课堂小结、拓展延伸

1、思考：剪纸的应用——剪纸这样的元素还可以应用到生活中的哪些方面？。

2、剪纸艺术来自民间，表现民间，具有独特的艺术特点。我们要从民间剪纸中吸取营养，多看，多想、多动手，同时还要学会观察生活，关注我们的民间艺术，不要让我们的民间艺术默默的消失在历史的长河中。

（五）教学反思

学生对手工制作课非常感兴趣，通过对比、竞赛、辨猜、发现、实践的形式来体验剪纸带来的快乐。活动前，引导学生运用信息技术手段收集剪纸素材，整理剪纸材料，如学习使用照相机拍摄剪纸作品；用电脑上网收集剪纸的文字、图片资料等。在这样的操作下，不仅是为本次活动的开展作了铺垫，也相应地锻炼了学生独立探究学习的能力，发了挥学生的主体能动性，在无形中让学生体验信息技术带来的乐趣，感受信息技术的魅力。

课堂的每一个设计环节是为学生体验剪纸这类民间美术而服务的，要有合理的依据及适时的代表作品加以呈现，这时的网络资源起到了有效作用。学生收集的材料具有广而杂的特点，他们筛选材料的能力有限。所以，在体现知识丰富的情况下，力求直观性、科学性、准确性，并注意结合学生的认知特点，多整合一些图文并茂的信息。“剪纸作品欣赏”这一导入环节，作品各具风格，能较好地反映我国剪纸作品艺术。学生通过对剪纸作品的欣赏，感受剪纸艺术的魅力，体会民间剪纸艺术家的高超技艺，激发学生学习剪纸的兴趣。在认识剪纸、观察剪纸、对比剪纸的基础上，注重培养学生的动手制作能力、审美素养及创新能力。课的最后拓展延伸出各色剪纸甚至是外国剪纸，使学生的视野更加开阔。

本课的前半部分主要是对剪纸艺术的一些基本知识的讲解，让学生进一步的认识剪纸。而作为本课的重点团花剪纸的部分，教师进行折叠的示范过程非常重要，要实时关注到每一个学生，折叠的部分也是团花设计的第一步，是比较重要的。力求每一个学生都能掌握好折叠的方法。

通过欣赏认识—分析讨论—提高认识—创新设计的教学过程，充分调动学生的学习积极性，使学生自主分析材料、创新思维，成为课堂的主人翁。实现学生学习方式的转变，即从被动接受的传统学习方式转变为一种自主、合作、探究的学习方式。教师在整个教学过程中是学生学习的引导者和参与者。在教学过程中重视师生交流、生生交流、生生合作的互动过程，应关注学生的能力培养，让学生自主分析问题、解决问题，教师仅仅点拨学生的思维，实现创造。

总而言之，美术课的基本流程在各个课型中是可以灵活应变的，但毋庸置疑，创作和作品评述是整个美术课堂教学中最为重要的两项流程，就这两项流程中，我们能探讨的还有很多。

音乐课

音乐课堂教学是艺术教育的主渠道。随着课程改革的深化，如何大面积提高音乐课堂教学的质量与效率，促进学生整体素质的提高，这对每一位音乐教师来说，是难得机遇下的挑战。在《新课程标准》的要求下，传统的中学音乐课堂教学模式弊端已逐步显现，如何克服传统教学模式的弊端，建立一种符合新课程标准的新型中学音乐课堂教学模式，成为音乐教师亟待研讨的课题。

依据初中生年龄和教学内容的特点，音乐教学模式可以从低年级的游戏模式逐步过渡到活动模式，包括导入、活动、创作、表演、评价五个环节。

一、导入。

即通过各种有效的途径和方式引导学生走进音乐。运用多媒体、网络信息等现代手段，通过影视、画面、音像等形式，使学生获得对音乐背景事物或现象的感性认识和达到视听效果。激发学生对音乐的兴趣、好奇心和探究愿望，掌握音乐基本知识和初步技能，逐步养成鉴赏音乐的良好习惯，为学生终身爱好音乐奠定基础。

二、活动。

是指在教师的引导下，让学生通过亲身实践来认识音乐世界。在教学中通过教师的范唱、范奏以及师生合作表演等形式让学生用心去感悟音乐，穿透音乐和领会音乐背后的故事。在反复聆听、想象、歌咏、演奏的音乐实践中，引导学生从整体上去感悟音乐所塑造的形象和意境。通过音乐学习，使学生的情感世界受到感染和熏陶，在潜移默化中建立起对亲人、对他人、对人类、对一切美好事物的挚爱之情，进而养成对生活的积极乐观态度和对美好未来的向往与追求。

三、创作。

是指在新授的教学内容的基础上，根据教学要求去进行创作，包含二度创作及一度创作活动，发展学生的想象力。“创作”还应在“导入”及“活动”中得到体现。音乐作为一门艺术，必然涉及各种创意、设计、制作、表达、交流以及多视角的连接和转换。音乐创作因其强烈而清晰的个性特征而充满魅力。在音乐课中，生动活泼的音乐欣赏、表现和创造活动，能够激活学生的表现欲望和创造冲动。引导创造式教学，就是在教师的指导下，学生以自由、即兴的创作方式表达自己的情感，学习浅显的音乐创作、舞蹈构思、节目编导等。在主动参与中展现学生的个性和创造才能，使他们的想象力和创造性思维得到充分发挥。

四、表演与评价。

是指将创作进行交流汇报，并进行评价。这一环节将相关艺术表现形式有效地渗透和运用到音乐教学中。促进学生对音乐的体验与感受，根据自己的生活经验和已学过的知识，认识音乐的社会功能，理解音乐与社会生活的关系。

通过对音乐作品情绪、格调、思想倾向、人文内涵的感受和理解，培养音乐鉴赏和评价能力，养成健康向上的审美情趣，使学生在真善美的音乐艺术世界里受到高尚情操的陶冶。

案例链接

【教学内容】《大海啊，故乡》

设计思路：

新课标强调“以审美为核心”，我在教学设计中力求从音乐语言中挖掘歌曲的审美因素,引导学生从全新的审美视角诠释音乐。教学设计中坚持“以人为本”的宗 旨,面对一个个活泼而智慧的学生个体,力求在教学内容和教学方法上求新:教学导入求新;挖掘教材求新;学生的创编活动求新,培养学生的审美情趣及创新能 力。

学情分析:

初中阶段学生已初步具有感受和理解音乐,表现音乐的能力。但是，存在一定的盲目性，教师应积极引导,使学生能够亲身感受音乐作品的思想情感。因此,要善于运用教学方法,使学生积极主动参与到教学活动中来,在活动中去感受音乐作品,乐于演唱，表演。

教学目标:

知识与能力

1. 能用优美、连贯的声音深情的情绪演唱歌曲《大海啊，故乡》

2. 和谐演唱二声部,培养学生合唱的能力

情感与态度目标

通过欣赏演唱歌曲,引导学生积极参与教学活动,体验歌曲表达的情感,培养学生积极的生活态度,激发他们热爱家乡热爱生活的美好情感。

过程与方法

以体验,合作的方式,引导学生主动参与演唱,了解掌握旋律,节拍,节奏等音乐要素对表达歌曲思想情感的重要性。

教学重点:用圆润、自然的声音有感情地演唱歌曲《大海啊,故乡》

教学难点:和谐，统一的声音演唱二声部

教学过程:

一、组织教学

师生问好。

课前三分钟表演

复习柯尔文手势

二、发声练习

师：我唱一段旋律，根据柯尔文手势的提示看你们能不能很快的记住。（师做柯尔文手势帮助学生记忆。）

学生活动：跟着老师一起唱旋律。

师出示正确的歌谱。

师启发引导学生用正确的发声方法反复唱旋律。（提示高位置，像拉皮筋的感觉，口腔状态像打哈欠。）

待学生熟练后师加入另一声部，与学生合作二声部合唱。

谱例

3/4　565. 3 | 56 5- | 65 41 65 | 5 – – | 34 3. 21 | 6 2 2 | 45 43 16 | 1– – |

3 – – | 3 – – | 4 1 4 | 3 – – | 1 1 1 | 6 – – | 5 5 5 | 1–_ | |

师提问：刚才我们的合作是什么演唱形式。

生回答（合唱）

师：我们的声音能不能更和谐。（要求音量减小，倾听对方的声部）

随琴声，师生再次合作。

设计意图：

这条发声练习是根据歌曲中的二声部旋律设计的。结合柯尔文手势引导学生记忆，听辨旋律。用这段旋律作为练声，可以帮助学生找到高位置，头声的发音方式，建立正确的声音状态，同时师生的二声部合作为后面的学习做好铺垫。

三、导入新课

1. 师：请保持这样的声音状态开始今天的音乐课。音乐能带给我们不同的感受，时而欢快喜悦，时而深情优美。我们来听听今天要学习的新歌《大海啊，故乡》会是怎样的情绪呢？

四、学习新课

1. 师：在聆听范唱时注意这几个问题1. 歌曲是几拍子的，可用手划划拍子2. 歌曲的情绪如何，可随音乐律动。　3. 注意歌曲的演唱顺序。（出示歌名和问题）

2. 师富有感情的范唱。

3. 师提问：这首歌曲是几拍子的？有变化吗？

4. 师引导学生找出拍子变化的地方。

5. 总结什么是变拍子。

6师引导学生复习4/4拍的挥拍手势。在拍子变化的交替处挥拍，感受拍子的变化。

7. 师提问：你们在歌曲中感受到怎样的情绪呢？

8. 学生自由发言谈感受

9. 师提问：这样的情绪（深情的）在歌曲中哪个部分最强烈

10. 生回答。

11. 师：我们就带着这样的情绪唱旋律（要求唱的同时挥拍）

12. 师带着学生唱旋律

13. 加入歌词

14. 师：听听我的演唱有什么不同。（示范利用身势引导学生唱出强弱起伏。）

15. 生带上力度变化唱歌词。

设计意图：在音乐活动中感受歌曲情绪，节拍，乐句，培养学生学习歌曲的好习惯，同时能带着感情去演唱歌谱和歌词。

五、歌曲艺术处理

1. 师提问：刚才我们学习了全曲最深情，激昂的部分，其他部分也是这样的情绪吗？带着这个问题，我们完整的学唱全曲。要求其他部分用“啦”模唱，中间深情的部分唱词。

2. 生分组讨论根据情绪的变化划分段落。

3. 总结：

三个部分：

亲切--mf

深情，激昂-- f

恋恋不舍-- mp

4. 生带着情绪的变化完整演唱歌曲。

设计意图：引导学生感受歌曲情绪的变化，关注歌曲情感的体验，提高学生对音乐的审美感。

六、二声部合作并表演

1. 师：音乐有丰富的表现形式，可以体现在旋律的起伏上，强弱的变化上，速度的变化上等等。请看这个歌谱有什么变化（出示合唱谱）

2. 师：你们来演绎一下二声部合唱吧！

3. 师引导学生唱二声部旋律。

4. 学生唱旋律合作二声部

5. 学生唱歌词合作二声部（提示声音的和谐统一）

6. 师：让我们带上深情，带上优美的声音完整的表演这首歌曲。（提示身体律动）

设计意图：引导学生在二声部合唱时建立和谐，统一的声音

七、评价

分小组表演二声部合唱，其他小组对其进行评价。

八、小结

师提问：这节课里你们有什么收获呢？

我在你们的歌声中听到了自信和快乐。

第三章

创新育人模式，培育温暖少年

第一节 以法育人——法治教育实践创新

依法治校、以法育人，提高中学生的法治素养，培养现代合格公民，不仅是青少年健康成长的要求，而且事关全面推进依法治国战略的贯彻落实。据中国政法大学青少年法治教育中心2018年发布的《我国青少年法治教育发展报告（2018）》显示，近年来我国青少年的法治素养和中小学法治教育工作取得了长足的进步，但仍有若干不足。比如：青少年初步形成了遵守法律和运用法律的意识，但是对法律常识的掌握水平仍然偏低；青少年法治教育明显得到强化，但中小学法治教育师资配置和教学能力明显不足；法治教育模式单一、缺乏实践性等。

近年来，重庆两江新区金溪初级中学校站在培养社会主义事业建设者和接班人的高度，创新思路，多措并举，积极开展法治教育，努力培养学生形成办事依法、遇事找法、解决问题用法、化解矛盾靠法的法治思维，培养学生成为知法守法用法的合格公民，学校法治教育特色日益鲜明，教育水平不断提高。

一、利用高校资源，开展普法教育

学校毗邻西南政法大学，寻求高校资源积极展开合作。2018年5月，金溪中学与西南政法大学合作发展启动会召开，我校被授予“西南政法大学青少年法治教育基地”。2018年9月，西南政法大学法治辅导员进校，全校各班均配备一名法治辅导员，每周开展法治教育。该课从《宪法》着手，每节课为同学们呈现

学校与西南政法大学
合作发展启动会

《义务教育法》、《民法》、《消费者权益保护法》、《未成年人保护法》等内容，通过法治课学生树立了“遵法、守法”的观念，法治素养得到了提高。

分类推进法治教育课程建设，不断优化课程结构。充分利用西南师范大学出版社出版的《法治教育》地方教材，每月单列两课时的授课时间开设《法治教育》地方课程，探索法治教育校本课程建设，开设“青少年宪法教育”“生活中的法律常识”等校本选修课程。

二、成立法治社团，发挥学生力量

金溪中学学生社团是由本校学生自愿组织起来的群众性团体，对健全和完善我校学生社团的管理体制，促进我校学生社团活动向健康、文明、向上的方向发展，进一步丰富我校学生的课余文化生活发挥了重要作用。为进一步开展普法宣传，培养学生法治意识，建校之初便成立了法治社团。

最初的法治社团，由8名学生代表在团委老师指导下成立。经过4年多的发展，成为了一个以“遵法护法、学法守法”为宗旨的全校性学生社团，每周的优秀社员代表与西南政法大学的法治辅导员一起，在全校各班开展法治课程，宣传法治精神；每月法治社团会安排法治活动，比如“宪法达人”知识竞赛、“宪法在我心中”写作大赛。法治社团还成立了“普法小分队”，通过在校园内定期设点宣传，解答同学们关于法律的小困惑。通过社团活动的开展，法治之花盛开在每一个学生心中。

近年来，法治社团也取得硕果累累。2018年11月，在“第三届全国学生学宪法、讲宪法活动重庆赛区总决赛”中，社团成员丁思源参赛，获得初中组一等奖。2019年6月，法治社团代表两江新区参加重庆市首届中学中职优秀学生社团风采大赛总决赛，以情景剧表演《法治小卫士》获得一等奖，展现了金溪风采，宣传了法治魅力。

法治社团参加重庆市
社团风采大赛获一等奖

三、完善文化育人，注重环境熏陶

我们从立德树人的根本任务出发，从法治教育对于树立社会主义核心价值观、培养健全人格、塑造公民品质的重要作用出发，将法治教育的目标定位为让学生树立正确的法治意识，养成法治习惯，以法治的观念来看待自己和他人的行为，最终达到培育公民素养的目的，而不仅只是学到多少法律知识，熟悉多少法律条文。目标定位明确后，就是实施的问题，我们坚持以文化人，从学校法治文化建设入手，以良好的法治教育环境熏陶人、感染人。

其一，让法治文化与环境育人有机融合。我们在学校宣传栏、校报上开辟了法治教育专栏，教师交流法治教育案例，学生分享学法用法的心得体会，形成了浓厚的法治教育氛围。将学校围墙改造成法治文化墙，以“明察秋毫”“海瑞执法”“人权宣言”等中外法治典故为内容装饰文化墙，形成了全方位的法治宣传教育格局。我们以“明法”“立德”为主题，为学校的亭台楼阁等景观命名，在绿化带、花园中放置刻有“法不阿贵、绳不挠曲”等铭文的文化石，学生置身于这样的环境中，可以在心中潜移默化地种下法治的种子，由此实现校园环境实用、审美、教育的有机统一。

其二，让制度建设体现法治内涵。我们牢牢抓住以学校章程建设为核心的制度文化建设，让全体师生参与学校章程建设的全过程。为了避免章程仅仅停留在纸上，我们开展了“章程在我心中”演讲比赛，使章程的理念体现在教书育人的行为中，有力推进了依法治校、依法执教。学校章程确立后，我们开展了“一班一规章”活动，把每个班级的教师、学生发动起来共同制定班级规章，形成人人参与制度文化建设、人人按照规章办事的浓厚氛围。

其三，以法治精神构筑管理文化。我们遵循法治精神创建新型的学校管理文化，制定了《金溪中学温暖少年行为准则》《金溪中学温暖课堂评价方案》等文件，涵盖教学、德育、后勤等学校管理全过程。无论是教学常规还是学生管理都有章可循，学校照章行事的有序性和师生遵法守法的自觉性都得以增强。

四、聘请校外专家，整合优势资源

我们聘请了西南政法大学法学专业教授担任学校的法律顾问，聘请派出所民警担任学校法治副校长，积极联合律师事务所、法律院校等专业机构开展“博士普法宣讲进校园”“律师说法校园行”等活动，形成了青少年法治教育的合力。通过校外专家的专题讲座，学生们对于“法治”的理解进一步加深。

五、进行成果展示，渗透法治理念

我们将法治知识教育与实践教育有机融合，通过形式多样的活动，培养学生学法、遵法、用法的法治思维和意识。

其一，开展主题教育活动，丰富法治教育形式。学校利用重要时间节点，开展了多种多样的法治主题教育活动。比如：在每学期开学时，上好“开学第一堂法治课”，先后以“法律让生活更美好”“乘着法律的翅膀飞向远方”“法律在我身边”等为主题，开展别开生面的法治主题教育；在国庆节、建军节等重要节

法治社团宣传

日，开展以爱国主义为主要内容的教育活动，增强学生的国家认同和家国情怀；在“国家宪法日”前后一周，开展“宪法日”系列宣传活动，举办法治主题辩论赛、“法律在身边”故事征文、法治知识竞赛、“法治宣传周”等活动。我们每年平均举办师生法治讲座及主题教育活动20余次，做到每月有主题、师生共参与。

其二，开展现场观摩活动，让法律知识“活”起来。学校加强与法律服务机构的紧密协作，每学期我们都组织学生参观法治建设图片展、青少年法治教育基地，通过现场体验和学习，将法律知识变成可触摸、可参与、可互动的“活”的教育资源。我们还利用机关开放日，带领学生参观人大、检察院、法院等立法和司法机关，熟悉这些国家机构的职能职责，了解其运行规则。参观之后，这些国家机构在学生们心中不再“神秘”，而是变得可亲可敬，由此促进他们对法律知识的学习和内化。

其三，开展模拟实践活动，让学生学会守法用法。我们在传统的“六大功能室”的基础上，专门建设了“法治教育功能室”，布置有“宪法之窗”“法律之树”“执法之剑”“守法之责”等展览窗口，配备了模拟法庭，集法治教育展览和模拟实践于一体。为了用好“法治教育功能室”，学生自发组织了“守法卫士”社团，社团成员负责组织、管理功能室的实践活动。在模拟法庭，由学生自主设计不同类型的案例，设定“法官”“被告”“原告”等角色，在活动体验中融会法治思想和法律意识，学会用法律的武器保护自己的合法权益。同时，我们还组织学生开展“法律诊所”“青少年维权岗”等模拟实践活动，引导学生用法律的方式解决在学习生活中遇到的问题，在实践中升华对法治的认识。

学校法治教育实践创新取得了一系列成果，影响力不断扩大。学校依法治校、教师依法执教，我校法治教育工作得到各方面的认可与好评，学校先后荣获两江新区文明单位、西南政法大学青少年法治教育基地等多项荣誉称号。

学生遵纪守法，法治社团影响力不断扩大，先后获得集体、个人市级一等奖，学生整体法治意识上升，懂得用法律解决身边遇到的困难。

未来我们将继续坚持以立德树人为根本导向，让法治精神在每一个学生的心中生长，为培养具有法治素养的社会主义合格公民而不懈努力！

第二节 以美育人——艺术教育实践创新

党的十八届三中全会对全面改进美育教学作出重要部署，国务院对加强学校美育提出明确要求。在2015年9月15日颁发的《关于全面加强和改进学校美育工作的意见》（国办发〔2015〕71号）中提到："美育是审美教育，也是情操教育和心灵教育，不仅能提升人的审美素养，还能潜移默化地影响人的情感、趣味、气质、胸襟，激励人的精神，温润人的心灵。"这段话说明了美育在育人过程中的功能和重要性。

一、艺术教育创新的意义

我校建校以来，十分重视美育教育，并通过艺术教育来发挥美育的作用，因为艺术教育本质上就是审美教育。我校通过"创新育人模式，培养温暖少年"的艺术教育，帮助孩子们从小具有审美意识和创造精神，增加学生对艺术的感知和鉴赏能力，培育我校少年做一个个对生活充满温情，心有温暖，行有美德的人。

我们认为，通过重视学生艺术实践、创新艺术教育形式、丰富课堂评价形式来激发学生对艺术的热爱，让美育真正扎根于每位学生的心里，这也是实现"心有温暖，行有美德"这一理念的有效途径。

二、艺术教育创新的举措

（一）重视学生艺术实践

1.让学生成为校园艺术文化营造的创造者

校园艺术氛围是构建校园底蕴的基石。我校的校园艺术氛围的创造者是学生。其中包括了艺术活动和装饰，标语艺术。

案例1：走进校园门厅就会见到一架三角钢琴和一个学生命名的“金星闪耀”舞台，每天课间都有学生演奏钢琴曲，旋律时而热情活泼的，时而优美流畅，当学生伴着琴声展开课间活动时，每一天的学习生活变得生动，美好。每周三由一个班级在“金星闪耀”舞台上演出文艺节目，有演唱、演奏、舞蹈、朗诵等形式。

学生在金星闪耀舞台上展示个人才艺

小小的舞台让学生们获得了艺术展示的机会，成为校园艺术文化氛围营造的创作者。

案例2：我们的楼道画框里展示着学生们的书法绘画摄影作品，楼道里还有学生获奖的文章。音乐室的装饰墙上有由学生选出的各种中外乐器的装饰画，有体现音乐元素的各种音符，美术室有由学生设计的照片墙。甚至教室的电源开关都被装饰得灵性尽显，无限创意中展示着学生对艺术的创造力，让人温暖……学生每天都在这样的校园艺术氛围中生活，时时刻刻被身边的美好与感动浸染着。

亚里士多德认为：艺术的目的不是要去表现事物的外貌，而是要去表现事物的内在意义。正所谓：润物细无声。

2.让学生在自主艺术实践活动中促进精神成长

在义务教育阶段，学生可以在课堂上接受艺术教育，但是在课堂里进行自主艺术实践活动时间和空间都是有限的。所以我们基于课堂，超越课堂，为学生搭建自主实践的活动舞台。

案例1：我校杨姝老师在音乐课中开展课前三分钟表演，让学生们自主编排节目在音乐课课前表演音乐类节目。在校内搭建“金星闪耀”舞台，让学生们利用课间，午间的时间在舞台上展示自我，张扬个性，获得自信。

合唱团的孩子们参加区级合唱比赛自创舞蹈动作、设计道具
荣获区级中小学合唱比赛一等奖

案例2：我校合唱社团常常开展学生创编活动，学生自己创编合唱队形，演唱中的舞蹈动作。表演的节目中情境设计几乎都是学生自己创编的。比如歌曲《想你的365天》是影片《宝莲灯》的主题曲，我们就让学生观看影片，看完后自己根据情节，人物的形象去联想演唱中应该用怎样的声音，情绪，以及面部表情来表演。通过这些体验活动，学生的主动学习能力，创新能力，以及合作精神等都得到锻炼。

我们发现通过让学生自主开展艺术实践活动让个别平时比较害羞，内向的学生找到了自己的“散光点”同时也丰富了学校的校园文化，增加校园文化底蕴，让全校的学生感受到艺术带来的美。

同时我们争取参加各级比赛活动，我校合唱社团在市区级中小学合唱比赛中多次荣获初中组的一等奖。舞蹈社团，小提琴社团多次参加社区，区级，市级的演出。这些课内课外艺术实践活动让孩子们的兴趣更加浓厚，自信，乐观，团结合作等综合素养进一步提升。

（二）创新教学形式

1.开展午间书法练习活动

我校在中午午睡前的15分钟设置为全校学生统一练习书法的时间。通过书法练习培养学生的自主学习能力、专注力和艺术鉴赏力。午间书法练习将大部分的时间交给学生自主进行。教师只作为一个引导者和辅助者。并将书法中的名家名作提供给学生临摹，让学生找到自己喜爱的字体，帮助学生提高艺术鉴赏力。

2.现代信息技术融入美术课堂

导入在美术课讲授新课时必不可少。在这一环节融入现代信息技术，可以提高学生们的学习兴趣，既能化抽象为形象，更能调动学习的好奇心。

案例1：我校范钰晗老师在教授《团花剪纸》这课时，她根据教学内容，设计微课，寻找运用剪纸为表现手法的动画片，截取以花鸟为主画面的部分。在纸制团花过程中，将每一步的教学难点用字幕标注的屏幕上，结合我的绘画示范，学生知道了团花绘画过程中应注意点线，比例结合着主题，导入本节课的教学内容，从而激发兴趣，带动课堂。

案例2：范钰晗老师在《标新立异的现代主义》一课中，在讲授新课时使用微课，为了让孩子们直观的了解到现代主义的绘画方法，他现代主义大师杜尚创作时的视频进行截取并快播，让孩子在短时间内认识到大师独特的创作、表现方法。通过这一部分的视频播放，像是身临其境一样，给孩子们带来了许多的惊喜，为高效、创新的美术课堂提供了无限的空间。

案例3：在上《卡通形象设计》时，根据教学重难点，范老师设计了卡通的绘画步骤。在绘画过程中，将每一步的教学难点用字幕标注的屏幕上，结合教师的绘画示范，学生了解卡通画的造型特点，可以通过学生反复比较来解决，通过拟人化手法对面部刻画，准确的反映卡通形象的内心世界。就这一重点问题进行再次示范，课堂作业的效果好了很多。学生通过视频中的教师示范过程，结合讲授的内容，充分理解和熟知绘画、制作方法。

现在信息技术融入美术课堂可以将学生的被动学习悄悄地转变为主动学习。

3.开展吟诵社团，传承经典文化

吟诵是汉语古代诗词文赋的创作、传承、学习的语音方式，主要有唱、吟、诵、念四大类。念，就是用口语读。诵，是艺术化的念，强调清晰准确和语气情感，但没有音阶。吟，有音阶，是像唱歌一样地诵读。我校音乐教师吴珍老师热爱古汉语诗文，她尝试把吟诵融入音乐课堂。用吟诵来提高学生学习古诗词的效率，这样不仅记得牢，而且理解得深。吟诵里，包含了句读、格律、结构、修辞等等一系列的知识，有机地结合，寓教于乐。吟诵尤其对于理解作品的思想感情非常有效。

案例：吴珍老师选择由名家传唱的诗文吟唱让学生聆听，学生在听觉上受到强烈冲激，使他们切切实实感受到吟唱之美，为随后的授课做好充分准备。在课上播放电影《孔子》的主题曲《幽兰操》。这首曲子近于吟诵，优美动听，可使学生情不自禁进行跟唱。又如：吴老师亲自给学生示范吟唱屈原的《离骚》选段，待学生跃跃欲试时再将知识传授给他们。使学生直观感受吟诵的魅力，从而激发其吟诵诗歌的兴趣。

在教学中，吴老师通过吟诵教学加强学生对诗歌声调、平仄、押韵的学习。如在讲解《蒹葭》时，教师先播放吟唱音频，为学生理解事情创设氛围，随后简单讲解吟诵遵循的声调、平仄、押韵规则，要求学生在感受吟唱的同时标识此诗的平仄，找出押韵的字。由此，学生便可遵循声调、平仄、押韵等诗歌规律，从而更好地贴近诗歌内容和诗人情感思想。同时结合诗词作品，介绍词谱、乐谱的相关知识，让学生在实例中把握吟诵的基本规律。

这样的教学形式引导学生在音乐中欣赏古典诗歌的节奏美、曲调美、趣味美、情感美，了解和学习祖国优秀的文化，培养学生对艺术美的追求。

三、创新评价机制，助推温暖育人

艺术学科以审美为核心，注重学生创新能力、探究能力的培养，加上艺术具有较强社会交往性和文化传承价值，所以艺术课的课堂评价又因为有了学科的特点而更具有独立性和个性。对学生的评价应充分体现激励与改善的功能。课堂教学评价形式应该是多元化的课堂评价制，从多角度、多方位、多标准地对学生学习效果进行及时的评价。而教育理论告诉我们，只有使学生掌握客观规律并发挥其主观能动性，才能获得成功。

（一）营造和谐的评价氛围，捕捉每位学生的闪光点

案例1：我们常会遇到这种情况，学生们在音乐课里齐唱都很好，可是请同学单独演唱时，声音发抖，或者没了声音，久而久之，也少了学习信心，这时，我们会捕捉学生的闪光点，先对他做得好地方给予及时的评价，比如："你在某一句的音准上唱得很好；你在某一句的换气处理做得很好，如果声音再放出来一点，多一点自信就很完美了。"这样能缓解学生的紧张情绪，使其正常发挥甚至超常发挥，这样的效果是我们老师所追求的。这时老师还悄悄地加以记载，事后公布分析表扬，这位同学收到这份意外的成绩后，一定会对自己刮目相看，从而树立起自信心，学习兴趣高涨，对他的将来都会有一定的影响。

（二）追踪式评价，关注学生后期综合发展

对于学生的评价不仅仅放眼于一节课堂，更要关注学生后期发展以及综合素

养是否提高。

案例1：我们美术学科对学生的评价分为三大板块：基础知识掌握、学习积极性、参与艺术活动情况以及进步情况。

基础知识掌握的评价采用一个月测试一次，教师当场公布答案，学生结合自己答题的对错情况打分。这样评价方式既不会给学生造成压力，也起到了反馈学习情况的作用。

学习积极性板块由各班美术课代表记录同学每次上课的课堂表现，对纪律不好，不认真，不按要求带素材的同学进行扣分，对上课认真，积极性高的同学加分。但是，纪律不好的同学在后面有改进会抵消扣去的分数。同时要求美术课代表公平公正的进行评分。

参与艺术活动板块是每参加一次活动并按校，区，市级分别加2，4，6分。对每个节目的主要组织者，将在该项成绩中酌情加分。

进步情况板块是对在期末作品中有明显进步的同学加分。

美术学科采取追踪式综合的评价方式帮助学生全面的认识自己，让学生关注自己的发展和进步。

（三）多角度评价，调动学生参与意识

1.自我评价

自我评价强调学生的主体地位，评价其目的就是为了让学生通过评价，使自己形成学习的积极态度，帮助他们认识自我，树立信心，给自己提供表现自己能力和成就的机会，同时创造宽松的学习氛围，鼓励学生提出学习过程中的困难和疑惑。鼓励学生在课堂上开展的自身评价。

案例：音乐学科通过让学生自己参与到评价过程来有效提高学生音乐学习与参与音乐活动的主动性和积极性。每节课学生自己选择唱或奏得最好的音乐作品进行表演，并进行自我评价。

要求学生自评以描述性评价为主。重点让学生对自己的音乐学习进行总结、回顾和比较。

2.小组相互评价

小组互评能让学生能全神贯注地欣赏别人的表演，因为每人都希望自己是一个好的评委，能客观地评价每一位同学的表演。教师引导学生互评时懂得是为了促进学习，共同发展。学生互评时，鼓励学生学会用欣赏的眼光看待同学，从同学的优点中找到自己的不足，避免学生之间相互评价时，总是挑对方的“刺”。

案例：书法课堂教学中，在小组互评时，小组学生懂得互相商量，探讨着去评价，引导学生先找到对方写得好的字，并评价好在哪里。

岳杨光辉老师在一次书法课上，采用小组互评的方式，选出每组写得最好的字拿出来展示，并让全班同学临摹展示出来的字。最后由老师提醒用笔的注意事项。这节课的教学效果良好，教学目标达成。

3.巧用教师评价，让学生“心有温暖”

教师评价具有权威性。教师评价的关注点要落实到学生的学习过程，更要关注学生的情感、态度与价值观等方面的健康和谐发展。

教师课堂上的评价对学生可能产生很大的影响，所以评价的针对性要强、尽量使用鼓励性的语言，客观、全面地描述学生的学习情况，充分肯定学生的进步和发展，同时教师的评价应有真情实感，应有温度，让学生“心有温暖”。

德国教育家第斯多惠曾说过:"教学艺术的本质不在于传授，而在于激励、唤醒和鼓舞。"教师在平时的课堂教学中通过语言，点燃学生智慧的火花，就能够在很大程度上调动起学生的积极性和学习兴趣，从而提高课堂教学质量。在课标中同样也要求教师在课堂教学活动中要准确地使用评价语言。可见，在教师的课堂教学语言表述体系中，评价性语言的作用是十分重要的。

我校将艺术实践活动不断创新，将艺术教育融入校本课程，规范系统的做出了深刻的研究与实践。几年的实践证明，创新艺术教育能帮助学生学生兴趣爱好得以满足，发展学生潜能，个性特长得到张扬。通过艺术实践活动为学生提供展示特长的舞台，满足学生自我实现的需要。通过艺术社团活动融入校本课程，让艺术活动系统高效的开展，通过多样评价让学生不断改进提高。艺术的美育作用如春风化雨般净化学生的内心世界。愿金溪学子在艺术美育的助力中长成一个个温暖少年。

第三节 以体育人——体育教育实践创新

当前，学术界在学校体育价值的“失落”与人本意蕴回归问题上汇聚了越来越多的共识，但学校体育创新实践究竟如何实现以育人为本的价值目标，众说纷纭。笔者认为，只有从科学的主体性哲学的视角出发，才能使学校体育既彰显其特殊性价值，又符合教育本质的一般性，为此，笔者将从以下三个方面具体探讨学校体育创新实践对育人的意义以及实现育人目标的体育创新实践途径。

一、体育在学校育人教育中的作用和意义

体育课程的开展使得学校体育观念从物质化走向人性化，突出了学生的主体地位；体育管理从限制走向开放，使得学生的体育行为从被动走向了主动；体育课程不仅提高了学生的知识技能，而且增强了学生的体能素质，健全了学生的人格品行，使得体育精神更加文明。笔者将就体育在学校育人中的作用和意义作出具体阐释。

（一）体育教育创新实践有利于文明体育精神的发扬和传承。

体育精神是体育整体面貌的反映，是体育信仰、道德和审美的标志，最后将形成一种意识形态。在学校体育课程中，体育课以课堂教学为主，配以一定数量的活动课和课余趣味训练，并且开展一些竞技性及娱乐性的体育活动，从而让学生理解包括拼搏进取、公平竞争和遵守规则等在内的体育精神。在进行教学或者竞赛时，学生和老师（教练）之间的团队协作是非常重要。体育项目根据不同的类型会有不同的规则和规范，学生必须熟悉各种比赛场地、了解各种比赛禁忌，这也是体育精神的主要体现。

因此，体育教师在教学过程中要以引导的方式鼓励学生将发扬和传承体育精神实质化，并养成其终身体育思想。体育老师需以创造性的思路及方法让学生充分认识到体育课程的内涵，走出体育课程只是体能训练这一根深蒂固的误区。教师应强化育人教育观念，优化体育课程教育方法，提高学生组织及奉献意识，把学校体育教学跟热爱国家及劳动紧密联系起来，培养学生遵守纪律和顾全大局的思想作风。例如，篮球是多人的集体团队合作活动，只有在大家的完美配合下，这项体育运动才能更好完成。因此在篮球运动中就需要大家有强烈的团队意识，互相配合。在这样的体育运动中，学生不光能得到体能上的飞跃，同时也能够得到思想上的锻炼与成长，从而更好地培养其高尚的道德品质。

（二）体育教育创新实践有利于学生美育教育水平的提升

在学校育人教学工作中，各科老师互相配合以培养全面发展的人才。而美育教育在培养全面发展的人才方面的作用是不可忽视的，同时它与体育课程中多个方面的教学相辅相成。在自由舞蹈或体操和武术中，参与者可以深切感受到三个方面的美感：第一是运动方面的美感，包括力量美、动感美、协调美、韵律美；第二是身体构造方面的美感，包括线条美、肤质美、体态美、姿势美；三是行为方面的美感，包括柔韧美、构造美、热情美。在实践中，教师要充分重视学生的地位，然后根据学生自身的身体特征和兴趣爱好选择适宜的体育项目，让学生更乐于去享受体育美的潜在魅力，在身体和精神上都获得满足。

学校足球队风采展示

（三）体育教育创新实践有利于学生智育教育水平的提升。

智育是学校教育的主体，智育的发展需要与体力运动互相协调。所以，老师进行智育教育时，需要学生有足够强大的脑力，并配以各类实践活动所需的能力。据统计，经常进行各类体育运动的学生，往往更容易接受各类新事物、新知识。所以拥有强大健全的体魄，更能增强身体的灵巧性和协调性，提高反应能力。丰富的体育运动，会提高学生在课堂学习中集中注意力，从而提高学生的接受能力。

在学校的发展中，体育教育含有独特的人文教育元素，有利于学生人格的塑造、思想品德的提升、审美情趣的培养，对个体的社会化具有独特的教育意义。

二、实现育人目标的体育创新实践途径

兴趣是表现出的积极情绪，它导致人们行为上爱上某项活动，从而使其形成行为习惯。缺乏对某一活动的兴趣，就不可能产生对该活动的爱好；反之，对该活动没有爱，也很难对该活动有持之以恒的兴趣。而缺乏对某种活动的兴趣和爱好，一般来说，也就不可能形成从事该活动的习惯，即使是已形成的习惯，也会随着兴趣爱好的淡薄而逐渐消退。相反，随着对某一活动的兴趣的形成和爱好的增长，形成习惯的可能性就越强。

那么，如何在体育教学中培养学生的兴趣爱好，笔者认为首先需要考虑激发其学习动机，使学生“想学”。动机是学生学习的主观能源。动机是直接推动一个人进行活动的内部动因或动力。动机是一种学习的需要，这种需要是社会和教育对学生学习的客观要求在学生头脑里的反映，它表现为兴趣、情感、意向、意图、信念等形式，对学生的学习起着推动作用。它能够驱使个体为了达到某一目标而主动参与，并能克服困难，身体力行。学习动机是掌握知识，形成完善品格的重要条件，是直接推动学生进行学习活动的内部动力。学生不想学习，不爱学习，学习活动难以进行下去，常常是缺乏学习动机。教师要不断给学生输送动力，调动其学习的情感；运用其对学科的兴趣，培养和激发他们的学习动机。在学习动机中，最现实、最活跃的成分是认识兴趣，也叫求知欲。如果能够激发学

生的求知欲，那么学生学习也就有了动力。

笔者认为可从以下五种途径激发学生动机。一是教师在备课时要深钻教材，挖掘教材的娱乐性，抓住课堂魅力做文章，用其来吸引和带动学生积极练习体育活动，培养他们的兴趣和爱好。二是教师深入研究课堂组织教法，根据教材特点，研究如何引导学生爱学、乐学；三是要采用多层次学习目标教学。教师要对不同层次的学生采用不同的、适宜的学习目标。适宜的学习目标具有导向、激励和评价的功能，它能更好地激发学生的兴趣和爱好。四是形成生动活泼的课堂教学氛围。这样更能能吸引学生练习。课堂教学氛围过于沉闷、呆板和压抑不利于激发学生的学习兴趣和爱好。五是学生对体育的兴趣和爱好，归根结蒂在于能否获得运动的乐趣和成功的情感体验。只要教师及时地加强激励性的教学评价，对他们的一点一滴的进步给予及时的表扬和鼓励，就能培养初中学生的体育兴趣和爱好。

而培养意志力，引导学生体验成功感也是激发体育兴趣的重要途径。坚强的意志主要表现在以下方面：在困难面前不动摇、不气馁，坚持不懈、锲而不舍，以更大的毅力去克服困难；处事果断，当客观情况需要立即作出决定时，他会毫不犹豫、及时采取断然措施；善于自制，在胜利或成功时，不骄傲、不自满。

爱因斯坦说："优秀的性格和钢铁般的意志比智慧和博学更为重要。"意志是自觉确定目标，并根据目标来支配、调节自己的行为，克服困难，以实现预定目标的心理过程，是个体能动性的突出表现。部分体育学习项目是单调、枯燥甚至是充满困难的，属于艰苦复杂的体力劳动。在体育学习中，各种问题无时不有，各种困难无时不在，往往会使学生产生恐惧、退却、缺乏信心等心理现象。例如：在练习耐久跑的过程是单调、枯燥的，学生的生理反应强烈；支撑跳跃项目对学生技术要求高，其动作难度大，又具有一定的危险性等。

因此，教师在教学中要因材施教：对于执拗、顽固的学生要注意培养其自觉性、目的性和原则性，使其理解顽固与顽强的区别；对于怯懦的学生，应多加鼓励，以增强其克服困难的勇气和信心。教师可以引导学生通过用名人、名言来对照自己不良的行为，并督促自己矫正；同时启发学生加强自我锻炼，养成自我检查、自我监督和自我鼓励的习惯。为了贴近学生的实际，教师可在教学中用同龄人的榜样来教育孩子，如某某学生克服训练困难获得成功的事例，让孩子看得见，摸得着，可学习。我在学生掌握基本动作技术要领的基础上，不断地为学生渗透些难度大的教学内容，在单杆的教学和各种障碍跑、越野跑的训练中也是如此。必要时，教师也要降低学习的难度和要求。要知道，要培养各个体育水平层次孩子的信心，不只是对成绩优异的学生而言，老师要根据实际情况，对部分学习有障碍的孩子给予适当的表扬和肯定，这样他们就收获惊喜，而愉悦的心情能提高他们学习兴趣和学习的积极性。这样才能培养学生战胜困难的决心。

要完成学校体育教学任务，提高教学综合效益，不仅需要学生积极的智力活动，而且更需要非智力因素的参与。我们要充分利用体育教学的特殊功能，培养学生的非智力因素，培养学生浓厚的兴趣，形成开朗、自信、乐观的心理品质及锲而不舍的进取精神，这样才是适应现代“育人”宗旨的体育教学。国家通过培养“德智体美”全面发展的专业人才，其中体育是培养人才的基础，常言道，“生命是革命的本钱，生命在于运动”。学校体育的组织形式丰富，充分满足了学生课外活动及心理发展需求，学校各级领导也越来越重视体育的发展。

三、教书育人在体育教学过程及项目中的实施

教学过程是指教师在一定的条件下，采用一定的方法引导学生把教材内容转化成自身财富、形成能力的过程。在教学过程中，教书育人是教师的基本职责，其贯穿始终，表现在各项教学原则的共同归宿和客观规律之中。正确理解教书育人的含义是进行教书育人的前提。育人简而言之就是按照教育目标依托马克思主义哲学观点教育学生，引导学生树立辩证唯物主义和历史唯物主义的世界观，促使他们形成科学的世界观。在当前社会环境下，育人更应该加强学生爱国主义教育，增强学生的民族自尊心自豪感，强身健体。只有弄清教书育人与提高教学质量的关系，牢固树立教书育人的宗旨，才能更好地开展体育教学。

而只有把教书育人贯穿于整个体育教学过程，学生才能全面发展。体育教学过程是由教师、学生、教学内容、教学手段（包括教学方法）、教学设备器材等基本因素所构成。这些因素之间要相互配合，才能实现教书育人的目的。

同时，学校体育教育主要是以身体锻炼为基本手段，以增强身体素质及思想教育素质为目的开展实施。出于不同身体素质学生的个性化需要，学校会将不同体育活动进行分类，再设置不同的课程供学生选择。本文介绍的分类方法主要以是否为奥运项目及有利于学生哪项教育的发展为依据。

首先，学校课程中奥运项目包括游泳、体操、羽毛球、乒乓球、篮球、足球、排球等基本项目，非奥运项目主要有体育舞蹈、武术、防身术、轮滑、围棋和象棋等可操作性项目。其次，根据其培养方向，学校体育课程可以划分为四类：一是智育教育，例如围棋、象棋等；二是德育教育，例如足球、篮球等；三是美育教育，例如游泳、体操等；四是文化娱乐教育，例如舞蹈、武术等。学校开设的这些体育项目都需以发展学生爱好，提高学生身体素质及思想道德素质为前提条件，同时在课程选择上要以学生自主选择为主，以学校安排为辅，这样才能更好实现教书育人。学校体育的组织形式越丰富，越能满足学生课外活动及心理发展需求。

随着我国经济水平和科学技术的飞速发展，新形势下的社会需要是更多“文武双全”的优秀人才。也正是因为如此，现代中小学体育被赋予了全新的教学使命，只有不断在体育教学中创新实践方式、手段，才能更好地育人。

第四节 以心育人——心理健康教育实践创新

习近平总书记在十九大报告中强调指出，“打铁必须自身硬”，这个“自身硬”包括“心理能力过硬”——即体现为一种健康积极的心理状态，一种坚毅顽强的性格特征，一种越挫越勇的意志品质，一种奋发向上的理想情怀。2019年2月22日，中国科学院心理研究所、社会科学文献出版社在北京联合发布了中国第一本心理健康蓝皮书。我国已进入信息化、网络化时代，不仅生活和工作的节奏加快，而且生理和心理上的压力也大大增加，国民的心理健康问题已呈现出比单纯的躯体健康问题更突出的态势。在2011年《自然》杂志发布的心理疾患负担统计数据显示，心理疾患已经给包括中国在内的中低收入国家造成了沉重的经济负担。

一、中学生心理健康状况与成因

中学生心理健康教育问题深受社会各界的广泛关注。中学生正处于青春期，特殊的阶段形成了特殊的心理状态。心理健康状况直接影响到学生的学习和生活，甚至会影响到今后的工作。通过研究中学生心理现状，对了解中学生心理发展情况、开展学生心理健康教育、促进学生形成良好的心理因素具有重要作用。中学生成长过程中，特别是11岁到18岁的年龄阶段，这是青春期身体和心理发育最为剧烈的时期，是最充满激情、浪漫，最有创造力、最少保守思想、最活跃的时期，这是他们从幼稚走向成熟、从依赖走向独立的过渡时期，也是对人生、社会和未来充满幻想与好奇的“多梦季节”。这一阶段他们处于“骚动的、矛盾的、动荡的、暴风雨式的时期”。这个时期的中学生正处在个体发展的特殊时期，是心理功能受阻的易发期和多发期，伴随着成长的欣喜、生活的苦恼、学习的压力、情感的吸引，种种感情交织在一起，年轻的心变得十分敏感和冲动，花季少年既有绽放的欣喜，也有凋落的忧伤。他们渴望友谊、渴望理解、渴望自由，然而残酷的现实也让他们产生一系列的心理问题，比如：出现了自卑心理、逆反心理、孤独心理、嫉妒心理、唯我独尊心理、厌学心理、早恋问题、迷恋网络问题、追星问题、考试焦虑、情绪方面的问题、学业不良问题、考试作弊问题、与老人冲突、暴力事件、青少年犯罪等问题。据专家分析，导致这令人震惊的一系列中学生常见心理问题的成因，80%来自家庭不同程度的教育问题。根据轩杨家庭教育诊断书资料分析，我国高达90%以上的家长不懂科学的家庭教育理念，不懂得孩子成长过程中的规律性发展，不懂得孩子们的个性差异，不懂得孩子成长过程中心理生命所需的心理营养，更不懂得孩子与爱人就是自己潜意识里的灵魂关系，所以无意中打着深爱孩子的旗号亲手扼杀了孩子的无限潜能，用爱将孩子捆绑，导致孩子没有安全感，缺乏自信、胆小怯弱；没有归属感，无责任意识、学习乏味、粗心粗鲁；没有自我价值感，沉迷网络、早恋他恋、甚至自虐他虐、自杀他杀，出现各种悲观失望、情绪低落、意志不坚定现象，不仅影响内在活力，也为个人发生心理疾患埋下潜在危机，心理疾病的比例日益上升，焦躁症、抑郁症等层出不穷。特别地，当孩子出现问题的时候，家长基本处于“无法、无力、无奈”的三无困境，要么指责、谩骂孩子；要么抱怨学校、老师；要么逃避、放弃，由此“火上浇油、雪上加霜”。有谁曾思考过“我的家庭教养方式出现了什么样的问题？”“我的家庭系统出现了什么样的问题？”“孩子的依恋模式出现了什么样的问题？”家庭教育已变成一个世界性的课题。父母要想培养孩子一个健康的人格，就一定要营造一个轻松和睦的家庭！

二、打造校园心理健康教育特色学校

重庆市两江新区金溪中学秉承“温暖环境、温暖氛围、温暖师资、温暖课堂、温暖活动、温暖家庭”的育人理念，提出了——“以心育人：让健康心理唤醒学生积极动力”的独具特色的“温暖教育”模式，以实现“生态、人文、智慧、开放”的品牌学校。自建校初学校就注重对学生进行心理健康的教育，注意中学生学习上的心理平衡；增进自我了解，培养中学生自我接受的态度；建立良好的人际关系，培养中学生健全的情绪生活；建立和谐的师生关系和班级环境；开设主题讲座，转变教育观念，创设良好的育人氛围；建立起心理健康教育的运行模式，优化社会环境，为中学生的健康成长创造一个良好的环境；举办家长学校，普及心理健康教育知识，提高家长教育素质，改善家庭教育环境与教养方式，提高教师的心理健康素养；采取各种形式开展心理健康教育，优化课程结构等等，通过关注学生心灵，关心每一个学生的成长，着力打造一个美丽的、和谐的、充满人文关怀的精神家园。

（一）加强组织领导，完善资源配置

1.成立领导小组，为心理健康教育工作提供师资保障

我们学校全面贯彻国家教育方针和有关法律法规，认真落实《中小学心理健康教育指导纲要（2012年修订）》，将心理健康教育纳入学校整体发展规划和年度工作计划，学校专门成立了心理健康教育领导小组，在校长领导下，以专职心理健康教育教师为核心，以班主任和兼职心理健康教育教师为骨干，全体教职员工共同参与的心理健康教育工作机制，聘请第三方专业团队做专业引领，进行专题讲座，专家们通过生动、典型的案例，为我校心理健康教育工作提供了有力的专业保障。

2.完善的制度，促使心理健康教育工作顺利开展

学校进一步完善了心理健康工作的规章制度。有《学校心理健康教育计划》《心理健康辅导室工作制度》《心理健康教师工作职责》，通过不断的探索与实践，虽然我校学生人数不多，但我们就把关注点放在了每一个学生身上，让每一个孩子得到全面而深度的关注，同时，每一学期定期进行心理健康测评，从多个维度理解学生的多个因子流动状况。同时各种规章制度的运行确保了心理健康教育工作高效有序运行。

（二）规范心理咨询，关注心灵成长

1.规范的心理咨询室为学生提供良好的服务

为了帮助心理有困扰的学生能阳光活泼、健康快乐地成长，学校按照心理辅导室专业要求、学生需求和学校实际，设置办公室、个别辅导室、团体辅导室等功能室。咨询与辅导是达到学校心理教育整体目标的重要途径。根据测评，我们有针对性地帮助解决学生在学习生活中遇到的各种心理问题或困惑，对于少数有心理困扰和心理障碍的学生，给予各种形式及时必要的咨询、辅导，做好详细记录，并且严格遵守职业道德保护学生隐私。

2.建立学生心理健康档案，做好学生的心理跟踪调查

学生每次主动找老师咨询后都必须填写“学生积极动力整合咨询登记卡”（规避了学生对“心理健康”字样的敏感），内容包括自身基本情况、咨询问题、对咨询结果的评价、对咨询工作的意见。这卡片将作为“学生积极动力整合档案”的补充。

老师在学生咨询后要对部分心理问题严重的学生做咨询记录，包括咨询同学的详细心理问题、解决过程、解决方式、解决对策。这将为日后的工作提供方向。

3.初中学生课程体系化

既尊重学生年龄特征（青春期中期），也要尊重原生家庭带给孩子自我成长的影响，更要引领学生挖掘内在自我的需求、期待与渴望，从而引领孩子探索“我是谁”以及“我要去哪里”的学业规划，进而激励孩子追梦前行。

（三）成立学校、家庭和社会辅导网络

1.家校共育课程——开展家长课程，唤醒家长内在成长，改变家庭关系

每一个人感知这个世界的方式首先是在家庭中形成它的雏形，每一个人来到这个世界首先生活在家庭系统里的，每一个人从来到这个世界的那一刻起，就成为了自己最初关系的一部分。为了让金溪中学这个大家庭处处温暖，时时温暖，人人温暖，我们特别创建科学规范的“智慧父母大学”，建立家校联动而温暖的

“家校共育”，让学校与家长形成友好而温暖的合作伙伴，以促进家长系统学习、持续教育的有效方式，最终实现培养出温暖而有温度的金溪学子。重庆市两江新区金溪中学智慧父母大学不仅要开班对所有家长进行家庭教育主题讲座，为家长提供科学有效的教育指导及教子策略，了解孩子各年龄阶段的成长需求，获得如何为孩子营造幸福的家庭关系，懂得与孩子有效沟通，交流和教导的方法；还要引领家长科学地展开“家校共育”系列活动，旨在培训家长，让家长们自我觉醒、自我成长，认识到家庭教育的重要性，自愿承担起家庭教育的职责，在家里以身作则、率先垂范，营造良好的家风家规，为孩子的健康成长和全面发展输送正确、温暖的养分，以实现让每一个为放飞理想而书写幸福人生。

每一个孩子从一出生就是以“人”的状态呈现并成长的，在这里需要我们父母需要无条件给予孩子成长所需的生理营养以及心理营养。健康的饮食，营养身心，管理好情绪，让感官享受情境的盛宴，培养多元智力，滋养灵性，让彼此的互动是平和宁静而又充满智慧的；懂得生命的不完满，接纳自己，并通过学习改变成长；善于觉察自己及孩子的变化，体悟生命力的潜能；充分利用自身及孩子的资源，引领自己及孩子成为自我价值感高的人。

人的世界就是关系的世界。而每一个孩子都是在“家”里与爸爸妈妈建立了

"关系"——亲子关系以及亲密关系，从而在自己的内在建立了自我关系。所以，家是爱的聚合体，是讲爱的地方。如果爱的方式不对，那孩子的成长世界就不对。"错爱有毒，伤害糊涂。"于是，孩子的心理健康就会随着时间的推移问题越来越多。所以，我们为了高效地对孩子们进行心理健康教育的同时，也对孩子们成长的土壤进行改良——加强家校共育，携手家长与孩子一起成长。

案例通过家长学校课程之家庭基本三角关系运转及呈现，以唤醒家长觉醒，从而改变亲子教养方式

视角一：个体在家庭关系里出生后的历程与影响

在为人父母之前或者之后，我们一直遵从走着自己从小到大的成长模式，也就是通过事件的发生，我们会产生应对的姿态和一些情绪的感受，同时伴随一些信念的出现，再到对自己和他人、他人对自己的期待，最后是自己深层次的渴望和如何看待我是什么样子的，从而发现自己的模式在生活中循环无数熟悉或者类似相同的事件。

情境一：李同学十三岁的师生关系

①师生成员：孩子班主任、同学。

②孩子状态：在学校不能好好念书，感觉班主任在课上大呼小叫的，也感觉班主任老是对自己含沙射影的，讨厌与班主任目光接触，看见班主任时很气愤，同时又担心老师针对自己，内心暗流涌动，与同学的关系也很糟，不能和同学成为朋友。

③孩子的应对姿态：打岔、讨好。

④孩子的情绪感受：气愤、担心、害怕、孤独、无助。

⑤孩子的信念：班主任不喜欢我，我不能和同学成为朋友。

⑥孩子的期待：期待自己能和同学成为朋友，期待班主任/同学喜欢自己，班主任期待自己好好学习。

⑦孩子的渴望：被爱、被接纳、被信任。

⑧孩子的自我：我没有价值、我是不重要的，不被爱的。

情境二：李同学十三岁前的家庭关系

①家庭成员：爸爸、妈妈、孩子。

②家庭状态：妈妈和孩子待的时间较多，爸爸每周回家一次。

③爸爸和妈妈之间的相处模式：妈妈是指责、打岔、爸爸是超理智、指责。

④孩子成长环境：从小妈妈就规定孩子只能和谁玩，和谁做朋友，或者和哪个人说话或者打招呼，并且每天妈妈就在楼上歇斯底里的指责喊孩子回家，还要求孩子陪自己看电视；当每周爸爸没有按时回家的时候，妈妈就很愤怒的发脾气和哭泣，并且会因为一个小事情打骂孩子，当爸爸回家后妈妈就和爸爸吵架，孩子看见这样的时候常常躲在被子里体验到愤怒和无助和害怕。

④孩子的应对姿态：打岔、讨好。

⑤孩子的信念：妈妈是不爱我的、父母吵架是因为我的错。

⑥孩子的期待：期待自己不惹妈妈生气、期待妈妈爱我、妈妈期待我听话。

⑦孩子的渴望：被爱、被接纳、被信任。

⑧孩子的自我：我是有价值的，我是不重要的。

情景二：李同学从小在一个不稳定的家庭关系中成长，父亲因为工作原因不在家，因此担任起了母亲的重要陪伴者的角色。而母亲在养育儿子这个过程不愿意儿子长大、不愿意放他自由，一心一意想要孩子进大学、将来有份好工作，同时母亲也存在一些自己的议题，不能照顾好自己的情绪，将与伴侣冲突产生的情绪撒在孩子身上，让孩子感到自己不被爱、不被接纳、自己不重要的意识。这种信念扎根于孩子的潜意识，所以在情境一李同学步入学校以后，将母亲管教自己时的感受投射到班主任身上，体验到班主任老师对自己含沙射影，不喜欢自己，也不接纳自己在学习上的状态，同时也感觉同学也不喜欢自己，所以呈现出来的是将自己封闭起来，不能好好念书。

我们身边每天以数百件的相同事件围绕着我们发生，而如果我们家长不能觉察的话，会一直这样无限循环着从小习得的生存应对姿态和体验着低自尊的自己。

视角二：如何做一个觉醒的父母为家庭和孩子的成长带来改变

人生一世就是从无到有的过程，而一切的点滴都离不开自己的状态。不管你已为人伴侣还是已为人父母，或者还是一个人，成为一个觉醒的人会让自己看到自己和世界更多的美好。而在所有的亲密关系里，我们必须认识到，和任何人的亲密相处，我们都不是在互相塑造“另一个”的你，或是“迷你版”的你。

回到家庭基本三角关系，每个初为人父、人母的时候，都充满了对未来的憧憬，同时持有一些从来没有检验过的想法、信念、价值观、假设，努力把自己认为“最好的”教给孩子，这是一份爱，但是却忘记了一条“父母应当努力做到的是让孩子享有身为自己的权利，让他们在自己的命运轨迹下生活，那才是他们人格精神的真实反映”，而想要让孩子享有身为自己的权利的状态，首先是：

（1）如何做一个真实的自己

那什么是真实？真实就是第五种姿态——表里一致。确切地说，它并不是另一种姿态，而是一种完美的状态，是我们决定成为更加完善的个体的选择，是高自尊的体验。在自我、他人、情境里三者全部都得到尊重。当我们决定做出一致性的反应的时候，我们想到的不是去赢得某场胜利；不是去控制他人和情境，不是保卫我们自己，或者忽视他人，选择一致性意味着我们选择成为真实的自己，选择与他人进行接触沟通，并与他们建立联系。

表里一致的几个层次包含着：

①我们既可以意识到自己的感受，也能够理解和接纳它们。它们是属于我们自己的，我们愿意在不带任何否定或者假设或是投射成分的基础上加工和处理它们。我们以诚实的态度面对自己的感受，去承认它们，让他们毫无阻力地产生和流淌，它们仅仅只是一个情绪感受而已。

②注重内心感受的圆满状态，将注意力重点放在更深层次也更内在的自己上，通过和谐、积极的方式来展示他们的高自尊，同时也能够与自己、他人及情境和平共处。

③进入普遍性和身心合一领域。

那什么才是表里一致呢？表里一致就是一致的言语和一致的情感，比如：某个人说“我很快乐”时，她的声音显得心满意足，而她的身体动作、皮肤光泽、眼神以及非言语表达都支持她的言语，那么她就是在用一种表里一致的方式进行沟通。如果言语指向某个地方，而情感指向另外一个地方，那我们就得到一种双重信息，这种就是不一致的表达，比如：某个人说“我感觉好极了”，同时他摇着头部却说“不”，那么他的内心体验加工可能是“我的身体告诉我感觉不太好，但是现在我应该说自己感觉好”。

（2）无条件的赞美

在缺乏意识的情况下，要求孩子事事征得认同，受制于父母的裁决，如此一来，他们要么格外渴望获得父母的认同，要么事事依赖于父母的认同。想象一下如果孩子时刻渴望得到父母的认同，而万分担心父母的不认同，用一副画面描述会是怎样的？认同与不认同都是控制欲的延伸和触角，在日常生活中最常见的就是：孩子考试考了100分，父母会赞美、表扬孩子，给孩子买礼物，带孩子看电影；而当孩子只考了60分，就斥责孩子；这样容易引起弊端，给孩子形成一种意向：只有我考到100分了，妈妈和爸爸才会爱我；这种意向经过无数次的积累就会形成一种内在价值观：我只有足够的优秀，才能获得被爱。而这正是不觉醒的教育方式，最有效和最核心的是无条件地得到赞赏，这种无条件地赞赏，无关孩子是否有学习天分，是否有艺术细胞，是否性格内向……而是因为他这个人本身的存在父母就很开心。看到此处的你是否已经在回想自己的教养方式了？

（3）接纳孩子是关键，而接纳孩子的程度与接纳自己成正比

要想接纳孩子的最本真状态，就需要放弃那种“应该怎样”的信念。比如：李家长和张同学的例子，李家长和张同学自身都取得了很高的成就，但是却不能帮助孩子突破学习上的限制，孩子的学习不仅体现在学校的课业上，在生活方面也受到限制。父亲张家长是网球健将，擅长自行车运动和户外运动，但是孩子讨厌户外活动，喜欢闷在家里读书或者打游戏，对此父亲张家长感到很气恼，总是用轻蔑的态度对待孩子。而母亲是一个性格强势的律师，对儿子怯弱的风格也很恼怒。父亲和母亲对孩子采取的方法不同，但是却很粗暴，他们觉得自己都如此优秀，自己的孩子应该是更优秀的，不接受他现在的样子，结果孩子在做功课和应试阶段和社交都产生了很大的困扰。

而为什么父亲张家长和母亲刘女士会有如此深的信念：孩子应该更优秀呢？而忽略孩子本身这个人呢？因为父亲张家长和母亲刘女士从小都生长在“只有足够的成功和优秀才能彰显自己价值”的家庭，而在这个过程都受到了各自家庭不同的应对方式：指责、超理智、打岔，在情绪上也积压了很多能量，在结婚后把这种信念和过去的伤口也投射带入到夫妻关系、亲子关系上，所以引出了另一个重点：接纳孩子，先接纳自己。而怎么接纳自己呢？借用一个分享，也许会有一些收获：

在接纳作为一个母亲/父亲的我之前，先接纳作为一个人的我；
我有许多的局限和缺点，我接受这个事实；
我并不总是知道该怎么做，我接受这个事实；
我常常羞于承认自己的失败，我接受这个事实；
我常常比自己的孩子更容易偏离正常轨道，我接受这个事实；
在处理孩子的问题时，我可能很自私且考虑不周，我接受这个事实；
身为父母，我有时候很笨拙，我接受这个事实；
我并不总是知道该如何应对孩子，我接受这个事实；
我有时会对孩子做错事、说错话，我接受这个事实；
我有时会很厌倦，不想保持理智，我接受这个事实；
我有时会过于投入的在孩子面前表现自己，我接受这个事实；
我已经尽力而为，我接受这个事实；
我接受不完美的自己，也接受不完美的生活；
我接受自己现在的权力欲和控制欲。
——摘自《萨提亚家庭治疗模式》

在做接纳的这个阶段，如果有做觉察的话是涌动出一些情绪化的东西的，而我们如何去发现情绪化的本质呢？就是当我们有情绪的时候，不妨问问自己“我被什么刺激到了”？这就好似一种反观自省，而这种自省不需要反思情绪的源头，而是认识到：情绪来自于自己，而不是他人的行为引起的。一触即发的状态说明我们对事件产生了抵触，即：我不想要这种状况，我不喜欢这个样子。当我们拒绝接受现实的时候，我们可能会想象着，如果自己足够气愤、足够悲伤、足够开心或者足够强势，事情就会随着我们的心意而改变，然而事实正是相反。曾经我用过我以为的足够的悲伤、足够的气愤来证明我自己的重要性，想要被更重视，然而事实是只有我自己在那里痛苦的挣扎，并且给关系带来了不可修复的损伤。由于没有能力去面对真正的现实，我们会不断经历着“碰壁”，因此接受现实而不抗拒它，就成了实现转变的第一步。

那有的就会说了，接受现实后怎么做呢？我自己的痛苦还是在那里呢？答案还是觉察，觉察自己容易体验到哪些情绪，对哪些情绪难以容忍？比如嫌弃、恐惧、焦虑、愤怒、怀疑、悲伤等，然后是觉察情绪产生后自己是如何去处理和加工情绪这个部分的，是转嫁给他人，告诉自己是某些人造成的自己的痛苦，将情绪转嫁出去，还是压抑在自己心中，或者是通过运动将其疏放出去？不管方式是怎样的，先觉察自己的处理方式，然后去接纳情绪和防御机制，并做自己的“妈妈”，照顾自己的情绪，可以试着去陪伴它。如果不知道如何陪伴，可以想象如果一个人受伤了难受了，你是如何安慰陪伴他人的？现在就可以像安慰他人一样的安慰陪伴抱抱自己。一旦学会了同自己的情绪共处，它们就不会再让我们手足无措，因为我们毫无保留去接纳它们而不是抵抗的时候，情绪就只是情绪，没有附加的意义。当我们一步一个脚印都这样去做的时候，也许我们依然会对身边的他人或者是孩子发火或者是大吼大叫，但是可能以前是2天一次，现在可能是5天一次，10天一次，这里蕴含着不一样的地方，对于这些不一样的地方：在这里，我们可以赋予自己一份欣赏，欣赏自己的这份勇敢和坚持，这份暖暖的爱意和力量。而当再有情绪出现的时候那就去做接纳，接纳承认自己现在还做不到，然后再陪伴自己，做自己的“妈妈”。

（4）如何解读自身面临的种种处境

生活本身无所谓好与坏，它是中性的。但是，我们对每一种事件的解读都不自觉地来自固有的习惯模式。我们根据各自的感知而不是客观现实给周围的事件或他人贴上各种标签。比如：我们感到愤怒的情绪，就会给愤怒贴上不好的标签；如此一来，关于如何感受愤怒的情绪，我们就有了主观信念，愤怒是不好的，我不能愤怒。任何事情都不是绝对的好或者不好，当选择只有一种的时候那不叫选择；当两个选择的时候，那叫左右为难；只有当选择在三个及三个以上的选择才叫选择。当我们在某一个事件解读上卡住的时候，不妨问问自己：我是如何解读这个事件的？它是否真的就是绝对的？较为常见带有“应该”二字的就是典型的没有选择，这是一种强迫，而非是一种多选择的体验。

（5）放下那些伟大的期望

当孩子来到这个世界上，心里充满了“是什么”，而不是“不是什么”。如果总是惦记孩子将来会成为什么样子，却对他们当下的状态时而不见，就是在告诉他们：你不是完美的。而当孩子看到父母眼里的失望，就会在心里埋下焦虑、伪装、自我怀疑、犹豫不决的种子。于是，他们认为自己应该变得更聪明、更听话、更能干的时候，父母就剥夺了他们表达真实自我的热情。身为父母或者身为伴侣，我们能够轻易地将一些期望强加在孩子/伴侣身上，而它们同这个人本身毫无关系。由于这些期望源于我们自身的处境，我们甚至常常觉察不到它们的存在，而期望通常有三个当面：对自己的期望、对他人的期望、他人对自己的期望。

如果我们懂得如何尊重自己的生活与感受，就会自然而然地尊重孩子和伴侣的生活与感受——他们最需要的是不断有机会成为属于自己的光彩。但是我们习惯于给他们很对的期望，而当这些期望没有达到自己想要的状态的时候，冲突就开始出现了。比如说：现在越来越多的父母会为学龄前的孩子报名参加补习班/兴趣班，期望他们赢在起跑先线上。而针对参加的补习班和兴趣班并不是根据孩子的需求来的，而是根据父母的需求，所以会看到很多孩子出现不喜欢去补习，不喜欢去上学，而父母看见孩子的这种状态是又气又急，同时孩子长大后也只会通过外在的指标——成绩、外貌、职业、财富、人际交往来衡量自己的内在价值。

那有的人也会说：难道我们不该对孩子抱有期待吗？不该让他们努力生活得更好吗？答案肯定不是，而是去觉察和审视一下自己的期待是来自哪里，是来自自己不能实现的愿望交予孩子来实现吗？还是真的为孩子这个人本身着想？比如说：在溜冰场，一位母亲目不转睛地盯着她的孩子的每个动作，因为这位母亲从小就有一个愿望：成为一个花样滑冰的明星。而因为家庭条件一直没有实现，所以当女儿出生后就一直期望孩子能成为一个花样滑冰的明星。想象一下，弱小的女儿背上背着妈妈期待想成为的花样滑冰的明星会是什么样子；又想象一下，如果女儿没有实现母亲的期待，母亲会有什么样的反应？

那又有人说，如果我自己从小没有实现的愿望，现在觉察到、看到了该怎么处理那些未被满足的期待呢？以下有5种处理未被满足的期待的方式，可供参考使用：

①直接放下未被满足的期待，比如：母亲想要女儿成为一个杰出的画家，但是女儿不喜欢画画，对此有很大的情绪，母亲可以去觉察这份期待是否来自于自己的期待，而如果是自己那就放下期待，同时放下期待可能会面临一些情绪，那就直接承认和接纳它。

②替代未被满足的期待，即满足期待的其他方式，比如：母亲想要女儿成为一个杰出的画家，因为这是自己小时候的梦想，但是女儿不喜欢画画，那母亲可以自己学习画画。

③保有现在未被满足的期待，既不放下，又想要继续坚持的，那就继续承受这种选择带来的痛苦。比如：母亲想要女儿成为一位杰出的画家，但是女儿不喜欢画画，对此与母亲展开的“斗争”，母亲就对这个期待付出代价，可能是有很大的愤怒、失望、伤心、难受等情绪，影响身体健康，或者是伤害母子关系等等。

④直接满足未被满足的期待的背后的渴望，比如：情人节，女孩想要男朋友买花送礼物给自己，因为那样满足了自己被爱的渴望，那男孩直接满足女孩被爱的渴望的部分即可，买花送礼物可能只是一个形式。

⑤延迟未被满足的期待，比如：某个夜晚，伴侣一方想要与对方一起就餐吃饭，而对方正在加班工作，而伴侣明天不上班，那就明天一起就餐，延迟满足需求。

如果真要设定什么期待和目标，还不如引导孩子让他们体现自己本真，让他们相信自己天生的价值与能力，当拥有高自尊、自信、自由、自在的内在价值及能力的时候，何愁孩子考不上好的学校，找不到一份好的工作。比如：让孩子发出真实的心声；让孩子每天同父母真诚的对话；让孩子参与服务他人的行动；让孩子每天都沉静安详；让孩子展现想象力、创造力和心灵世界；让孩子善待自己和他人；让孩子快乐的学习；让孩子坦率地表达；让孩子保持一种好奇与开放的状态。

（6）识别自己的渴望

渴望是人类共有的情感，是普遍存在的，即每个人都需要被爱、被信任、被认同、被接纳、被肯定等等。反观如果当我们的渴望不被满足的时候，我们会通过一些应对姿态、一些信念、一些情绪和期待来“想方设法”的满足自己，而这份力量是通过外界来实现的。

视角三：运用家庭关系的系统动力聚焦改变的案例

（1）问题呈现：

马同学今年初三了，三个月后将参加高中入学考试。从初中开始，他的学业成绩就不好，他自己很乐意去上学，但是不愿意写作业，在学校愿意参加学校的活动或者其他学习。初三上学期开学两个月，每位同学都努力的准备高中联考，但是他还是不在意。对于学习，父母有给孩子报名补习班，但是学习成绩未改善，因此父亲对他的高中联考感到焦虑，母亲则生气愤怒。男孩在家感到孤单，喜欢和同学、老师见面，但是现在和同学之间会感到不安全和担心被同学遗弃。

（2）家庭关系：

①父母的关系：父母来自农村，父亲是机车修理店的老板；母亲是家庭主妇，父母都过四十，关系疏离，两人对于孩子的教育方式上交谈会演变成激烈的争吵，有时还会打起来。

②男孩与两人的关系：与父亲还可以，与母亲很疏离，母亲经常责骂他，有时还会打他。

（3）父母对孩子成绩不好的应对姿态：

①母亲：对孩子是讲道理，如果不听就是打骂——超理智、指责。针对母亲为什么会采取这两种应对，反馈为因为自己小时候也是这样被教育长大的。

②父亲：对孩子是讲道理和花费很多时间和精力物力督促孩子——超理智和

讨好。

（4）家庭成员的期待：

①父亲的期待：期待孩子在学习上和对于学习的态度上有改变，因为父亲小时候学习状态也不好。

②母亲的期待：期待孩子能独立、在学习上有进步，和自己亲近。③男孩的期待：寻求自己喜欢的朋友，追求自己想追求的事情。

（5）家庭可能做出改变的视角：

①母亲的部分：重塑母亲小时候被打的经历，并让母亲去体验当时的情绪是怎样的，接纳母亲并将情绪疏放出来，然后引导母亲如何表达愤怒，比如：以前的表达是：你不听话，不好好学习，然后直接开打；而现在当你脾气上来的时候直接告诉他：我现在感觉很生气。说这个生气的作用是：承认自己的情绪，同时也传递给孩子一个信息：妈妈没有指责说我的错；这可能会对母子的关系来说是有帮助的。另外母亲去觉察她自己发泄情绪的方法是怎样的，让母亲自己看到可以有多种方式可以发泄，而不只是打骂。最后是母亲去接纳自己的现状，现在本来的样子，而不是一个手向内指责自己。最后案例写道：当母亲做出这些改变的时候，男孩表示自己会好很多。

②父亲的部分：因为父亲从小学习状态不好，所以期待孩子可以更好地学习，不用辛苦，在这个部分可以引导父亲做觉察，是因为自己的期待未被满足，然后根据5种处理未被满足的期待的方式来做处理。同时，让父亲和孩子共同协商怎样可以促使孩子成绩提高，满足自己的需求，同时又满足孩子想要追求自己喜欢的事情，案例最后的是协商的结果是这样写的：父亲同意孩子周六、天去跳街舞，追求自己喜欢的事情，而孩子承诺在周五晚上认真完成作业。案例让男孩再回顾家庭关系的时候，男孩感觉很温馨，感觉到被尊重、被爱、被信任，同时感觉父母在自己的左右两侧给自己提供了力量支柱。

2.开展学生心理健康课程，唤醒学生内在动力

生命的成长和丰盛是一个螺旋上升的由内而外的修习过程，是一场内在需求不断认识和充实的旅程，生命的本质就是爱，内在需求与爱的关系紧密在一起。为此，金溪中学以班级为单位，全校开展积极动力整合课程，探索生命内在的五种深度需求，以唤醒学生的内驱力：我为自己而学习！我为自己的幸福而学习！我为自己的未来而学习！我为自己的梦想而学习！

A、安全感需求

精神缺乏安全感源于内在没有力量独自相处，也没有力量解决自己遇到的问题，于是形成精神依赖的习惯，如不主动学习、情绪常常失控、或者无精打采等等。基于现状，我们专门以班级为单位，集中走进孩子们的情绪管理课程，通过内感觉“学会与自己独立相处”，通过内视觉“音乐静心、呼吸静心、冥想静心”等方式觉察，从而提升自我情绪觉察与管理，建立与自己的深度联结，这样学生们就可以实现与他人友好联结，并能够静心学习。另外，我们还通过脱敏技术，让初中三年级的孩子们走进中考，体验中考，实现减压，从而更加美好而自信地面对中考。

B、被接纳的需求

我们经常不被允许做真实的自己，被许多约定俗成的信念所制约，面对一个青春期的生命就特别想跳出制约——做自主的真实的自己。但现实中的不被接纳让人有内在受伤的感觉，不被接纳的匮乏体验制约了我们生命的活力，而活出真实的自己是所有生命的向往，如果不能活出真实的自己就不能享受真实的快乐！所以，在我们的课程里，让孩子们通过看视频，冥想体验“生来就是成功者”，清晰而准确地看到“生命是独特的”、“生命是无价的”、“生命具有创造力”、“生命的潜能”，此时此刻，孩子们看到了自己本就具足的力量，只要我们去努力，只要我们用对方法，我们就可以接纳自己，也可以创造美好！

每一刻遵循内心最深的渴望、最美的感觉，活出真实的自己，会让人无惧一切的发生，真实会让我们有力量去面对一切。接纳并不是期待别人的接纳，真正地接纳是从接纳自己开始，无条件地接纳自己的所有，接纳自己所有的发生，接纳自己所有的真实，那么接下来就会接纳别人，接纳别人内在、外在所有的发生。

C、被关注的需求

童年关注的匮乏成为青春期问题爆发而需要被关注的需要。当童年的需要未被满足时，青春期表现出严重的偏差行为，当不被父母、老师或其他人关注时，失落、失望、委屈开始上演。由此，我们在课堂上带领孩子们深度走进内在：

1.每位同学将自己最烦恼、痛苦或焦虑的一件事情写在纸条上，不用署名。将纸条收集到一起，老师每次随机抽取一张纸条，读给同学们听。请班级同学想出缓解情绪的方法和建议并发言表述。

讨论：

（1）听到其他同学写下的消极情绪和事件，你有什么感受？

（2）今天是否学到了更多的处理消极情绪的方法？是哪些方法？

2.脑力激荡，请全班每一个同学轮流大声地说出自己的方法："当我情绪不好时，我通过……来调节。"

思考：

（1）学到新方法了吗？

（2）愿意试试哪些方法呢？

其实，生命终究只是关于自己内在的生命体验，关注自己是自己对自己生命的所有责任，关注自己内心的感受，真实的需要，学会自我关注，自我呵护，那么就会放下对他人产生关注的需要和依赖。我们抱怨他人不关注我们，其实是因为我们也没有关注他人的需要和感受，每一个生命都是活在自己的感受和需要里，每一个生命所有的发生都是源于他们自己内在的需要和感受。细心细腻地爱自己，那么你会发现与自己深度对话是多么美妙、美好的事情！

D、被认可的需求

被认可是许多生命的追求，追求成就感、价值感都是源于认可的需要。我们在否定式、指责式、谩骂式的家庭教育理念中长大，从童年就开始与邻家孩子的比较，到上学后成绩的排名、重点学校的淘汰……我们不断被否定、被指责甚至被谩骂，于是我们内在给自己贴上"我不够好"、"我不够自觉"、"我不够优秀"等等这样负面的标签，然后就开始在外在寻找：寻求认可、肯定，不断证明自己，但是，又因为青春中期的孩子们对自我的认识、对他人的认识、对世界的认识都还在成长中，于是所有想表现的、想证明的、表现出来的偏差行为都是源于对自己的不认可。倘若全然认可自己的所有，欣赏自己的所有，那么别人的认可与否就不重要了。因此，在我们心理健康课堂里，通过各自呈现自己的“优势”，并结合“团队赋能”，让孩子们积极关注自己已经做到的、关注自己已经拥有的优势与行为，唤醒学生认可自己没有看见自己的全部、没有联结到自己的内在本源，回归内在找到自己，你就知道自己是完整完美、丰盛丰富的！你无须外在的认可和肯定，在你的内在一切本足具有！

E、被信任的需求

被信任的需求，是生命最深的需求。信任是每一个人自我关系的最高品质，信任从信任生命开始，从信任自己开始，从联结自己的本源开始，信任自己内在所有真实的示现。因此，在课堂上，我们让孩子们从八个维度进行自我探索：

①探索自己的身体力量，

②探索自己的八大智能，

③探索自己的情绪转化力量，并将自己的悲伤化为成长，将“生气”用来帮助我们作出反应并采取行动，可使我们能够克服那些本不可逾越的障碍和困难；将“悲伤”带领到从失去中取得智慧，从而更珍惜目前所拥有的。将“后悔”提醒我们找出一个有更好效果的做法，同时让我们更明确内心价值观的排序，将“恐惧”提高神经系统的灵敏度，并能使意识性增强，使我们获得本不能得到的信息，它使我们迅速作出反应，并在必要条件下选择避开；

④探索自己的感觉灵敏度，

⑤探索自己的交互状态，

⑥探索自己的受教养优势，

⑦探索的优势环境以及⑧探索自己的心灵素养。从而孩子们懂得，我是值得被信任，我是被自己信任的。

三、依托课题研究，助推专业成长

1.各种教育教学活动蕴含着丰富的心理教育因素，必须充分挖掘和利用这些因素，把心理辅导有机地渗透在各科教学和各项教育活动之中。配合研究课题，对个案学生进行深入的跟踪调查分析，总结经验方法，把心理问题课题化，结合市区教育教学课题，在理论上得到升华。

2.学校注重了教师之间的研讨交流，学校每学期集中举行1次理论学习，1次心育公开课，1次心育经验交流会。期末，学校进行1次总结表彰。其次，学校还结合实际情况积极开展积极动力心理健康教育教学研究，尽力申报重庆市心理健康教育的研究课题，撰写研究报告，正在进行深入地研究。

四、发展方向

为了促进下一步心理健康教育工作扎实有效开展，积极推进我校心理健康教育再上新台阶，下一步将着力于以下工作的开展：

1.继续深化心理健康教育培训。

通过培训提高专、兼职心理健康教育教师的基本理论，专业知识和操作技能水平。继续定期聘请心理健康教育专家来校做报告，增强心理健康教育的责任意识，建立全体教师共同参与的心理健康教育的工作的机制。

2.继续强化心理健康教育与家庭教育结合。

家庭教育是学校教育的一个不可忽视的部分。但是家庭教育中，一些家长单纯地重视孩子的需求而忽视了孩子的心理健康教育。下一步将通过家长学校对家长进行教育培训，通过专家进家庭教育课堂以及学校建立的微信公众号开设家长心理健康教育专栏。通过举办专题讲座，开展亲子活动等提高家长教子的能力。

3.继续创设良好的校园心理环境。

学校下一步将继续注重校容校貌的建设，使学校环境实现绿化、美化、净化，继续健全、完善心理辅导室，使学生时时刻刻接受着健康温暖的熏陶，学校心理环境温暖谐和、真诚奋进，孕育一种金溪中学特有的健康向上、温暖育人的心理教育氛围。

第五节 以活动育人——五大社团活动实践创新

随着学校提质改革的不断深化，学生社团实际上已日益成为学校对学生进行教育、管理和服务的重要的一项工作。2016年3月至2018年11月，我校承担的“五大特色社团活动促进初中生综合素养的实践研究”系重庆市教育科学“十三五”规划2016年度规划课题，课题批准号2016-39-012，该课题于2016年9月立项，2018年11月完成研究任务。

一、五大社团活动研究的意义

初中阶段是一个人从少年到青年的承前启后时期，涉及一个人人生观、价值观的基本形成，是个体朝着社会化迈进的非常重要的时期。这个时期，除了常规的学科课程外，通过社团活动促进学生核心素养的长足发展，既符合他们的年龄特征，也是落实学校素质教育和提高学生综合素质的有效途径。多样化的社团活动在培养学生参与意识、交往能力、合作意识以及公民意识等方面能够发挥非常显著的作用，对学生今后全面发展和健康成长，具有十分重要的意义。

现代初中生多数是独生子女，大多数存在个性强、不擅交流、心理逆反等特征，希望通过社团活动提高学生合作、互助、包容等素养。青少年时期是习惯养成的重要阶段，通过参与社团活动，促使其在学习能力、生活能力等方面的提升，为将来成人成才奠定坚实的基础。学校周边有如保利高尔夫别墅区、园博园、西南政法大学、长安福特、福耀玻璃、消防支队等丰富的教育资源，利于我校社团活动课程的研究与开发。通过参观、实践、联谊等活动，增长学生见识，开阔他们的眼界，利于提高学生生活品位及生命品质。通过本课题的研究和实践，探索出我校学生社团活动的组织及管理制度、校本教材的开发，形成我校符合青少年身心发展的数据量表，为区域内初中学校乃至重庆初中生社团的组建及活动开展提供借鉴。

二、五大社团活动研究的举措

（一）构建基于学生核心素养提升的“温暖教育”校本课程体系

核心素养是学生在接受相应学段的教育过程中，逐步形成的适应个人终身发展和社会发展需要的必备品格和关键能力。是所有学生应具有的最关键、最必要的基础素养；是知识、能力和态度等的综合表现；核心素养可以通过接受教育来形成和发展；核心素养具有发展连续性和阶段性；核心素养兼具个人价值和社会价值；学生发展核心素养是一个体系，其作用具有整合性。如何培养学生的核心素养，加强学校社团研究就显得非常必要。

因此，学校在2016年申报了“五大特色社团活动促进初中生综合素养的实践研究”的研究课题，意在进一步推进中学生核心素养培育的工作，在研究中明确学生应具备的必备品格和关键能力，从中观层面深入回答“立什么德、树什么人”的根本问题，引领课程改革和育人模式变革。按照《重庆市市中小学度课程计划》结合本校实际，在充分研究课程结构的基础上，逐步实现基础型课程校本化；拓展型课程弹性化，即“统一+菜单（选择）”的模式，既有共同必须学的拓展型课程，也有自主选择的拓展型课程；探究型课程学校特色化，使每个学生的个性得到充分、自由、和谐的发展。

学校的育人目标，指向学生未来发展；课程结构，促进学生自主成长；课程供给，满足学生个性需求；学科融合，培养学生创新意识。提升学生核心素养，就需要全面建构学校的校本课程体系。我校在五大社团课题研究中对学校的课程体系进行了梳理，强化了基础型、拓展型和实践型课程的开发与研究。

基础型课程：即国家课程的优化和本土化。教学目标是掌握基础知识和基本技能，为学生发展奠定基础。我们大力推进国家课程的优化和本土化，探索“双主互动”课堂教学模式，实施小组合作探究、加强群激性评价的班级管理，以信息化引领学科教学，促进课堂教学效益提升。

拓展型课程：即学科知识和技能向深度广度延伸的课程。旨在培养学生个性特长、创新精神和实践能力，促进学生的全面发展、个性发展。

实践型课程：即研究型课程和社会实践类课程，下去探究性的课题研究活动和实践体验活动来实施，旨在培养学生的创新意识、创新精神、创造能力和实践能力。

在实践研究的过程中学校提炼梳理出了适合学校发展的校本课程体系，编制了系列校本课程课程。

附：金溪中学校本课程体系图解

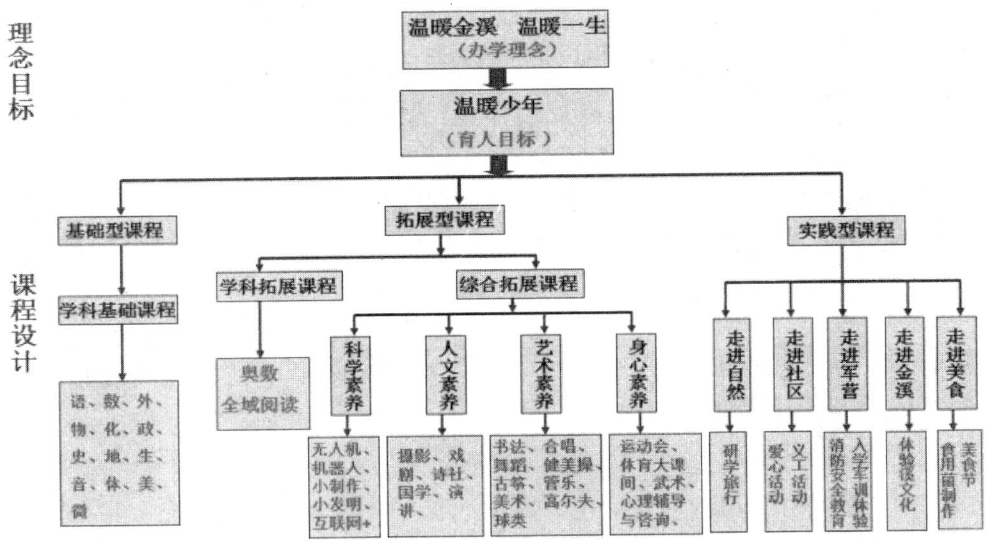

主题展示

月份	1	3	4	5	6	9	10	11	12
主题	诚信	理想	读书	青春	社团	行规	安全	体艺	英语

（二）建立学校社团建设的“三阶八步”研究模式

加强学校社团建设，符合国家教育方针和政策，有利于学生全面发展，是特色学校建设的有力措施。整合教育资源，根据学生需求发展学生社团。完善制定社团管理制度，尤其是社团建设制度、考核制度和奖惩制度，做好监管，建设与管理并重。加强学校社团建设促进了学生全面发展和学校的整体发展。

我校在社团建设过程中，结合学校实际，创建了“三阶八步”的社团研究模式。“三阶”是指社团研究过程分为社团人员的组建、社团活动的实施、社团活动的评价三个阶段，“八步”是指社团的组建过程遵循“温暖教育”理念，实行社团组建过程按学生意愿调查、社团申请、学校审批、社团推介、章程制定、师生双选、社长选拔、教师选派八个步骤进行落实。

附：金溪中学社团建设“三阶八步”模式图解

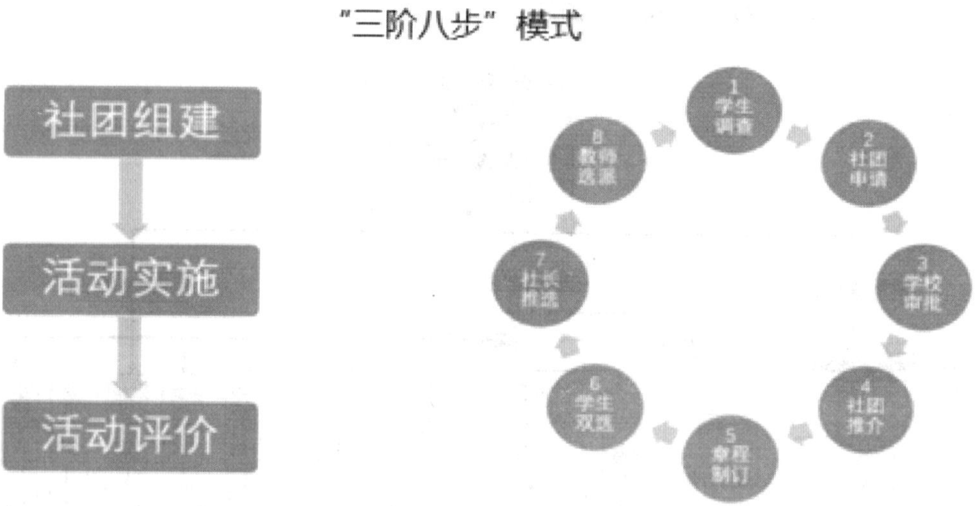

在整个社团建设活动中实现了三大转变：一是管理转变，社团活动由原来的学校统筹组建，向学生自主自觉组建转变；二是教师学生角色转变，教师由主导向旁观者转变，学生由被训练向自主活动转变；三是评价方式的转变，学校评价、教师评价逐步向学生自评、互评、师生共评转变。三大转变，对学校社团活动课程进行了改革，激发了学生参与社团活动的热情，锻炼了学生的自主、合作、管理、实践、创新等能力，培养了审美情趣，综合素养得以大幅度提升。

制定相关制度，建设管理并重。制定并逐步完善社团管理制度，尤其是考核制度和奖惩制度，学校从课后服务费用中拿出专项资金对涌现出的优秀辅导教师和优秀学员进行奖励。制定了《金溪中学社团教师绩效考核办法》、《金溪中学社团优秀学生评选办法》。对学生评价实行学分制，由社团指导教师考评。参与社团2分/人（中途退出或期末考核不合格，不享受该分值）；跟随社团参加比赛并获奖，校级一等奖1分/人、区级2分/人；区级以上5分/人；期末社团考核学生成绩等级A等（3分）B等（2分）C等（1分）。所有学分累计，作为评定三好学生的重要依据。

三、五大社团活动研究的成果

（一）积淀了学校的内涵，促进了全面教学质量的提升

学校文化的全面改造和重建，积淀了学校的发展内涵；教师教育教学观念和行为的转变和专业的发展，促进了学校教育教学质量的全面提高，提高了学校的品牌影响力，为学校的可持续发展奠基了更加坚实的基础。金溪中学在建校三年领跑新区初中教育，联招上线率居新区第一。各学科三率居新区前三名。我校培养的初中毕业生综合素养、学习能力出众，受到高中学校的青睐。我校自2016年9月以来，先后获得“2017年度、2018年度区教研工作先进集体”和“区科研工作先进集体”称号。2017年、2018年度两江新区办学水平督导评估一等奖；2018年6月我校成功申报全国篮球示范学校、我校音乐杨姝老师、钟芮老师指导的金丝雀合唱团荣获“2018年两江新区中小学合唱比赛初中组一等奖”，合唱团被评为“重庆市合唱艺术分团”。7月我校足球社团参加“歌德杯中国”世界青少年足球赛(重庆石柱)季前赛，获第四名；2018“上港青训·金溪中学杯”全国青少年足球（重庆站）精英巡回赛，来自全国各地的11支队伍参加比赛。我校小将取得第一名；9月NBA篮球教练团莅临我校指导篮球教学并高度表扬我校办学理念及思想；10月承办第三届全国学生 “学宪法、讲宪法” 重庆赛区演讲比赛，我校学生丁思源同学获中学组一等奖第一名。12月金溪中学校长杨刚荣登《中小学管理》全国核心报刊杂志年度封面人物、并刊登文章《让法治精神植根学生心灵》署名文章。我校还与毗邻高端社区保利高尔夫建立合作关系，开展学生、教师高尔夫课程；与西南政法大学建立互派学生、教师开展法制课程、社团课程的体验式教学活动。（附：学校近三年师生获奖统计图）

学校先后承办了重庆教科院与两江新区质量提升的各项会议；重庆市第三届学宪法，讲宪法活动；全国教育专家曹文轩讲学现场会等活动，不断扩大了学校的影响。

（二）强化了社团工作的规范性、序列性、系统性，实现了学生的自我教育。

学校设有文学类社团、艺术类社团、体育类社团、科技类社团、生活类社团五大类，采用每周二、四下午第4节社团活动辅助课的形式加特长生专训开展相结合的方式，每个社团聘请一名社团导师（有指导能力的老师担任），设置社长1名、副社长2名（由学生选举产生担任），每学期伊始，全校举行各社团的招新活动。每年9月份在学校足球场举行一个大型的社团纳新招募活动，并以此借机做前期调查（发放调查问卷），学生面对社团导师推出的丰富多彩的社团，自主选择适合自己和自己喜欢的社团参加，这种不设门槛、不分指标、人人可以参加、人人可以选择的方式，创设了良好的成长环境，培植了积极向上的校园文化。学生社团逐渐壮大，社团活动做到有时间保障，场地保障，资源保障，学校投入大量经费在社团功能室硬件建设上，不断的更新与升级改造相关功能室。每周四下午4:30–5:10为社团固定的活动时间，活动有专人检查评比，每月有一次的学生问卷调查对社团活动的满意率。学生社团活动，做到有活动场所、有辅导老师、有活动时间、有活动内容“四到位”，通过教案检查、作业检查、每月检查“三检查”，通过保质保量的严格训练和辅导，学生社团工作得到全面的发展，每年上半年的体艺文化节，所有社团学生的社团活动展示和汇报获得家长和全校师生的高度认可，充分展示了我校素质教育、社团活动的丰硕成果和广大社团成员身心健康的崭新精神风貌。规范的社团工作开展，避免了单凭学生的一腔热情单打独斗或利用行政手段组团的两种极端。已经建立了布局合理、种类众多的学校社团结构，满足广大同学多层次、高品位、高质量的活动需求。

在社团建设中，我们始终贯穿着素质教育的基本思想，以素质培养为宗旨，进行有计划、有目的、有步骤地合理安排，从学生实际出发，开展师生的双向活动，实行鼓励性评价，增强学生的自我意识，培养学生自我评价、自我认识、自我调节和自我教育的能力，同时也培养了学生善于合作的团队精神。

在社团活动中，形成自我学习、自我教育、自我实现的心理机制，最大限度地开发学生潜能，激发学生成功的欲望。因此，我们积极为学生创设各种爱好与兴趣展现发挥的平台，组建学生喜欢的社团，让所有的学生参与其中，在活动中能享受到成功带来的兴奋与快乐心情，从而带动学生去改变自己，改变枯燥无味的学习环境，增强了学生的自信心和成就感。

（三）加强了社团辅导老师与社团干部的选拔、培养和评价。

严格社团导师和社团学生干部的选拔使用，重视社团导师和学生干部的培养、评价是我们搞好工作的第一步。在社团导师方面做到：一是搭建平台，以学校有特长、有激情、有梦想的老师为核心，让这些教师在引导和组织学生通过社团开展多样化活动方面积累经验，取得成效，培养一批善于开展社团活动的教师，打造若干研究型、专家型、学者型的学生社团活动导师；二是不断加强社团导师的业务培训，组织政治、业务培训，认真学习社团工作教育理论，使他们更好地熟悉和掌握社团工作业务，促进了学校社团工作整体水平的提高；三是为了让部分有某项天赋的学生能得到较专业的发展，学校选拔优秀的非常专业的人才来帮助社团学生提高专业素养，让社团的学生专业得到了充分的发展；四是通过科学全面的评价来促进社团导师的工作，每年通过学生问卷、家长电访、活动测评、邀请家长和社会各界人士观摩社团活动等途径来评价社团导师的工作，从而起到监督社团活动开展的作用。同时在组织社团干部的竞选演讲和考评选拔等工作中，严把了社团干部的素质关，使这些干部发挥了榜样作用，非常称职地担负起社团的各项工作。培养出了一批能自主策划组织活动的社团领袖和社团干部。每年评选“十佳社团指导老师”和“十佳社团干部”“十佳社团学生”并举行隆重的颁奖仪式。

（四）健全了社团建设的规章制度和指挥系统。

“没有规矩不成方圆”，有健全的规章制度和指挥系统是解决社团组织松散、活动无序的根本。为了让学校的社团工作开展有序有效，我们制定了健全的社团工作规章制度。并让所制订的制度能在实际工作中得到落实并发挥其作用。如我们制订的社团工作制度和工作流程使我们养成“活动前有计划，活动中有落实，活动后有总结”的良好工作习惯。我们由下而上制定的制度有《金溪中学学生社团章程》、《金溪中学学生社团工作制度》、《金溪中学学生社团活动记录表》、《金溪中学学生社团参团调查表》、《金溪中学学生社团活动评比表》、《金溪中学学生社团活动地点、时间安排表》、《金溪中学学生社团招募登记表》、《金溪中学社团管理学生问卷调查表》、《金溪中学学生社团电访问卷调查表》，并有一个专用的“金溪中学社团QQ群”。社团的工作就是以《章程》和《工作制度》为指挥棒，以社团QQ群为交流平台，通过相关表格落实各项活动与工作。

（五）提高了社团活动的质量，激发了学生强烈的求知欲。

社团的良好发展对促进学生完善知识结构、锻炼实践能力、提高综合素质及丰富校园文化具有很好的引导作用，其效果是课堂教育教学永远无法到达的。而社团存在和发展的核心则是社团活动。社团活动作为社团存在和发展的核心必须常抓不懈，多进行活动，多出精品活动，广泛开展学术性、思想性、艺术性、服务性、娱乐性等一系列丰富多彩的活动，在活动的新意、策划、质量、品位等方面多下工夫。同时，做好社团活动的总体策划和整体安排，避免一哄而上、时紧时松等现象，使社团活动制度化、经常化。如我校每期以社团成员为主要参与对象所举办的社团展示活动，让同学们在做做、动动、比比、读读、写写、画画的过程中体会个性放飞的乐趣；每年四月份的读书节让孩子们明理、励志、启智，是促进学生的素质全面发展的重要途径；五月份的学生社团文化节，社团导师组织学生进行了书法、绘画、手抄报、文艺节目、篮球、乒乓球、围棋、摄影等多种社团活动的展示与比赛，让学生在活动中展示了自己的特长，增长了信心。每月“金星闪耀”大舞台秀出学生的风采，受到学生及家长和社会的一致好评。下半年的体育节更是充分发挥了学生的动脑、动手的能力和团结协作的团队精神。同学们在丰富多彩的社团活动中不断受到的熏陶启迪，校园里的笑脸笑声多了，师生的幸福指数高了，学校的社团活动已渐渐融入学生心中。

通过大量的社团活动，学生在课堂学习中更为投入，学生在课堂中的主体地位得到了更充分的体现，从而促进了课堂教学的不断优化，课堂教学效果得到了不断提高。学生的学习兴趣得到了增强，学习方法和学习能力有了明显提高，学习潜能得到了充分挖掘，动手能力、创新能力和智力都得到了提高和开发，这就必然地提高了学科学习的质量。

总之，学校自开展《五大特色社团活动促进初中生综合素养的实践研究》以来，接触、接受、积累了大量关于社团发展的先进理念以及开展特色办学的宝贵经验。我们坚信：只要我们有“十年磨砺，始成经典；百炼成钢，方显精品”的决心和行动，相信学生社团活动一定会像春雨，悄悄滋润学生的生命，娱乐其身心，陶冶其性情，潜移其品性，塑造其灵魂，催生其情操，健康其人格，孩子们一定会在润物无声，育人无痕的社团活动中快乐成长，温暖生命。

第四章

加强队伍建设，塑造温暖教师

第一节 实施“名师工程”，打造高水平教师团队

教师培养是当前教育的一个热点，其中实施名师培养工程，建设一流师资队伍是办好学校稳步提高教育教学质量的决定性因素，是我校兴旺发达的关键，实施名师培养工程，建设一流师资队伍应放在学校发展战略的首位。如何实施名师培养工程，打造高水平教师队伍，我校从以下几个方面开展工作：

一、培养名师高尚师德

师德高尚，学识渊博，教艺精湛，业绩出众，应该说是名师的独特标志，衡量的标尺。教师师德高尚，学生才能亲其师信其道，传道授业才能事半功倍。实施名师培养工程，建设一流师资队伍，首先加强师德建设：

（一）强化师德培训

我校师德教育经常化，制度化。集中学习和平时学习相结合，并将师德教育纳入教师继续教育、干部培训的必修课程和政治学习的必要内容。加强教师的职业形象，责任与纪律，道德与法制教育，让名师继续保持并发扬爱岗敬业，团结协作，遵纪守法，乐于奉献的师德师风，长期熏染，内化为教师的自觉行动。

（二）创建师德活动

通过开展师德承诺签字，师德标兵评选，师德先进经验分享以及先进事迹报告等活动，挖掘典型，树立榜样，营造氛围，推动师德建设。请专家做师德专题理论讲座和报告，把师德建设与创名师品牌有机结合，建立定期表彰制度，表彰奖励师德高尚的教师。

（三）监督考评到位

我校每期召开学生、家长座谈会，评议教师的师德水平，每学期通过师德调查，广泛征求学生和家长的意见。聘请校外教师，学生，家长为师德监督员，监督学校的师德建设情况，对教师进行师德考评，各项评议结果均装入教师师德档案，师德表现作为教师年度考核，职务聘用和评优奖励等的重要依据。

二、形成名师培养机制

健全名师培养机制是使名师走向成功的关键，我校努力为名师搭建成长的平台。为他们提供学习交流成长的空间与时间，为他们指名努力的方向，营造名师成长的环境。

1.公开、公平、择优选拔名师培养对象

名师培养对象应具有较高的政治觉悟，师德高尚，观念先进，有扎实的教育理论水平和较强的教育科研能力，具有合作精神和创新意识，教育教学成绩显著，在学科教学、教改教研中能起到指导、带动和示范作用。

2.实施名师培养工程

在提升我校师资整体水平的基础上，采取得力措施，培养一大批在教育教学工作中起骨干示范作用的优秀教师，造就一批在全区以至市级层面有一定影响力的名师队伍，以此带动和培养大批青年骨干教师，扩大和提高我校的社会评价和影响。名师培养人选拔培养周期为三年，主要采取以下培养方式：

一是专家指导引领。聘请市级知名教育专家，名师，特级教师为每个培养人选配备导师，对培养人选进行专业发展诊断，制定个性化培养方案，指导开展教育教学，研究与实践，撰写学术论文和著作等。

二是理论深造，考察学习。根据不同学科组织名师培养人选，到高校学习，进修和赴省内外考察，学习交流，学习先进的教育理念和教育教学方法。每个名师培养人选在培养周期内，每年要阅读二本教育理论专著，并有高质量的读书笔记，努力提高自身的教育理论水平。

三是学术研讨交流。参加省内外高层次学术研讨交流活动，了解学科教学发展前沿动态，支持和鼓励名师培养人选深入挖掘，提炼具有自身特色的先进教育教学思想，形成自己的教育教学风格和特色。

四是课题研究。组织名师培养人选，围绕素质教育和基础教育课程改革的重点、难点和热点问题，开展深入的教育教学研究，不断提高教育科研和创新能力。每个名师培养人选都要主持或参加一个市级以上的教育科研课题，积极进行教育研究和教改探索，并取得成效。

五是跟岗研修。根据培养要求，联系安排名师培养人选，到省内外优质学校和知名教育专家身边跟班学习，研究学习名师的先进教育理念，教育教学经验和方法，提高教育教学水平。

六是实践提高。组织开展教育教学改革实践活动，创新教育教学方法，采取多种方式发挥引领示范辐射作用。每个名师培养人选要在培养周期内指导和培养二名以上新教师和青年教师并取得成效。学校建立名师档案，在教师档案中记载其在教育教学实践中的各项成绩、具体事迹以及成长轨迹等内容，数据做到准确，材料力求全面。

三、搭建名师成长舞台

我校充分发挥名师培养工程的实施效应，带动全校教师队伍的整体提高。扎实开展名师培养工程，充分发挥骨干教师辐射示范作用。

一是组织他们上公开课，观摩课，示范课，千方百计为名师提供施展才华的舞台；有组织，有计划的把他们派到校外区外或市外考察，进修讲学，不断提高其水平。

二是构建名师经验推广机制。通过名师宣传活动，名师课堂录像课展播，名师课堂开发等系列活动，充分发挥名师的引领带动作用，利用学校微信公众号大力宣传名师先进教育教学经验，不断提高其知名度。

三是学校开展一帮一活动。名师、学科带头人，每人帮扶青年教师一人。活动做到有计划，有目的，有步骤，有效果，其成绩作为名师考核的一项。

四是给名师培养人建议、参与学校重大教育事项讨论的权利。协助学校制定教育规划，承担校级或校级以上研究课题及相关学术讲座，推广先进教学成果，并进行本学科教学研究。

五是组建校级名师工作室。组建校级名师工作室，是为了更好地发挥名师的传帮带作用，汇聚一批名师人选和学科带头人，形成教育教学研究团队。在名师的指导下，培养一批理论水平高，教学业务精、创新能力强的骨干教师，并能带动教师队伍整体素质的提高。名师工作室要制定工作计划，落实阶段性工作重点，针对每一个学员的特长，名师对学员实施全程指导，帮助学员确定研究课题并参与名师的课题研究，完成研究报告。建立名师工作论坛，以名师为骨干，吸引优秀青年教师加盟，建立从单学科教学到开展课改实验等不同主题的论坛小组，围绕新课程实验，高效教学，温暖课堂等方面，从不同角度进行专题论坛，开办讲座，让与会老师思维进行碰撞，生成新的见解。

四、实施名师考核管理

首先名师培养对象应高质量完成教育教学任务，带头上好研究课，示范课，每年开设区级以上公开课，观摩课一至二节，应积极开展教育教学研究，主动参与课程改革，每学期至少研读一本教育教学理论专著，并撰写读书笔记，撰写不少于两篇论文在校级交流，其中有一篇在省级以上刊物发表或会议交流或获市级二等以上奖励，承担校级以上教学改革试点任务，开展课题研究，任主持人或主研人员。其次考核方式采用过程考核与年终考核相结合。个人自评，学生评价，教师考评，领导考评相结合的多元评价方式进行考核。第三，构建名师成长激励机制。学校营造崇尚名师的氛围，依靠教师发展。用好教师培养经费，奖励那些做出特殊贡献的名师，在评优晋级、外出学习考察优先考虑，学校通过政策、制度使名师培养选拔工作走向系统化，科学化，可持续化。

百年大计，教育为本；教育大计，教师为本。有了一流的教师，才会有一流的教育，才会培养出一流的人才。加强教师队伍建设，才能为提高我校教育质量和办学品位提供人才支撑和智慧保障，才能开创我校教育工作新局面，创造金溪中学的辉煌灿烂。

第二节 实施“青蓝工程”，助力青年教师成长

随着竞争机制向教育内部的引进，使得教育发展呈现出百舸争流的大背景大趋势。在诸多教育要素的竞争中，师资的竞争是极为重要的一环，而青年教师的培养，又是我校师资建设的关键所在。只有抓住了青年教师的培养，充分发挥青年教师的作用，才能赢得了教育竞争的主动权。在这样一个大背景下，我校着重培养青年教师，实施“青蓝工程”，使教师队伍整体素质得到了很大的提高。从而更好的培养青年教师的责任心、事业心，提高其教育教学的积极性，以及教育教学水平。让他们充分发挥自己的优势，用饱满的激情投入到无限的教育原野。

一、青年教师培养的战略意义

（一）任人唯贤，量才使用，大力发展青年教师的主观能动作用，为他们提供了用武之地

我校在青年教师的培养上注重任人唯贤，量才使用，这样就充分的发挥了青年教师的积极性，充分发挥他们的特长，激发他们的教育教学热情，为青年教师展示自己的才华提供了一个广阔的平台。只有注重对青年教师的培养，才能把青年教师的潜能充分的发挥出来，有效的利用好青年教师这个“活资源”。

人只有在与自己相应的位置上才能充分的发挥自己的价值。我校特别注重对教师任人唯贤，量才使用，不但给青年教师提供用武之地，而且对青年教师的成长有着重要的作用。这样不但满足了青年教师在实际工作中的成就感，而且给青年教师的快速成长提供了一个广阔的空间。让他们在短时间内迅速成长，缩短他们的成长期。对我校教师力量的发展是一有效的补充，也是提高教师整体素质的一个重要环节。

（二）因势利导，以老带新，对青年教师的培养，有利于青年教师及早“上路”

从学识上讲，青年教师都是科班出身，受到正规的师范教育；从见识上讲，都见多识广，不局限于坐井观天的封闭天地；从审美情趣、价值取向上看，他们都有自己的追求和向往，都不安现状，想干一番事业，实现自我，这种合力会把学校管理推向一个新水平。在教师的配备和使用上，青年教师脱颖而出，进而形成了一种以老带新，以新促老的新局面，取得了很好的管理效果。

当然，青年教师也有其自身的弱点与不足，如性情浮躁，缺乏应有的深沉，顺境中容易头脑发热，逆境中容易消极颓废，兴趣广泛而又浅尝辄止等等，都会影响他们的健康发展，从而制约人才效益的发挥，因而，我校通过对青年教师的培养，以老带新，因势利导，为青年教师铺就了一条成功之路。

（三）新的观念，新的活力，培养青年教师，为我校师资建设注入“源头活水”

“问渠那得清如许，为有源头活水来”。培养青年教师，使青年教师健康、良好的发展，为教师队伍注入了新的活力。青年教师有新的思路，新的思维，为教育教学注入了新鲜血液，同时青年教师便于适应新形势，把握新动态，这也就弥补了老教师的不足之处。这也更有利于在新形势下，正确的把握教学动态及规律，为教育事业开辟新的教育思路，使教学工作识时顺势，牢牢掌握教育教学工作的主动权。老年教师与青年教师结成对子，充分发挥老教师的传、帮、带作用，从思想、教学和科研等方面对青年教师全面指导，使青年教师在教学内容组织、教学方法和教学手段等方面都有了显著的提高。

在这里，青年教师新的观念和活力，给我校的教育教学带来了意想不到的效果。为我校的教育事业注入了“源头活水”。

总而言之，师资队伍建设是提高学校教育教学水平的核心，是提高教学质量的关键。加强对青年教师的培养，切实提高我校教师的教育教学水平，已成为我校一项十分重要的工作，对青年教师的培养有着长足的战略意义。

二、自上而下制定培养方案，落实顶层设计

为打造一支高素质的教师队伍，学校自上而下，校长牵头，教务处具体实施，层层落实，制定了详细的培养方案。具体内容如下：

《重庆两江新区金溪初级中学校青年教师培训方案》

为了更好地促进新教师的专业成长，尽快的熟悉业务，有效提高教育教学质量，根据教育办的师资队伍建设规划，结合我实际状况，特制定此青年教师培训计划。

一、培训目标

1．让青年教师对新课改目标、课程标准、教材教法有较为到位的认识，并及时适应新课标的要求。

2．让青年教师能够用新课改理论运用到实际教学中，加强听、评课，提高教学水平及质量。

二、培训要求

1．在业务学习上，要求青年教师做好笔记（课程标准）。

2．新课标下的教材、教法。要认真钻研新教材，了解新教材编写的指导思想及体系结构，熟练掌握新教材及所教学段教材的重点和难点。以上内容在教案里要体现出来。教学方法运用得当，要积极学习，努力探索适合自身特点学科教学规律行之有效地教学方法。转变学生的学习方式，形成的合作、探究的新型学习方式，对这种学习方式各学段要大胆探索和实施。

3．指导教师的课随时向青年教师开放，并经常进行听课、评课的互动。

4．要求青年教师详案都要做好反思，并体现在详案本上。

此外，青年教师要认真学习研究新课标。对新课标规定的教学目的、教学要求、教学内容等都要切实掌握，对新课标中指出的教学中重视的问题必须结合自身教学实际切实重视。

三、培训措施

1．参加校本教研。本学年，要求青年教师提前认真备好课，精心设计授课程序，上出最佳效果。要按时积极参加校本教研和上级举行的教研、培训等

活动，认真听课，做好笔记，课下及时反思、认真实践，将所学理论与实践融会贯通，把所得的心得及时记录下来。

2. 结对跟踪培养充分发挥学校优秀教师、骨干教师的作用，与新教师结对进行跟踪培养。骨干教师要从业务学习、备课、上课、批改作业、辅导学生、考试、反思等各个环节精心指导新教师，指导要中肯、具体，不要花架子，切切实实提高教师的业务水平。新教师拜师要诚恳，虚心学习骨干教师的教学艺术。指导教师除了上好示范课外，还要随时向新教师开放课堂及不定时的进入新教师的课堂进行听课指导，让新教师尽快成长，承担起教育教学的重任。

3. 在学校每人一节的教研课中，教研组要特别重视对青年教师的备课、上课、评课工作，多给些善意的指导意见，促进其提高。

4. 确定“新教师教学周”，并形成制度。将每年开学的第三---八周确定为“新教师教学周”，发动校名优教师参加听课。课后组织评课，扬优弃劣，帮助其成长。同时，以新教师的课堂为切入点，根据其个性、风格，“因材施教”，确定结对老教师、名优教师。

四、培训形式

1. 新教师岗前培训

2. 新教师入职达标课考核

3. 青年教师解题大赛

4. 青年教师优质课大赛

5. 青年教师沙龙活动

6. 其他形式等。

重庆两江新区金溪初级中学校教务处

2017年9月10日

三、联合教研，高人指路，快速提升教学软实力

以两江新区打造“高起点、高端化、国际化”教育强区的定位为契机，我校积极寻找各种资源，从原市级直属校引进市级名师对各个学科组进行点对点结队帮扶。这个过程中，名师们也充分利用他们的资源，将我们的老师们带入名校，与直属校的优秀老师们进行联合教研，有高人指路，我们搭上了快车道，我们捷足先登，教学软实力得到迅速提升。

《两江新区金溪中学与市级名师结队帮扶协议书》

甲方：　　　　　　　　　　（以下简称甲方）

乙方：两江新区金溪中学（以下简称乙方）

为推进我校教育快速优质发展，切实提高学校办学质量，办出特色，办成规模，打造品牌，根据《金溪初级中学校提升软实力方案》的相关事项，经甲、乙双方协商达成如下协议：

第一条 甲方必须履行的职责

第一款 甲方每周一次到乙方指导学科教学、教研工作。

第二款 甲方与乙方青年教师开展“影子研修”活动，在对应学科上为乙方培养3-5名青年骨干教师。研修期内，指导乙方教师成长为市、区级骨干教师或学科带头人各1名，获得市、区级赛课一等奖以上各1-2人次，在国家级刊物发表学术论文至少2-3篇，开展市级、国家级独立课题立项各1-2个，结题至少1个，指导乙方语、数、外、理、化、政、史等学科教学质量平均水平达到或超过其所在学校对应学科平均水平。

第三款 甲方帮助乙方选拔、考核新引进教师。乙方新进教师到甲方跟班培训学习一个月至三个月。

第四款 甲方帮助乙方定制教育、教学及科研工作计划，指导乙方开展教育、教学、科研活动，帮助我校组建学生社团、开展特色德育活动、监控教学质量，进行质量分析、评估与总结；向乙方提供教育教学相关资源，过程性质量检测资料、教学管理资源（含题库、教案、课件等）免费对我校开放，实现优质教育资源共享；指导乙方开展基础教育课程改革研究，定期开展各项交流与研究活动，包括专家讲座、名师献课、联合备课、经验交流等。

第五款 甲方帮助乙方推进学科特色及学校特色建设。

第二条 乙方必须履行的职责

第一款 对结队帮扶活动的运行起决策保障、组织指导和协调监督职能。

第二款 帮助甲方对结队帮扶研究成果进行推广和转化应用。

第三款 督促相关部门为甲方的研究、培训工作提供时间设备、物质、场所、智力等方面支持。

第四款 指导、监督对甲方进行过程性、终结性考核评估，并组织认定是否实现了本协议所确定的目标。

第五款 根据《金溪初级中学校提升软实力方案》相关规定支付甲方工作经费，每年工作经费***元（大写：***整）半年付款一次。

第三条协议的中止

在协议执行期间，甲方如需中止本协议，必须提出书面报告，陈述理由，并由乙方比准后方可中止协议，并酌情减拨工作经费。

第四条附则

1、本协议一式两份，甲乙各执一份。

2、本协议经甲乙双方签字后生效。

甲方：　　　　　　　　　　　　　乙方：

2017年9月1日

四、师徒结对，全方位培养骨干力量

两千多年前，荀子《劝学》中提到：青取之于蓝，而青于蓝。青出于蓝而胜于蓝，因此师徒结对又叫青蓝工程，师徒结对已成为我校培养新教师的一种重要途径，师徒结对对学校的教育教学有着积极的意义。

（一）可以尽快熟悉教育教学业务，节省教师成长时间

年轻教师平时有教繁重的教育教学任务，根本没有时间参加比较系统的培训，所以基本上年轻教师的成长与学习是一种无计划的、放任自流的状态存在

着，这对青年教师的成长非常不利。

通过老教师带新徒弟的形式可以让青年教师在较短的时间熟悉教育教学业务，尽可能地让我们少走弯路。例如关于课堂调控、应急事件处理、教师语言、教态、板书等教学常规可以在师傅的指导下短时间得到规范。

（二）名师引领，精准把脉，更能促使青年教师达到更高的平台

对于青年年教师来说，参加工作的头三年是其专业成长的关键期，它的成败直接关系到青年教师未来的发展。这一时期也是青年教师专业成长的危机期，因为从学生身份转换为专业教师，他们会遇到各种各样的问题，即所谓的“现实冲击”。在这种 " 现实冲击 " 下，青年教师普遍感到困惑、焦虑、力不从心甚至产生强烈的挫折感。“师徒结对”是青年教师专业成长的有效途径。

就我校实际而言，建校伊始，教师有一半左右都是刚刚跨出校园的应届毕业生，从教经验为零，能够站稳讲台已算成功了。如何能够让他们快速转换身份，在先入为主的情况下接受最好的启蒙引导，就是我们首先要考虑的问题了。在从校外引进名师资源的基础上，我们有了更高的视野，上了更高的平台，但我们也清楚的知道，这并非长远之计，要打造金溪真正的品牌，必须增强自身的造血功能。于是，在校内，我们也利用自己校内的名师资源，开展师徒结对活动，一对一的培养青年教师成为教学骨干。规范的拜师仪式、正式的结对协议、量身定制的发展规划，这一切的一切，都从制度上到情感上保证了帮扶培养的实效性。

重庆三中颜运静老师指导
语文青年教师

重庆一中张鸣老师在师徒结对
总结活动上讲话

五、丰富活动，激发源动力，评先竞优，迸发新活力

青年教师，充满了活力，他们有理想、有追求，他们阳光乐观，他们精力无限、富有挑战精神，他们渴望拥有展示自我的平台。于是，我们因势利导，组织开展了如“青年教师解题大赛”、“青年教师优质课大赛”等教学竞赛活动，激发他们的原动力，在比赛中提升他们的教学水平。

《金溪中学首届青年教师解题大赛活动方案》

为贯彻执行初中课程标准精神，深入推进我校课堂教学改革，加快青年教师专业化成长的步伐，促进青年教师业务水平的提高，为青年教师的专业发展提供展示自我才华的平台。我校决定于举行“金溪中学第一届青年教师解题大赛”活动。现将有关事宜通知如下：

一、参赛对象

年龄35岁以下（含35岁）并任教中考学科的青年教师

二、比赛时间

9月25号、26号

比赛地点

琢玉玉楼五楼大会议室

活动流程

1. 教务处协同各教研组9月21日之内完成命题与制卷工作。

2. 9月25号上午举行文科组现场解题大赛，9月26日上午举行理科组现场解题大赛。

3. 9月27号之前各教研组完成阅卷工作。

4. 公布获奖情况并颁奖。（时间待定）

五、奖励办法

本次比赛设置一等奖、二等奖若干，获奖者由学校办公室颁发获奖证书。

六、具体安排

时间	地点	学科	监考
9.25上午 8:00—10:0	琢玉楼五楼大会议室	语文、政治、历史	鲁皓文
9.25下午 14:00—16:00	琢玉楼五楼大会议室	英语	戴陈利
9.26上午 8:00—10:00	琢玉楼五楼大会议室	数学、物理、化学	周侗

七、人员分工

1.部门负责人：

教务处：钟杰　曾海霞

办公室：杨洁　岳杨光辉

后勤：李燕

2.命题人：姜发艳　张尚辉　易伟　赵焱　周迎春

3.阅卷人：姜发艳　张尚辉　易伟　赵焱　周迎春

4.监考：杨姝　鲁皓文

5.新闻报道：慕晨钰

6.摄影：鲁皓文

7.工作人员：刘素珍

八、后勤保障

1.比赛现场布置。

2.微信公号号平台操控。

金溪中学教务处

2018年9月18日

六、落实考核，鞭策进步，达成培养目标

为了能够让我们的青年教师培养工作能够收到理想的效果，我们建立了过程考核与结果评价相结合的全方位考核体系。在过程考核中，由教务处牵头，各年级组负责具体实施，对青年教师的上课情况，分层辅导情况，学生反馈情况进行实时跟踪与评分。同时，每年都认真组织新教师的“入职达标课考核”，由校长牵头，组建评审小组，全面考核新教师的培训达标情况。为青年教师能够站稳讲台奠定了坚实基础。

《2018年秋季金溪中学新教师入职达标课考核评价方案》

一、指导思想

以“温暖教育”理念为指导，以“温暖课堂”教学模式为标准，以“激趣、有效、提质”为目标，检验新教师备课上课成熟度，进一步提升新教师的教学基本功，规范新教师的教学行为，提升新教师的专业水平，提高课堂教学质量。结合我校学期工作计划，于9月底进行新教师入职达标课考核，特制定本方案。

二、领导小组

组　长：杨　刚（校长、书记）

副组长：彭廷学（副校长）　李永树（副校长）

成　员：钟杰　曾海霞　姜发艳　易伟　周迎春

三、考核时间

2018年9月19日——2018年9月29日

考核对象：2018年9月新入职的3位教师。

考核内容：备课、上课、说课、评课、作业批改。

考核形式：推门听课、检查教案、检查作业批改等。

评委安排

杨刚、李永树、曾海霞、钟杰、姜发艳、李忠莹、易伟、傅学玲、聂迎春

周迎春

八、活动流程：

9月19日——9月28日评委推门听课并当堂检查教案、作业书写及批改情况，后期进行说课、评课评价。

评委按“优秀、良好、合格、不合格”分别对检查项目进行评价。

9月29日下午第三节课进行总结交流。

4. 本次考核评价涉及的图片资料由鲁皓文老师负责。

5. 存档资料：活动方案、评课表、上课教案、教学反思、活动图片、评价总表、工作总结、简报资料等。

九、具体安排：

评委	教师	时间	地点
杨刚、钟杰	蒋鉴英	9.20号第5节	1.2班
杨刚、钟杰	罗艳	9.27号第2节	1.3班
杨刚、钟杰	郑晓	9.26号第7节	2.3班
曾海霞、聂迎春	郑晓	9.20号第6节	2.3班
曾海霞、易伟	罗艳	9.25号第1节	1.3班
曾海霞、李永树	蒋鉴英	9.26号第5节	1.2班
李永树、傅学玲	罗艳	9.27号第5节	1.3班
李永树、周迎春	郑晓	9.21号第7节	2.2班
李永树、曾海霞	蒋鉴英	9.26号第5节	1.2班
姜发艳、李忠莹	蒋鉴英	9.25号第8节	1.2班

备注：

除标注红色字体的评委只听一节课外，其他评委均听三节课。

评委听完课之后及时将“温暖课堂”评价量表交到教务处汇总存档。

其他未尽事宜请具体咨询教务处。

附：两江新区金溪初级中学校温暖课堂评价指标（量表）

金溪中学教务处

2018年9月18日

《两江新区金溪初级中学校温暖课堂评价指标（量表）》

学科：　　　　课题：　　　　教师：　　　　时间：

评价项目及权重	评价内容	评价等级			得分	备注
		A	B	C		
教学目标15%	知识与技能：根据教学内容设置知识目标和技能目标。（5%）	5-4.5分	4.4-3.5分	3.4分以下		
	过程与方法：根据学生实际设计“教”与“学”的过程，尽可能采用先进的教学手段和有效的教学方法。（5%）	5-4.5分	4.4-3.5分	3.4分以下		
	情感、态度、价值观：根据教学内容激发学生健康的情感，培养正确的生活态度，引导学生树立正确的价值观。（5%）	5-4.5分	4.4-3.5分	3.4分以下		
教学行为30%	教学过程：创设师生平等交流、生生合作互动的学习氛围；面向全体，关注个体差异；展现发展思维，培养能力的温暖学习过程。（10%）	10-9分	8.9-7分	6.9分以下		
	教学方法：根据学科特点和教学内容，恰当地选择启发式教学，指导学生自主学习，合作探究，有序地开展活动，并能很好地突出重点突破难点，体现方法优化的温暖。（10%）	10-9分	8.9-7分	6.9分以下		

教学行为30%	教学手段：根据实际需要恰当运用现代化教育技术或其他教学辅助教学，适当拓展并利用教学资源提高教学效益，展现教学策略的温暖。（10%）	10-9分	8.9-7分	6.9分以下		
学习方式30%	自主性：学生有浓厚的学习兴趣，在教师的调动下主动参与学习的并能根据自己的情况选择最有效的方式自主学习，体现学生自主管理、自主学习的温暖。（10%）	10-9分	8.9-7分	6.9分以下		
	合作性：学生在教师的组织下，有效地运用沟通和交流的各种方式，开展师生、生生的合作学习，体现合作学习的快乐，师生合作的温暖。（10%）	10-9分	8.9-7分	6.9分以下		
	探究性：创设情境，引领学生去发现问题，在发现与探究中培养学生质疑的能力，提高学生分析问题解决问题的能力，在探究中体现课堂生成的温暖。（10%）	10-9分	8.9-7分	6.9分以下		
教学基本功10%	教师素质：教态亲切、大方，语言准确、生动、表达清晰，使用普通话；板书简明、美观、概括、逻辑性强。展现教师优秀的温暖（5%）	5-4.5分	4.4-3.5分	3.4分以下		
	教学能力：现代教育技术应用适时适度，运用熟练，实验设计合理，操作规范，体现师资的温暖。（5%）	5-4.5分	4.4-3.5分	3.4分以下		

教学效果15%	目标达成：按时完成教学任务，实现教学目标，突显收获的温暖。（5%）	5-4.5分	4.4-3.5分	3.4分以		
	学习活动：学生思维活跃，参与面广，师生互动效果好，展现活动的温暖。（5%）	5-4.5分	4.4-3.5分	3.4分以		
	综合发展：基础知识得到夯实，基本技能得到提高，情感得到陶冶，思维得到发展，体现提高素养的温暖成果。（5%）	5-4.5分	4.4-3.5分	3.4分以		
评课人签字		总分				

说明：

总分在90分以上为优秀，80-89为良好，70-79为合格，70分以下为不合格。

每一栏分数在C以下的，请在备注栏写明原因。

七、青年教师培养成效斐然

近几年刚刚走上工作岗位的青年教师基本上都是独生子女，从小到大也没吃过多少苦，更是缺少极强的责任心，学校工作困难与否好像与他们没有多大的关系，个人的思想本位极其严重，不想承担也不愿意承担更多的责任，所以有时工作就是应付或是推诿，困难面前总是能提出各种各样的理由，面对这样的情况，学校从不同的角度进行不同的的要求，根据他们的特点循序渐进的加担子，让他们逐渐适应了我校的工作要求，在老教师和学校领导的引领下，逐步走向成熟的工作岗位，如陈凤、崔汶静、袁艺丹等现在都是非常优秀的班主任，学科教学也能独当一面。大胆给青年教师历练的机会，青年教师如杨雪、崔汶静等虽然才刚刚走上工作岗位，学校就安排在九年级任教，经过几年几个循环反复，这些教师已经完全能胜任不同学年的教育教学工作了。

通过以上措施，我校青年教师培养已经取得了可喜成绩，教学质量不断提高，各种荣誉、获奖不断增长，顺利完成了学校新老人员帮带和梯队建设，青年教师培养形成序列。

每年秋期开学前有“新教师岗前培训”、开学初有“新入职教师达标课考核”、“青年教师解题大赛”。每年秋期开学第一学月有“新入职教师合格课考核”、“青年教师优质课大赛”。通过这一序列的活动，促进青年教师教学能力以及自身业务能力的提高，教研科研水平逐步提升。

课题成果喜人。由青年教师担当主研的市级课题达到5个，仅2018年我校就有两个市级课题《初中数学课堂互动行为的发展性研究》和《统编教材名著导读促进语文核心素养养成探究》成功立项；11个校级课题成功立项；1个市级课题将在本月完成结题工作。

论文成果丰硕。2018年春期我校论文获得国家级一等奖5人次，二等奖1人次，三等奖2人次；市级一等奖8人次，二等奖8人次；三等奖6人次；刊物发表国家级5人次，市级7人次。

比赛成绩优异。有5位青年教师在市级青年教师赛课活动中获得一等奖，并成为学科内的骨干教师。2018年春期，我校教师参加各级各类专业比赛，获得国家级奖项3人次，市级奖项10人次，区级奖项6人次。

一系列活动的开展都在科学有序的进行，我们相信：功在平时，效在当前，青年教师培养的累累硕果已挂满枝头，我们一定会在未来的工作中不断完善和创新思路，打造金溪中学的青年教师队伍，让更多的青年教师快速的成长为名师。

各位年青教师，未来是属于你们的，青春是人生最宝贵的一段生命历程，它需要用辛勤的汗水来浇灌，它需要用奋斗的激情来装扮，它需要用执着的信念来滋养，愿我们携手共进，让我们在新区这块教育的沃土上，播种希望，放飞梦想，铸就辉煌。为学生的发展，为学校的腾飞，为新区的教育事业做出卓越的贡献。

第三节 实施"榜样工程"，树立优良师德师风

办一所有温度的学校，必然要有一批温暖的教师。必须以"热爱学生、教书育人"为核心，以"学高为师、身正为范"为准则，以提高教师思想政治素质职业理想和职业道德水平为重点，弘扬高尚师德，力行师德规范，不断提高师德水平，造就忠诚于人民教育事业、为人民服务、让人民满意的教师队伍。始终牢记人民教师的神圣职责，爱祖国、爱人民，以培育人才、发展先进文化和推进社会进步为己任，把本职工作和个人成长进步有机结合，并在深刻的社会变革和丰富的教育实践中履行好自己的光荣职责。由于教师的职业特点，对教师道德要求比对教师文化素质的要求更为重要，一方面教师要自觉加强师德修养，以身作则，诚实守信，言传身教，廉洁从教，团结同志，精诚合作，脚踏实地、乐于奉献，认真钻研，善于思考，勇于实践，开拓创新；一方面学校要大力实施"榜样工程"，选树模范典型，通过健全制度保障，加强教育宣传，积极引导广大教师自觉恪守教书育人职责、落实立德树人根本任务，为学校事业发展作出积极贡献。

一、强化理论学习，助推"榜样工程"

学校要把师德师风培训学习作为教师继续教育的重要内容，确保每月不少于2次的师德学习教育。认真组织教师全文学习《关于加强中小学教师职业道德建设若干意见》、《中小学教师职业道德规范》、《教育法》、《未成年人保护法》、《预防未成年人犯罪法》、《事业单位人员的若干规定》、《中小学教师违反职业道德行为处理办法》、《重庆市中小学教师"十不准"》和《新时代中小学教师职业行为十项准则》等法律法规及规范性文件，组织师生观看电影《守望一生》等教育励志影片。结合教师核心价值观演讲征文活动有针对性地开展座

谈讨论、交流发言、撰写心得体会等。学校还将《新时代中小学教师职业行为十项准则》等有关规定张贴在教师办公室和公示栏等醒目位置，教师要记录学习笔记，熟记教师“十不准”等规定。

学校每年对新进教师进行岗前培训期间，专门开设师德专题培训，由党支部组织、心理健康专家负责给青年教师做《中小学职业道德规范》《心理健康》专题讲座并举行教师宣誓仪式。不断加强师德师风建设，引领广大教师践行社会主义核心价值观，做“四有”好老师，学校特开设师德建设专题网站，发布师德师风建设相关信息，链接重要资料和新闻，供广大师生学习、浏览。学校设置宣传橱窗，充分运用微信、微博、智慧校园等新媒体平台，对优秀个人和先进事迹进行宣传，营造见贤思齐、爱岗敬业的良好风气。

学校在全校范围内开展师德主题教育活动，每年一个教育主题。积极组织广大教师参与师德征文活动，多名教师在市区级师德主题教育征文活动中获奖。

案例1：

2017年下半年，以学习黄大年为主题，学校开展了“黄大年式教师团队”创建活动，以及“学习黄大年，做‘四有’好老师”演讲交流活动。学校党支部中心学习组带头学习黄大年同志先进事迹，并要求党员教师带头开展自学；以党小组为单位开展“学习黄大年，做‘四有’好老师”专题研讨、座谈等活动；在此基础上，学校还结合实际情况，组织开展演讲交流活动，在全校教师中掀起“强化师德教育、践行师德规范、弘扬高尚师德”的热潮。

案例2：

学校畅通校长教师沟通交流渠道。建立校长定期与干部、党员、教师谈心制度，每学期校长、干部、党员、教师之间“交心谈心”100余次，通过交心谈心听取心声，解决疑惑，切实做到思想上共振、感情上共鸣、行动上共进。密切学校与学生家庭的联系，加强教师与家长的沟通，做到“五必访”（学生生病严重必访；学生遇到天灾人祸必访；学生不安心学习必访；学生长足进步必访；学生获重大奖励必访。）要求家访教师言行举止要为人师表，着装打扮要得体，自备矿泉水及鞋套，不得接受家长赠送的钱物。

开展假期集中教育，制定《教职工自律公约》，定期对照检查，巩固落实教育培训成果，促进教职工道德自律、行为自律、为人师表。

二、树立优秀典型，夯实“榜样工程”

（一）评选表彰师德标兵

为进一步加强师德建设，强化教育教学质量，充分发挥优秀教师的师德示范作用，大力弘扬爱岗敬业、教书育人、为人师表的高尚师德，从2015年建校开始，学校每年评选一届“师德标兵”，并在评选当年的教师节表彰大会上进行表彰，至今已评选出3届，共表彰9人。学校评选出的“师德标兵”，都是在教育教学第一线工作3年以上的专任教师，遵守学术道德规范，有强烈的事业心和高度的责任感；以身作则，关爱学生全面健康成长，在师生中有较高的威信和影响力；师德事迹真实、突出、感人，且曾被评为优秀教师、优秀教育工作者或优秀党员。

学校还请师德标兵、优秀教师等先进人物走进道德讲堂，把先进事迹融入道德讲堂，通过身边的人，讲述身边的事，共同沐浴道德洗礼，品悟道德力量，以点带面、由局部带动整体，彰显榜样力量，全面推进师德建设。

（二）家长、学生参与，推选“我爱我师——我心目中最优秀的老师”

为进一步增强学生感恩老师、尊师爱师观念，充分发挥学生在教学中的主体作用，自2015年开始，学校每年开展由家长和学生参与的“我爱我师——我心目中最优秀的老师”评选活动。推选出具有强烈的责任感、模范履行教师职责、深入学生、诲人不倦的优秀教师，予以表彰并由学生为老师颁奖。涌现出姜发艳、周迎春、曾海霞、陈凤、张尚辉等一批学生心目中的优秀教师。这项活动已经成为学生爱校兴校和尊师敬师的教育活动，成为激发广大教师敬业爱生的教育活动。

案例：

风里雨里，金溪温暖教育情怀陪着你

各位小伙伴们已经迎来了激动人心的寒假，忙碌了一学期，终于可以暂时松口气了。虽然放假了，但是金溪温暖教育的情怀和关切没有放假。

张尚辉老师利用假期展开家长会

寒假的金溪中学，校园中更显静谧。这时，一个身影活跃在初一年级的楼道上，值班老师走近一瞧，这不是初一6班的班主任张尚辉老师吗？寒假已经开始，学生都已离校，他来做什么呢？

很快，随着初一6班家长、学生的到来，答案便揭晓了。原来是张老师利用寒假，与家长、学生面对面深入交流家校共育话题！为了准备这次交流，张老师在周六清晨就来学校布置教室，上午9点交流会开始，整个教室坐满了人。针对班上学生的实际情况，张老师从学业成绩、综合素质等方面进行了全面分析，对寒假如何提升学习成绩提出了建议，就如何与孩子平等对话展开了充分讨论。

对于张老师的教育理念与建议，家长们听得津津有味。对期末成绩的分析，学生们都觉得受益匪浅。通过这次交流会，拉近了家庭教育与学校教育的距离。在这个冬日里，家长、学生们都感受到了金溪中学的温暖教育情怀，是切切实实的关怀，是脚踏实地的行动。

“千淘万漉虽辛苦，吹尽狂沙始到金。”在这个寒假金溪中学每个班级都通过线上线下等多种形式开展家校共育、制定并落实了假期教育规划，相信在每个“金溪好老师”的努力下，学生们一定能日积月累，成就更好的未来！

三、完善评价制度，护航“榜样工程”

（一）健全教职工师德考核激励奖惩制度

建立学校党支部书记负总责、党支部成员具体抓的师德建设工作机制，制定《师德师风考核方案》，坚持开展师德师风培训、考核等，把师德表现作为教师资格定期注册、业绩考核、职称评审、评优奖励的首要内容，实行师德一票否决制；全校教师签订“师德师风承诺书”，引导教师以身作则、以德立身、以德立学、以德施教。学校组织教职工深入讨论，广泛听取各方面的意见，经教代会通过，确保制度的合法性、可行性和实效性。

金溪中学师德师风考核方案

为了认真贯彻《教师法》和《中小学教师职业道德规范》，增强全校教职工为人师表、教书育人的自觉性，努力提高教师职业道德水平，建设一支师德高尚敬业奉献的高素质教师队伍，结合我校具体实际，特制定《金溪中学师德师风考核方案》。

一、考核领导小组：

组长：杨刚

副组长：李永树　彭廷学　聂迎春

组员：曾海霞　张　毅　杨　洁

二、评分细则：

《中小学教师职业道德规范》中的爱国守法、爱岗敬业、关爱学生、教书育人、为人师表共五个方面，20项内容：

1. 爱国守法（共15分，每项5分）：热爱祖国，热爱人民，护中国共产党领导，拥护社会主义。全面贯彻国家教育方针，自觉遵守教育法律法规，依法履行教师职责权利。不得有违背党和国家方针政策的言行。

2. 爱岗敬业（共15分，每项5分）：忠诚于人民教育事业，志存高远，勤恳敬业，甘为人梯，乐于奉献。对工作高度负责，认真备课上课，认真批改作业，认真辅导学生。不得敷衍塞责。

3. 关爱学生（20分，每项5分）：关心爱护全体学生，尊重学生人格，平等公正对待学生。对学生严慈相济，做学生良师益友。保护学生安全，关心学生健康，维护学生权益。不讽刺、挖苦、歧视学生，不体罚或变相体罚学生。

4. 教书育人（共20分，每项5分）：遵循教育规律，实施素质教育。循循善诱，诲人不倦，因材施教。培养学生良好品行，激发学生创新精神，促进学生全面发展。不以分数作为评价学生的唯一标准。

5. 为人师表（共20分，每项5分）：坚守高尚情操，知荣明耻，严于律己，以身作则。衣着得体，语言规范，举止文明。关心集体，团结协作，尊重同事，尊重家长，作风正派，廉洁奉公。自觉抵制有偿家教，不利用职务之便谋取私利。

6、终身学习（共10分，每项5分）：崇尚科学精神，树立终身学习理念，拓宽知识视野，更新知识结构。潜心钻研业务，勇于探索创新，不断提高专业素养和教育教学水平。

以上共100分，逐项计分，每违反一项扣除相应分值。

有以下行为之一者，由学校考核组合议后实行一票否决：

1. 违反法律法规受到刑事或党纪、政纪处分；

2. 聚众赌博、上访，打架斗殴、酗酒闹事等；

3. 传播有害学生身心健康的思想，参与色情、赌博、迷信、邪教等活动；

4. 猥亵、侮辱学生，作风不正、品行不良；

5. 歧视、体罚、变相体罚或其他侵犯学生合法权益，造成严重影响；

6. 组织和参与有偿补课、乱订资料和强迫学生购物；

7. 向家长索要财物、利用职务之便谋取私利；

8. 其他违背教育管理规定造成严重问题或较大影响的。

三、考评程序

1. 个人评估。要求每个教职工，在认真学习职业道德规范的基础上，结合自己的思想、工作、学习、生活、纪律的各个方面，对号入座。在自我解剖、自我教育的基础上，认真填写《XX中学教师师德师风考核评分表》。

2. 教师互评。以教研组为单位，过好民主生活会，互相取长补短、互帮互学、共同促进。然后对本组的教师逐条打分。

3. 学校考核小组测评。依据教师平时的师德表现和学校的相关记录，结合学生、家长和教师互评情况进行综合分析，对每个教职工作出客观评价。

4. 汇总、公示、上报考核结果。

四、考核等级及结果使用

分为优秀、合格、基本合格、不合格四个等级。考评在90分以上者（包括90分）为优秀；70—89分为合格；60—69分为基本合格；60分以下（不包括

60分）为不合格。

师德考评结果要和年终考核和职称考核挂钩，凡教师师德考核不合格者，年度考核为不合格；一个考核周期不得提拔、评先、晋级；对师德考核优秀者，要宣传他们的先进事迹，弘扬他们的精神品质，号召大家学习，同时要在评优、晋级、提拔时优先推荐。

（二）落实教职工师德行为日常监管制度

制定《一日工作常规》、《师德规范十不准》、《教学工作规程》和《教师教学评价实施办法》等多项规章制度，规范教学和教学管理行为，对教师的教学工作各个环节提出了明确要求。学校成立了“纪检监察办公室”，负责学校师德建设的政策制定、宣传教育、检查监督、评优评先等工作。学校校级领导担任办公室主任、副主任，成员由党支部组织委员、宣传委员、纪检委员、教务处主任、德育处主任、工会等有关职能部门的主要负责人组成，负责学校师德建设日常工作。

1.建立和落实“值周校长—值周教师—班主任—班（团）队干部—特邀监督员”五位一体的监管体系和日报告、周小结工作常态。

2.实行教职工师德季度考核、通报和公示。成立各方代表组成的考核领导小组，严格按考核办法对每个教职工的师德表现进行量化考核。并将考核结论、典型事迹、突出问题向全体教职工通报。

3.每期面向学生和家长开展师德表现问卷调查，做到横向到边，纵向到底。切实做到早发现、早处置，将不良师德师风遏制在萌芽状态，切实铲除滋生不良师德师风的土壤。

（三）落实师德师风整改上报制度

对发现的突出问题要及时上报、及时整改。对瞒报漏报、处置不力，造成影响的，从重追究相关人员的责任。

2018学年度师德标兵评选及颁奖

四、固化先进典型，彰显“榜样工程”

杨刚校长荣登《中小学管理》封面

近几年，学校涌现出了一批师德高尚、有责任、有担当的优秀教师，充分体现了“榜样工程”的实施效果。有20年爱岗敬业、无私奉献，荣登2018年2月“中国好人网”的语文教师姜发艳，她曾获得“中国梦.全国优秀教育论文评选大赛”一等奖、重庆市“运用现代教育技术开展学科竞赛”优质课大赛一等奖、重庆市“中小学普通话网络大赛”一等奖、区第三届“九龙杯”优质课大赛一等奖，被评为评为区“师德先进个人”、“区骨干教师”、连续六年年度考核为“优”等次；有真诚关心和爱护学生，被金溪中学学生称为“周爸爸”的周迎春老师，他是两江新区引进的优秀教育人才，在他的带领下，金溪中学的区质量检测成绩大幅提升。每天天还没亮，他的身影就出现在操场，深夜十点，他仍在办公室伏案备课。2018年被鸳鸯街道推荐选送参加两江新区“两江榜样”人物评选。

近年来，学校校长被评为全国教育改革创新杰出校长、重庆市骨干校长、学校还有6人荣获“两江新区优秀教师”称号，1人获“2017年度两江新区宣传思想工作先进个人”。被评为市级、区级骨干教师5名，优质课竞赛全国一等奖5人次，全市一等奖10人次，区级一等奖12人次，基本形成“骨干校长+教学名师+学科带头人+青年骨干教师”教师团队。这些成绩的取得，有力推动了师德建设水平的进一步攀升，反映出学校对师德建设的高度重视和长期的工作积累。

学校将继续大力实施“榜样工程”，建设良好师德师风，建设高素质教师队伍，为培养德智体美劳全面发展的社会主义建设者和接班人而努力奋斗。

案例：

用文言文给学生写评语 这老师有才又走心（图）

姜发艳

从教20年的姜发艳，以前还提出用淘宝体、歌词体等不同形式，让学生互评。

“君禀赋过人，具大成之相；才艺双全，引同窗仰视。然终日睡眼惺忪，不能专注于学业，师长知如此，恐君误学，百技治之，浑噩如故？业精于勤荒于嬉，行成于思毁于随。愿君梦醒，振作精神，沉睡雄狮，一朝霸四方！”

这是重庆两江新区金溪中学初二4班班主任姜发艳写给学生王骁的期末评语。全班39个孩子，都收到了这样一份属于自己的文言文评语。

“愿君梦醒，振作精神”

小瞌睡虫被点醒 期末考出高分

第一眼看到自己的期末评语时，王骁一下子乐了：“姜老师太有才了。”

从教20年的姜发艳，是去年9月秋季开学才接手这个班级的。开学不久，她就发现了王骁的问题：终日睡眼惺忪，不能专注于学业。

面对老师的谈心，王骁有些不好意思。他说自己患有严重鼻炎，身体也不太好，常常失眠，所以在课堂上爱打瞌睡。

“你本身学习并不算差，如果把打瞌睡这个问题克服了，一定会有更大提高。”姜发艳接下来为王骁想了不少办法：给他把座位换到临窗位置；送给他清凉油；发动全班同学，为他治疗鼻炎及不打瞌睡支招……

经过一个学期，王骁的改变有目共睹。一名同学在半期总结中写道：要向王骁学习，只用了半学期，上课打瞌睡的情况就改变了不少。

王骁的妈妈孙小娟笑言，王骁当初说自己上课打瞌睡是因为鼻炎，这只是一部分原因，而另一方面，还是他缺乏学习的兴趣。

在姜老师的帮助下，王骁学习兴趣增加了，打瞌睡的时间自然减少，这次期末考试，他一下子跃升到年级22名、班级12名。

“余甚赏识君也”

外地学生很上进 老师兑现奖励

这39篇文言文评语，是姜发艳一整个学期对学生的用心观察和思考。每一篇都寄托了她对学生的鼓励和期盼。

在给学生王勇力的评语中，姜发艳毫不掩饰自己的欣赏之情：“余甚赏识君也”。

王勇力老家在河南，来渝求学期间，一直住在舅舅家。姜发艳观察发现他性格内向，但很有上进心。

“我觉得你考进年级前10名不是问题。”姜发艳告诉王勇力，如果成功了，会给他一个大大的惊喜。而王勇力也不负期望，月考考到了年级第8名。姜发艳兑现承诺：送了一支精美的钢笔给他。

“看到这个评语，我是非常开心的，因为我的老师居然这么有才。她非常细心，每个人都写得非常有特色。”王勇力说。

■家长心声

有时老师说一句 胜过父母说十句

班上有39个孩子，每个人的评语要写到点子上并不容易。

蔡腾霄的妈妈李玉萍说，姜老师的评语让她眼前一亮，很中肯，也很贴切，能够让家长充分了解孩子平时在校表现。“评语中含蓄地点出蔡腾霄平时的小缺点——有点调皮，坐不住。但同时，也有很多鼓励的话。”

王骁的妈妈孙小娟说，有时候，老师说一句胜过做父母的说十句，孩子们特别重视老师对自己的评价，如果老师优点讲得多，学生的自信心一下就被激发了，“老师用心写的评语，可能影响每个孩子的一生。”

金溪中学校长杨刚说，这种用文言文写评语的方式，体现了语文学科的特色。当前，中学语文古诗文增加，特别强调对中华传统文化的重视，这种方式既是一种渗透，也体现了一种方向性导向，“希望能出现更多个性化评语。”本报记者 林祺

■姜老师的特色评语（选摘）

何雨萱同学：

君有才女风范，大气胸怀，睿智灵秀，冰心聪慧。君之美，在于才干，在于品德，在于心灵深处智慧之花绽放。人之品学，非先天而生，乃后天之努力也。望君携既有之良品，逐前程之才学，成非凡之自我。

蔡腾霄同学：

舞台之上，慷慨激昂，颇具大将之风；课堂之中，口若悬河，展记忆背诵之功；课间之时，调皮可爱，时有欢声笑语不断。偶有课堂接嘴闲聊之瑕，尚不能心无旁骛。“骐骥一跃，不能十步；驽马十驾，功在不舍。”学贵在专，需持之以恒。

丁昊烨同学：

昊烨者，数学大咖也。为人豪爽大气，深得同学之喜爱，广受师长之好评。然卿之文科尚有待加强，切不可厚此薄彼。望寻适宜之良策，成可叹之进展，为师甚为期待。尔音量太大，实属扰民，切记控制。

肖玉娇同学：

玉，其温如脂，其出于石，而珍于石。玉之所得，必精心切磋，仔细琢磨，历千万之劳累，方能成其器。而学亦如此乎！倘无自主之思考，奋力之拼搏，纵有傲娇之才，终为仲永矣！若能沉心静气，锤炼心志，可大成也。

张津铭同学：

知识之海，学问之山，于秀木芳林之中，与卿欣然相遇。感求学之勤奋，喜天资之聪颖，赞学业之优异，叹绘画之灵动。惜效率之不高，忧睡眠之不足。学，静心凝神；玩，纵情恣意，何不快哉？

唐嘉苓同学：

君娴静少言，温柔贤淑，书写娟秀，令同窗赞不绝口。然君以文科见长，数理稍弱，为师心忧之至。所幸近来全力补之，大有起色。有志者事竟成，百二秦关终属楚：苦心人天不负，三千越甲可吞吴。愿君多努力，此时最足惜。

第五章

浸润温暖文化，传递教育真爱

第一节 做一个温暖的校长

杨刚，重庆两江新区金溪初级中学校长、党支部书记，重庆市教育改革专家委员会专家库专家，中学高级教师，曾获全国第四届教育创新杰出校长、全国知识型职工先进个人、重庆市骨干校长、重庆市优秀共产党员、重庆市优秀教育工作者等荣誉称号，荣获国家级、市级奖励30多项。

“思想领跑者”杨刚 用温暖的心做温暖的教育

曾经，该校的基础学业测试成绩在全区倒数第一；如今，在全区的测评中，该校名列前茅，有两名学生进入前三名。曾经，该校的不少孩子缺乏自信；现在，有孩子成为重庆市科技创新大赛创造发明最高奖的获得者……这些变化，都与金溪中学校长杨刚相关。

从1991年开始从教至今，转眼已是28年光景。“温暖办学”是杨刚坚定不移的教育初心。对于金溪中学而言，他不只是校长，更是有浓浓“人情味”的大家长。

一、培养适应未来发展的人才

脚下踩着松软的泥土，入目是满地横陈的钢筋水泥，耳边全是机器运转的轰鸣……时至今日，杨刚仍记得2015年的那个夏天，他接到了两江新区党工委任命，出任正在建设中的金溪中学校长时的情景。这是两江新区投资过亿新建的第一所单办初中，第一次走进学校时，杨刚的脑海中只有4个字："愈难愈上"。

学校大到建筑安全隐患、装修风格，小到水管埋线、瓷砖花色，杨刚都邀请专家参与，不肯马虎。那段时间，任凭尘土漫天、骄阳似火，对环境绿化、学校搬迁、开学物资准备，甚至食堂餐点设计他都亲自把控。

对教育中的短板有清醒的认识，才能开启未来新的征程。那么，学校究竟应该培养什么样的人？如何让学校获得认可，让学生、家长和老师爱上这所学校？杨刚经过反复调研，最终和领导班子商议决定：坚定走"温暖教育"之路，绝不动摇。

"教育要围绕学生适应终身发展和社会发展需要的必备品格和关键能力服务，即我们培养的人要适应未来的发展。"杨刚铿锵有力地回答，金溪中学的育人目标也清晰地写着：要立足温暖教育办温暖学校、做温暖教师、育温暖少年。"

杨刚的日常反映了他的教育理念。自由呼吸、惬意舒适的校园，是他送给学生们的第一份礼物。在教育这段旅程中，杨刚注重每天对孩子们的用心陪伴——早上7:30到校，早读时间，他到各个班级巡查，看看孩子们读书时的状态；大课间时分，即使工作再忙，他也要到操场上和孩子们一起做操、运动；午饭时间，他总是去各个班级串门，让自己多了解孩子们一些、多陪伴孩子们一会儿……学生们也总是喜欢黏着他，乐呵呵地分享趣事儿。

在校长思想力的引领下，校园内的一切育人活动都奔着服务学生终身发展和适应未来社会发展而去，让学生能够在未来闪耀发光。

春华秋实，硕果满枝。全国篮球特色学校、重庆市中小学合唱团学校……短短三年间，金溪中学的教学质量和孩子们的综合素质等都发生了明显变化，学生在合唱、写作、书画、篮球、田径、科技等项目全面开花，累计获得市区级奖励200多项。

学校金丝鸟合唱团的学生，参加重庆市第八届中小学生艺术展演活动

二、构建“三位一体”全程德育体系

过去一年，杨刚非常忙碌。除了作为校长管理学校的大小事务，还要接待来自全国各地前来学习交流的教育界同仁。

“顶层设计科学、逻辑结构清晰、可操作性强，既关注了学生当前发展又关注了学生未来发展……”到底有什么“诀窍”让金溪中学获得同行如此高的评价？

“课程改革要想改到实处，一定要厘清学校教育到底教什么、学什么，怎么教、怎么学的问题。”杨刚说，一切的教育活动都是课程，课程是实现育人目标最重要的载体。

在尊重学生的前提下，学校构建了“三位一体”全程德育体系，以法治教育、艺体教育为德育特色，开设文学、艺术、体育、科技、生活5大特色社团活动，每月开展演讲比赛、文艺汇演、书画和作文比赛、科技作品展等活动，让每个学生发挥个性和特长。

食用菌栽培课上，学生观察实践

在开齐课程、开足课时的基础上，学校还特别开设了生活实践课程——食用菌栽培。在西南大学微生物学专家的指导下，学生们充分利用现有资源开辟实验场所，全程学习观察、实践体验，培养崇尚劳动和科学的人格素养。

“体育是培养人格的最好工具。”作为上海上港足球俱乐部重庆唯一指定合作足球青训基地，学校努力解决足球训练与文化学习结合诸多难点和细节，让热爱足球的孩子们得到持续专业的训练。目前学校已输送了申渝民、黄升两名优秀学生到职业俱乐部发展。正如杨刚所言，体育也是一种教育。体育可以带给学生很多东西，既有身体的健康、强壮，也有意志、品格、审美等许多精神层面的蜕变。

三、用言传身教感染教师

著名教育家乌申斯基曾说：“教师个人对学生心灵的影响所产生的教育，无论什么样的教科书，无论什么样的思潮，无论什么样的奖惩制度都是代替不了的。”诚然，教育植根于爱，师生之间要有和谐的磁场，形成学生敬爱老师、老师呵护学生的良性循环。

在走上管理岗位之前，杨刚先后执教过语文、书法等多个学科。他对自己所教的每一门学科，都要做深入的学习和研究，探求更生动有效的教育教学方法。至今，他仍坚守在教学一线，以身作则，倡而行之。在老师们看来，杨刚的身体力行以及他不断创新的上课模式，就是“行走的榜样”。

杨刚校长书法作品

为了促进教师的发展，学校所有学科的教师几乎都出去学习过。同时，学校还和重庆市一中、三中、八中名师开展“师徒结对”活动，每周到校开展“听一节课、带一节课、评一节课”活动，并参与课题研究、质量分析、个案处理等，以同课异构、青年教师赛课、班主任基本功对决等形式，让老师们站上擂台，在良性竞争中取长补短，提升讲课水平。

“一个教师，其真正的价值不在于培养了多少优生，而在于他转变了多少并不起眼的孩子，给予了他们人生的正确方向，让他们能对生活充满热望，对未来充满憧憬。”杨刚的话深深打动了很多的老师。他希望每个老师上下求索、不断进取，在自我成长的过程中，不仅仅是能力的提升，而且还要有幸福感、成就感。他赋予每个教师新的角色定位——变“教书匠”为“设计师”。

于是，学校的每一场活动，他都鼓励老师亲自策划、自行组织；每一次校本教材开发，都让老师参与设计；每一项课程开发，都激励老师主动申报……如今，学校的老师们写得了方案，搞得定活动，会开发教材。

作家曹文轩到校做专题讲座

只有开放的学校，才能培养出优秀的老师。近年来，陈凤老师获得全国语文优质课比赛一等奖、李沁老师获得全国英语优质课比赛一等奖、杨雪老师获得全市历史优质课比赛一等奖，全校老师已获得146项国家、市区级奖励和荣誉。

四、让家长和学校紧密牵手前行

在采访过程中，有一个细节令记者印象深刻。从操场漫步回会议室的过程中，杨刚主动给每一位遇见的老师、学生、保安、清洁阿姨打着招呼。每个人的名字，他都能一一叫出。记者了解到，这不过是杨刚的校园常态。

杨刚以他的行动感染着不少人。在很多师生眼中，学校让他们感受到了家的温暖，杨刚让他们感觉自己是“家人”。金溪学子的家长们热切的眼神、殷切的盼望，杨刚感同身受。他希望能尽量帮助家长学会正确的育儿方法。为此，他加入全校所有班级的QQ群，设定“校长有约”，每天晚上8点到11点，回答家长提问，确保常态化的沟通，及时解决家校问题。

“不仅仅是班主任，学校的相关领导也要保持和家长们的常态沟通。”杨刚说，学校通过随机电话沟通和入户家访，为学生和家长搭建良好的亲子桥梁。一方面提醒孩子们，回家要做些力所能及的事，如做家务等；另一方面，把学生的学习情况、情绪状态等告知家长，并提出相关建议，避免不必要的误解和矛盾。

“让每个孩子都接受优质的教育，都有人生出彩的机会。”杨刚用一颗温暖的心，浸润着孩子们的人生梦想；而他的教育梦想，也正在金溪学子们的心中开出花朵。

五、激发每一个孩子潜力让他们找到自己的方向

新家长报：全国教育大会指出，培养什么人是教育的首要问题。作为一线教育工作者，您是怎么理解的？并请谈谈学校的育人目标。

杨刚：全国教育大会的召开，全面阐释了培养德智体美劳全面发展的社会主

义建设者和接班人的内涵、要求和举措。学校自办学以来，就坚持素质教育，全国教育大会更坚定了我们办学的目标、理念和思想。

学校遵循“温暖金溪，温暖一生”的办学理念、“精进不止，温暖天下”的学校精神，衍生出具有“温暖”特质的一训三风和“办温暖学校，做温暖教师，育温暖少年”的办学目标。学校办学的首要任务，就是要激发每一个孩子的潜力，让他们找到自己的方向，并将自身优势和长处发展到极致，促进每一个学生的发展。

下一步，学校将进一步优化制度设计、营造温暖氛围，推进学科建设、构建温暖课堂，创新育人模式、培育温暖少年，加强队伍建设、塑造温暖教师，为将金溪中学办成一所有温度的学校而不断努力。

新家长报：在您看来，核心素养落地的关键是什么？

杨刚：立德树人是教育的根本任务，核心素养要落地生根，首先要解决核心素养的校本化表达。对核心素养的解读，要和国家教育发展纲要相吻合，要和不同学段学生年龄特征相吻合。学生成长的阶段不同，核心素养的具体要求则不同。

我们要把核心素养放在具体的学段去落实，每个学段的教育规律是什么？学生的成长规律又是什么？初中教育是教育的基础，要教人求真，知行合一。初中教育是成人的基础，要教人向善向上的价值取向。

新家长报：学校的发展目标是“建一所温暖的学校”，您心中的“温暖”是怎样的？

杨刚：学校的发展、学生的成长是一个非常复杂的过程，这就决定了教师的劳动也是非常复杂的，不是一个标准的模型、一个简单的分数就能表现的。孩子在学校有成就感吗？学习的状态是积极阳光的吗？在学校的每一天、每一堂课，老师对学生说的每一句话，给他们怎样的感受？这才是学校和老师最应该关注的。

“温暖”教育不是高不可攀的，也不是一蹴而就的，说得通俗一点就是：师生要有精神追求，要个性自然、生活自在，是辛苦付出后的一种快乐幸福体验，“快乐有成”就是我们追求的幸福。

第二节 塑一批温暖的老师

用热爱激活自己

没有豪言壮语，只有三年轮回的默默陪伴；没有惊天动地，只有不论晨昏的潜心钻研；没有奢华宣传与包装，只有家长学生的座座口碑。立身杏坛二十载，他把责任扛在肩上，把使命记在心里。用扎实奉献诠释了人民教师的使命初心。他，就是两江新区金溪初级中学副校长，初中数学教师李永树。从2000年走上讲台至今，近二十年里，他始终扎根教学第一线，把讲台站成一道亮丽的风景。他自己这样说：“重庆，是生我、养我、育我的地方，我发自内心地热爱着这方土地，为这片热土培育栋梁是我所愿、所爱。”他凭着对教育事业执著的爱、满腔的情，坚持“尊重差异，不放弃每一个学生”的教育思想，探索新课程改革的教育教学理论、方法，采取“疏堵结合，精细有效”的教育措施，提炼创建“双主互动”课堂教学模式，始终把培养“四有人才”作为自己的奋斗目标，堪称师德的表率。

因为热爱，所以投入。

近二十年的教学生涯里，他担任了12年的班主任，3年的教务主任，5年的学校校级管理干部。每一个有学生在校的日子里，他都是早上6:30到校，关注激情早读、备课、读书、查阅资料，开展教学研究，忙碌的上班时间总是短暂，晚上11:10最后一批学生离开教室后，才离开办公室。因为热爱，他很享受这份充实。有多少名学生考入全国名校，有多少座城市里有学生学习奋斗的身影，他都没有精力去统计，他需要投入更多的精力，去关注眼前这批嗷嗷待哺的孩子们，去帮他们设计未来。因为热爱，所以投入，因为投入，所以被热爱。他和学生约定，中考后一起庆贺，当学生满身轻松、满怀喜悦找到他住的寝室时，他却坐在床上，头靠着墙睡着了。是啊，他太累了，为了学生中考期间能情绪稳定、安稳入睡，他住进宿舍，全程陪伴，学生入睡了，他却无法入眠，连续多天。学生太了解他了，轻轻地关上门，让他好好休息一会。学校晚上安排了毕业典礼，为了表达谢意，学生们买了大大的一束鲜花，给了他一个大大的惊喜……从北大转来的学生丁义值发来短信："以前的我总被树哥激励，你只要努力，一定可以考上最好大学，今天在你送走又一批优秀学生的时刻我在北大想你……。"家住渝北的何雨萱欣喜地说："李老师：我考上巴蜀中学啦，以后我我也要考师范大学，要做和你一样的教师！"，进入清华的第一天，刘鑫发了一张清华自拍图，配文"水木清华、师恩难忘"。第35个教师节来临，新一届学生丁杰，拿来一个颈枕，亲自示范，怎样戴在颈子上，怎样垫在腰上……

因为热爱，所以钻研。

他连续三届担任重庆中山外国语学校实验班数学教学，2015年涂雨夺得县中考状元，班级42人39人上清北班线；2016年万晨雨夺得县中考状元，全县前10名，我班占5人；2018年中考数学全县140分以上41人，他班占18人。这些成绩的取得，得益于他多年醉心教育，潜心钻研。为了不断提高自己，他向名师请教教学方法，订阅杂志、购买书籍充实自己。在2008年全县初中数学青年教师赛课中，获一等奖的第一名，2012年参加重庆市青年教师优质课大赛获得二等奖，2012年代表云阳参加全国16个省教学模式优质课大赛获一等奖，2017年获中央电教馆录像课大赛一等奖，2018年获重庆市教育学会科创委员会赛课一等奖。他撰写的教学反思和论文，10多篇发表在国家级、省级期刊，20多篇在国家、市县级论文评比中获奖。个人专著《初中数学高效课堂建构的实践与反思》、《基于核心素养下的初中主体教育策略研究》已出版，副主编《初中数学课堂教学与实践》已出版并推广研究，参与编写的6部教辅资料已正式投入使用，认可度极高；主研的县级课题《初中数学"有效提问"课堂教学研究》于2016年12月结题；主研的市级课题《民办学校"自主教育，和谐发展"办学特色研究》于2016年5月结题并获得市政府表彰三等奖；主持的市级重点课题《基于核心素养下的初中主体教育策略研究》于2017年成功立项并结题。

因为热爱，所以引领。

一花独放不是春，百花争艳才是春。在教学之余，他利用学校的青蓝工程，指导、培养青年教师，充分发挥优秀教师的引领、示范作用。他指导的陈春森老师获重庆市赛课二等奖，王文娅、蔡慧若获全国赛课一等奖，张丽获全国赛课二等奖，余红军获全国赛课三等奖，伍银红获云阳县赛课获一等奖的第一名。杨武、向玉洁老师获全国主题班会赛课一等奖，其中杨武老师获重庆市优秀班主任称号，伍银红老师已成长为云阳县骨干教师。

他常说："有了新生力量，我们的事业才能顺利传承，让优质教育，弦歌不辍。"他积极交流学习，努力影响辐射更多兄弟学校的教师，让大家齐头并进，为教育添砖加瓦，推动教育优质均衡发展。先后多次应邀到贵州（贵定、纳雍、织金县），青岛、四川广元，浙江瑞安，重庆石柱及县内兄弟学校上公开课30余节、讲座30余堂。

躬耕了多少个日月，心中就沉淀了多少真情。就为这份深挚的真情，他把学校当家庭、把事业当梦想，怀着虔诚的心态，走着一条朝圣之路。在教育教学第一线树立起高高的标杆。作家冰心在赠给葛洛的诗中写道："爱在左，情在右，在生命的两旁，随时播种，随时开花，将这一径长途点缀得花香弥漫，使得穿花拂叶的人，踏着荆棘，不觉痛苦，有泪可挥，不觉悲凉。"他就是那个穿花拂叶的人，左手是真情的热爱，右手是虔诚的探索，用扎实的工作践行一个教师的诺言，在荆棘中成就着不同凡响的自己，用热爱激活自己教育的生命。

教师简介：李永树，男，重庆两江新区金溪初级中学校副校长，党员，高级教师，云阳名师，重庆市初中数学骨干教师，重庆市学科名师，上海新纪元教育集团学科带头人、首席教师、核心员工。多次被评为县师德先进个人、优秀教师、优秀学科教师、教学质量管理先进个人，先进教育工作者。先后获县、市、国家级赛课一等奖，主持主研市县级课题6项，出版个人专著3部，主编6本校本教材。发表省级以上论文20余篇，10多篇论文获省级一等奖。

撒下爱的音符，唱出动情的歌

人与人之间最融洽的关系是走进彼此的内心。教师和学生之间也要建立起相互沟通的“爱之桥”。我们的用心，我们的真情就像一块块坚实的砖能铸就这来之不易的“爱之桥”，师生关系就能心心相连。来到金溪快四年，有太多我与学生的“爱的故事”，我想把这些“爱的故事”记录下来。这些回忆将是我教育生涯最宝贵的财富吧。

记得在一次音乐课的课前三分钟表演活动中，轮到一位名叫春燕的同学，刚点到名字就有许多同学笑了起来，还有个同学直接对我说：“杨老师，她肯定不会”。我用信任的眼光来激励她走到台前尝试。她扭捏地站上了讲台，然后低下头，唱的一首歌是没有声音的，还没等唱完她就迫不及待地跑回自己的座位上，把头深深的藏在桌子下。这一幕引起了大家的笑声。在这个时候，我对孩子们说：“同学们，春燕同学终于站在了讲台上，这是很大的进步，因为老师离她近，我听到了她的演唱，虽然她声音小，但是音准非常好。应该掌声鼓励。”全班的同学以热烈的掌声鼓励他。课后我立即联系春燕同学，开启了一段朋友式的谈话。我了解到春燕历来在班上的表现比较胆小，因为她文化学科不够理想而导致不自信，但她是喜欢音乐的，喜欢听，喜欢一个人时独自演唱。谈到此时，我说：“春燕，老师觉得你的音准音色都很好，非常适合合唱，来我们校合唱队吧，在合唱队里训练一段时间，你还能独唱，甚至领唱。平时课间空闲的时候，你到我这里来，我帮助你认识五线谱和提高乐理知识”。

通过这次谈话，春燕有了改变，我发现她目光日渐坚定，没有以前躲闪了。课间常常来请教一些音乐方面的问题。我也常在课间组织春燕和三五个爱好唱歌的学生到音乐教室进行发声训练。有一次，春燕准备了一首歌曲，主动提出想在音乐课的课前表演活动中演唱。不过她说：“杨老师，我还是有点害怕，同学们会不会笑我。”我刻意用赏识的目光和语气告诉她：“你都唱不好，班里就没有人了!”。这次，春燕还是低头而羞涩地站上了讲台。我用鼓励的目光看着她，做了一个“加油”的手势。她慢慢地抬起了头，开始小声地唱起了《隐形的翅膀》，但她越唱越自信，声音越来越洪亮，表情生动而投入。结束音未落，全班的同学报以热烈的掌声，因为她的进步感染了所有人。从此以后，春燕同学变得开朗自信了，她积极参与班级里的文艺活动，也顺利地加入了校合唱队并代表学校参加各级比赛。有一次，我回看合唱视频录像时，看到她动情的演唱，我的眼眶湿润了，春燕同学的变化让我坚定了我将继续用心用爱与学生搭建“爱的桥梁”。

音乐课堂

课堂教学中最怕学生调皮捣蛋，而我们音乐学科课堂里的调皮现象更为突出。最让我头痛的就是名叫湛博的一个男生，他上课时没有一刻是安静的，甚至随意下位走动，还打扰其他同学学习，我为此非常烦恼。有一次，他竟然因为在课堂上大吼一声得到我的提醒警告后把音乐书扔到教室外，我气得差点扬起了拳头。但我没有这样做。我让他下课来到办公室，问：“你为什么这样做？”湛博说：“我后面的XXX打了我一下，我转身理论时你却说我在讲话，在那么多同学面前警告我，我很没面子。”我说：“我就是在想，肯定有我没看到的情况才让你如此过激，所以我并没有批评你而是了解真相，但是你应该解释你的过激行为是不是不妥呢？”，他马上意识到自己错了，并向我道歉。我们关系一下子缓和，他也对我放下了戒备之心。我们坦诚的聊到了以后在课堂上如何让自己遵守课堂上应有的规则。慢慢的，湛博同学对音乐有了一点兴趣，还在课后自学了吉他，主动找我学习演唱的技巧。后来的课堂上，虽然没有做到时时刻刻安静，但是他能遵守基本的课堂规则，也能尊重我这位音乐老师。当我的目光注视他时，他能有所回应。一次课后的时光，他拿起吉他，动情地弹奏了一首《当你老了》，我心里感动万分：原来调皮的学生也有如此可爱的一面。

在学生犯错时，我们必须首先询问事件的真相，保护学生的自尊心。在学生需要温暖时，我们应该给予拥抱。老师用真心真情爱学生，才能进入学生的心中搭建起和谐的师生关系，有了这样的师生关系，优秀的学生还会少吗？

愿我的真情能继续给予我的学生如太阳般的温暖!

教师简介：杨姝，2006年6月毕业于西南大学音乐学院，2006年9月至今担任专职音乐教师。2006年参加了“课程与教学论”的研究生课程班学习在2008年11月获得了研究生课程班的结业证书。2012年的10月至2013年1月参加了“国培计划--2012中西部农村小学音乐骨干教师置换脱产”的学习。2012年9月参加重庆市“第六届中小学音乐美术教师基本功大赛”获得音乐类个人全能二等奖。2013年被区教育局评为区级骨干教师。2016年，参加了一师一优课的录像课比赛荣获部级优课。2016年至今指导我校合唱团参加市级、区级合唱比赛多次荣获一等奖，并在2018年6月成功申报为重庆市中小学艺术团合唱艺术分团。

关爱学生，成为学生的朋友

曾经有人说过这样一句话：“对待学生要有爱心，辅导学生要有耐心，教育学生要有诚心。”这句话对我产生了很大的影响，作为一名教龄八年的一线教师，我能够更好的体会到这句话的深刻意义。学生就像一棵会思想的芦苇，教师只有一心一意善待每一个学生，才会在教育教学上喜获丰收，也才能够让学生成就不同的光彩。

我所教的学科是信息技术，这在基础教育而言，是所谓的“副科”，学校不太重视，家长不会认可，学生不爱学习。对于这些现象，我在刚任教的时候就知道，但是我并没有失去信心，情绪失落，对学科不满，或者和其他信息技术教师一样，只要学生不惹出什么大问题，就睁一只眼闭一只眼。我希望我所教的信息技术与众不同。

在八年的教师生涯中，我逐渐适应了信息技术教学工作，也逐步有了自己的方法进行教学和管理，其中有艰辛，也有收获。

一、教学管理中严宽兼顾，既有严厉又体现民主

信息课堂中，最难的就是机房管理。有位专家以开玩笑的口吻说：“信息技术课中，学生的破坏力是与他们的信息技术能力成正比的。”这句话几乎成为了信息技术课的至理名言。每次上课都会有这样或者那样的问题产生，比如鼠标动不了，键盘坏了，显示屏目不清楚，黑屏或者蓝屏，没网了……还没进入到上课，就引发了一连串的事故，有很多时候自己都没心情上课了，全被学生扰乱了。有很多次都是显示器无法显示，老师心中有数——电源线松动了，被学生用手或者脚扯来扯去的，接触不良了。

鉴于这些情况，我在开学的时候就和学生建立君子协议，以便更好地进行课堂管理：

（一）班级自建机房管理制度

给学生民主、自由言论的权利，共同探讨出符合大家的制度。比如说上课的纪律问题、清洁问题、打游戏、携带违禁物品等。老师和班委作最后的决策，判断是否可以编入到机房管理制度中。这个是通过投票的形式完成的，如果有学生违规了，会受到相应的惩罚。惩罚也是学生自己想出来的，比如打扫卫生、当纪

律维护员等，但我不建议写检讨，这种可能大部分是形式主义，无法从内心真正反思。

（二）座位对号问题

到机房后，按照事先编好的序号进行入座，每个学生每学期就座同一个位置。每学期末的时候检查机器有无问题，有问题的话就自己解决问题。所以一般情况下，学生把机器弄坏的情况就明显减少了，大家共同维护机房，爱惜设备，共同管理机房。

二、建立良好的师生关系，成为学生的贴心朋友

教师必须要学会了解学生的情况，细心观察学生的表现。有些学生上课的时候特别爱说话，爱表现自己，或者是不停的敲打键盘，弄得很响亮还无节奏感。既影响老师上课，也影响学生学习。有时候我没控制住情绪的话就可能会对这个学生进行批评，当着全班的同学伤害了他的自尊心。他可能一下子就反感起老师了，以后上课都会做出各种事情来表示他的不满。这种不好的事情还可能恶性循环下去，极大的破坏了师生的关系，造成了不好的影响。

对于这种情况，我和同组教师进行了交流，说出了我的困惑，向他们讨教怎么做才能够缓解紧张的师生关系。我自己也从自身出发进行思考，从中也有了很多的体会：学生的言行举止中，或多或少会透露出某种信息，就像哪些好动的学生，极有可能是想引起老师对他的关注，是希望老师能够看到他，帮助他解决成绩不好或者表现不好的问题。可能老师的某一次关心，就会让他心里面感到快乐，产生自信，能够正确的认识自己，也会把老师当做贴心的朋友。

还有一些学生的确不爱上信息技术课，觉得没意思。我就私下里和他们建立了一个合约，我说不会强求他们上信息技术课，但有一个前提，不影响老师上课和别人学习，自己就可以学习比较偏弱的学科，在考试的时候要达到协商的目标。目标是根据自身学习基础，学科教师的认同而确定的。目标如果没有达到的话，就得受到相应的惩罚，比如每天再多做一道题，自己总结出某个知识点的相

关链接等。这种方式在一方面可以反映学生谁有兴趣做事情的自主权，帮助学生提高他们的成绩，而在另一方面，他们可以建立与老师和谐的师生关系。

通过这些措施，我在信息技术教学方面能够迎刃而解很多问题，提高了自己的教学管理水平，也和学生建立了良好的师生关系，成为彼此值得信任的朋友，共同成长，共同收获。

教师简介：龚从应，女，毕业于东北师范大学，曾获得区级、市级论文比赛二等奖、三等奖若干，“一师一优课”部级优课，参加校级、区级、市级课题并结题各1项，主持校级课题1项，获重庆市信息技术优质课大赛一等奖。我的座右铭是“路漫漫其修远兮，吾将上下而求索。”

花与养花人

一朵花的盛开最是离不开人与花的努力的。养花人精心地为花种提供花开的养料，花种拼尽全力突破并不柔软的外壳，伸展自己的嫩芽，开出自己的鲜艳。

小永是我们班上一个外形怯弱的女生，总是低着头，沉默着。见到她，我恍惚间仿佛见到了初入贾府的林黛玉，总是小心翼翼地行事。不知怎的，在学期初，她见了我，就跟耗子见了猫似的，流露出惧怕的情绪来，因而在面对她时，我总会觉得我的真实身份不是她的班主任，而是怒目金刚。这实在不是我的错觉，在她一篇写我的作文里，她坦白直言我“那张脸不是很面善”，好在，她也觉得我是“越看越顺眼的那种”人。

在学期初，杨永总是不能按时到达教室，参加早读。一问原因，不是起迟了，就是睡晚了。我建议她多设几个闹钟，晚上早一点睡，她却回答说设了好几个闹钟也没叫醒她。这让我感到疑惑，她的睡眠质量真的如此好吗？在我的进一步追问下，才知道她分别在凌晨四点、五点、六点设了三个闹钟，因此她在三点钟时醒过一次，然后又睡着了，当再次醒来时上学就已经晚了。难怪她在课堂上也总是睡眼惺忪的，一副不在状态的样子，就像一朵萎缩的花一样，看不出原本的模样。

面对这样的情况，我试着和她的家长进行沟通，沟通之后效果并不理想，我想如果要真正改善这种情况，一定需要小永自己的努力了。

而这朵花的盛开，是悄然无声的，也是清芬四溢的。

一次，小永又毫无意外地没有按时到教室。我如往常一样地和她家长进行沟通未到原因，家长也和往常一样告诉我孩子起晚了，等会就到。我等了许久，最终等到了一个抱着书包，哭泣着来办公室找我的小女孩。

看着连哭泣也无声无息的杨永，我有刹那间的错愕，随后竟像石头终于落了地一般松了口气。在大半学期的接触中，我对小永的家庭有一些了解。我总想找机会和她聊一聊，但一直没有找到合适的机会，直到这次，我知道，契机也许来了。

我拿着抽纸，带着小永到了办公室隔壁的教室坐着。我想要安慰她，让她停下哭泣，但看着她那样难过也只是小声地抽泣着，于是我对她说：“大声哭出来吧!老师这里纸巾管够。大胆哭！”

渐渐地，她的声音大了起来，哭泣的幅度也加大了。而我，一手轻轻拍她的背，一手给她递上纸巾擦眼泪。渐渐地，她的声音缓缓平息，情绪也缓和不少了。

于是，我试探性地问她：“今天你哭得这么伤心，老师看着也很难过。那你能不能告诉老师，你是因为什么才这么伤心呢？老师也许能帮得上你。”

小永沉默了一会，说：“我不知道能不能跟你说。”

我一听，心想，她可能对我还不够信任，这种情况下如果我硬要问出原因的话，可能只会收获沉默和走向对抗的师生关系。此时，看着她的泪水，我灵机一动，也许我可以用老子的一段话安慰她。

我说：“你知道吗？我国古代有一个非常厉害的思想家，叫老子。老师非常喜欢他。他曾经说过这样一段话：‘上善若水，水善利万物而不争，处众人之所恶，故几于道’。这句话就是说呀，最高的最好的品格就像水一样，它善于滋润万物，而不和万物争抢，最让人震惊的是，它能停留大家都厌恶的地方而不会觉得无所适从。所以老子认为水是最接近道的东西。在老师看来，你就像是水一样，拥有自己的力量。”

小永被我的话吸引住了，她不自觉地说：“可是我觉得自己很懦弱。”

我因势利导问她：“你为什么觉得自己很懦弱呢？这和老师的看法不一样呢，能和老师谈谈吗？”

小永这才娓娓道来她的生长环境，她的苦恼，她的不自信。耐心听完之后，我想，对小永而言，改变家庭环境很难，但是让自己的内心逐渐坚强而柔软，像水一样，这还是可以通过自己努力做到的。而我，既需要和她家长做进一步沟通，更需要在此时此刻鼓励她树立自信。

于是，我决定拿出自己的学习史，和小永谈起了我自己的成长经历：“一开始，老师的学习成绩并不好，而且也没有要好好学习的意识。但是，我的一个骄傲自满的小学同学改变了我……”这段故事显然拉近了我和她之间的距离，她开始会就此提问，并谈起她自己在学习中的困难。我也给她提供了一些学习方面的建议。

交流到这一步的时候，我开始慢慢放下心来了，这时她的情绪终于完全稳定了。

接着，我又针对她的不自信鼓励她：“在老师眼里，你就是一条拥有涓涓细流的小河，静静地流淌着，但在未来，你终究会通过自己的努力成为遇事波澜不惊的大海。当然，前提是要你自己想要成为广阔的大海。”

小永怯怯道：“可是老师，我觉得我做不到。”

我笑着对她说：“那是你觉得做不到。这样老师交给你一个方法，一定可以帮助你。你每天早起和晚上睡觉之前对着镜子说三遍：‘我现在是一条小河，但我终会变成大海’。一开始说的时候，也许你自己还会有所怀疑。但是，请你一定要坚持，一段时间后你就会感受得到你自己这条将会变成大海的小河的力量。能做到吗？”

小永点了点头，说：“好。”

为了让她以后能向我表达她自己的想法，我在谈话最后也鼓励她如果觉得直接找老师沟通会难为情，她可以以写匿名信的方式和我分享自己的困惑、看法。于是，在整个初一阶段，我的办公桌上出现了很多封拥有不同笔名却有着相同字迹的信，上面记录着她对生活点滴的看法，对人际交往的困惑，对小说文体的练笔……我知道，这些信都来自于一个对世界有敏锐感知的像水又像花的女孩。为了不辜负一朵花的期待，我也认真地回信，并将信放在桌上，等待它的主人趁我不在时将它取走。

渐渐地，小永不再迟到了；渐渐地，我能感受到她在课堂的认真了，虽然她还是喜欢在心里回答老师的提问。过了一段时间，我常常看到她在办公室门口探头探脑的，我一伸头往门外看，她就受惊似的把头缩了回去，我把头缩回去，她又探出了脑袋。我很疑惑，便直接把她叫了进来，问她有什么需要我帮助的吗?她一开始只是笑着摇头，然后跑开；次数多了，她开始会对我说：“蒋老师，我想你了！”偶尔我也能收到她借家长QQ对我发送的“爱的表白”，一开始还真是让我吓一跳。再后来，她会直接进入办公室，问我，“蒋老师，我可以抱你一下

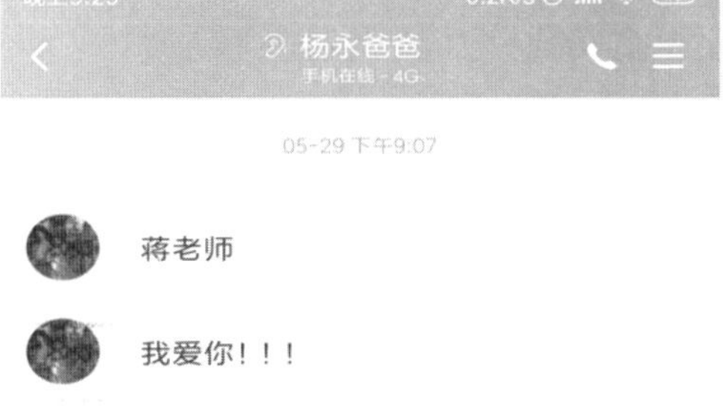

学生借家长QQ表达对蒋老师的喜爱

学生制作手工作品表达对蒋老师的喜爱

吗？”我当然应允了。在和她拥抱的那一刻，我感受到了她瘦弱身躯中蕴藏的力量与温暖。

临近期末，小永在放学后直接递给我一封信，并且害羞地让我一定不要现在看，一定要等回家再看。我说好。原来，小永希望在这次期末考试中得到我的“祝福”。这朵花，终究凭借她自己的努力盛开了。

都说花的盛开离不开种花人的精心培育，但花的盛开何尝不是对养花人的惊喜治愈呢？这样温暖的信任，这样单纯的爱，已经是我前进的一股强大力量了。

教师简介：蒋鉴樱，陕西师范大学优秀毕业生，认为教育人就是要形成人的品格，致力于使教育过程成为一种艺术。

我的温暖教育故事

故事的开始来自于2011年的一纸录取通知书，大概所有认识我的人都不会相信我会走上教师这个行业，而我，确实是从那一刻开始就知道，我即将走向的是多不容易的一条路。我是一毕业就来的金溪中学，那时的金溪中学也很年轻，说起来虽然是“元老级”教师，但其实就是一个刚毕业的大学生和任职学校和所教学生一起成长的故事。

在说长不长，说短不短的四年教学时间里，算起来也已经送走了两届学生了，作为美术教师，虽然不如班主任或者语数外老师和学生相处的时间长，不过，却也有作为非主课老师才能看到的学生更真实的一面。

在刚毕业的学生里有一个叫邹春燕的女孩子，个子小小的，脸圆圆的，乍一看就是一个柔柔弱弱的小女生样子。初一刚进来的时候，她就坐在教室中间第三排，一边听着我的自我介绍，一边笑的软软的。不知道是不是我们对彼此的第一印象都还不错的关系，虽然我只是美术老师，但在后来的每一节课上她都非常认真。

到了初二，学校有了新的工作安排后，我突然就变成了她所在班级的搭班老师，这也是我真的和她有了更深层的交流的开端。在初二开始的时候，从别的老师那里听说她因为腿部检查出了不大不小的肿瘤，手术回来后，再也不能参与剧烈运动，也和体育课无缘了。老师们都说，从医院回来后的她，变得更加沉默寡言了，学习也越来越提不起兴趣。

大概是命运的巧合，想到我其实也有着这样的经历，或者相比其他老师来说，我感同身受的故事能让她开朗一点。我这样想着，就开始找各种机会想和她聊天，希望能让她解开心结。转机来自于某天学校的大课间活动中。

学校要求所有老师和学生都参与到课间活动中，大家一起跑操场，一起做运动，然后我就看到她一个人默默地走在操场内圈，埋着头，心事重重的样子。我快步跟上她，轻轻搭上她的肩，“嘿，girl～”，然后她也轻轻地笑了笑作为回答。我假装什么都不知道的问她：“诶，你怎么没进班级里和他们一起跑呢？”她惊讶了一下，又埋下头说：“老师，你不知道吗？我脚有病，不能跑了。”呵，这正是我想要的回答，借此机会，我打开了话匣子。

“诶？是吗？那我俩不就是一样了？你没发现全校老师都在运动的时候我也经常一个人在操场转圈圈吗？老师脚也有生病，比起你现在才不能跑，老师可是从小就没上过体育课呢，虽然我以前也挺羡慕同学们能跑能跳的，不过看上去也挺累的，慢慢的也乐得安逸了。哎呀呀，以后我俩就可以一起‘偷懒’了……”自顾自地说了一大堆的我并没有放过观察春燕同学的表情，我看着她从沮丧到惊讶，从不安到放松，我知道，我大概说到她心坎上了。

“你可是老师呢，你怎么能说要和我一起‘偷懒’呢……”

“哎，是人都是会想偷懒的嘛，何况我们这是不得不偷的懒，你在这一部分‘偷懒’了，就要在其他部分努力补回来，还是说，你连学习上也想偷懒了？”

“没有，没有，我才没有……”她连声否认到，然后又像意识到了什么似的微微的脸红了。

我们的对话就这样结束了，她没有跟我说她那时候到底在烦恼什么，我也没有跟她说她需要在学习上再加把油，但之后的大课间里，我俩总能不约而同的走到一起，一起绕着操场走走，一起给体育训练的同学们加油，偶尔她还会告诉我她最近又学了些什么又遇到了什么困难。再后来，她升入了初三，我也和她鲜少交流了，听说，她回到了爱笑的样子，听说，她学习也更加认真努力了。

我会再突然想起她，是在他们毕业后的某天，上课回来后的我在办公桌上看到了她偷偷放下的礼物，知道我在学日语，她特意给我留了日语的小纸条，知道我喜欢五月天，所以她画了一张五月天的画送我。留下的都是最真挚的祝福，而送礼的孩子已经飞向更广阔的天空。

我不知道这算不算是我短短教学生涯中温暖记忆里最深刻的一笔，但是我知道，我应该会记得这样的故事很久很久。送走了两届学生了，除了不得不偷懒的春燕同学，我还记得老是和我开玩笑说“我不喜欢美术，但是我喜欢美术老师”的徐稷；答应每个月给我写一次日语小作文但最后因为学习太忙只写过一次的程晨；调皮捣蛋让老师头疼但最后离开学校时突然跑来合照的苏祐康；即使毕业了现在也会偶尔发信息告诉我近况的刘玥……

学生制作手工作品表达对范老师的喜爱

教学的路还很长，我始终相信，用最真挚的心去传达的东西，一定能让学生感同身受。这些东西可能不止是教育知识，还有成长过程中彼此的喜怒哀乐、点点滴滴。而这些点点滴滴最终都会成为我们人生中一个又一个回忆起来都带笑容的温暖故事。

老师与学生就是在不断的告别，我们送走这一届，又迎来下一届。我希望我能记住这些温暖的故事，我希望他们也能记住生命中曾经出现过的我，而我知道，只要用心，我们都能做到。

教师简介：范钰晗，毕业于西南大学美术学院美术学系（国画山水方向）。两江新区美术家协会会员。曾获重庆市美术优质课大赛二等奖。重庆市师生书画大赛二等奖。多次指导学生参加区内市内各项美术赛事并取得优异成绩。

我的班主任故事

话说，世上最难当的领导就是班主任，2016年9月，怀着满腔的热情及雄心壮志来到学校报到，上班第一天教师例会上，突然有个声音响亮的在我耳边飘过：XXX担任几班班主任，什么？是我听错了，还是教务主任念错了，我马上问旁边的同事，他们听到的也确实是我。顿时犹如晴天霹雳，上班之前怎么也没想到一个没有教学经历的新老师会在工作的第一天接下此重任，接下来发生的一切犹如孙悟空打妖怪。

那一天，是我与39个孩子第一次见面，内心有点小紧张，不知这39个孩子如何，听不听话，惹不惹事？记得在上班之前，外公就告诉我：你先想一下，你当学生时，希望遇见一个怎样的老师，那么现在你就得像你所想遇见的老师去靠近。于是，第一次和他们见面，我就告诉他们：孩子们，以后我是你们的班主任兼数学老师。以后课上我是你们的老师，课下我希望做你们的朋友，愿这三年，我们能在快乐中收获知识，彼此成长。这话一出，感觉有点后悔了，仿佛把我的底线透露给了他们，接下来我与39的孩子的故事就拉开了序幕。

陈老师召开个别学生家长会

其实，班上大部分孩子还算听话，只是极少数有点调皮，哪些该做，哪些不能做，规矩讲好了，没什么大事发生，但终究是孩子，他有着一颗对世界万事万物充满好奇的心，例如将自来水灌到桌角里，然后倒出来，在你看来，一点乐趣没有，但他却能玩得不亦乐乎。还有一个孩子更让我没想到的是，下课后，没有复习功课的习惯，也不愿和其他孩子聊天，闲来无聊，拿着一颗图钉就往自己嘴里扔，先扔再吐，再扔再吐，反复不停地重复着此动作，这么危险的动作哪有不失手的时候。过了一节课，他的同桌跑到办公室找到我："陈老师，XXX玩图钉，失手吞下去了！"当我听到这个消息，内心崩溃，迅速跑到教室，问这孩子情况，当时我担心得不得了，但孩子毕竟是孩子，不仅对任何事情好奇，还对任何事情能做到若无其事，当时他告诉我，没什么感觉，也没觉得哪儿不舒服。于是我立即和家长联系，让家长带孩子到医院检查，过了一会儿，家长来了，把孩子带到医院做了B超，确实在他的小肠壁看见了一颗图钉，稍有不慎，图钉就可能刺穿肠壁，当时医生给了方案，做手术和吃泻药，但家长选择了吃泻药，虽然有一定风险，但不至于动刀，接下来我的心里总想着这件事情，也在反思，孩子为什么会出现这样的事情，我想是没养成学习习惯导致课后无所事事吧？幸运的是过了两天，再去做B超，腹部及小肠壁已看不到图钉，说明图钉已排除，真是万幸。

做了班主任，你会发现，你不仅仅是一个老师，更是这群孩子的家长，他们发生任何事情你都会跟着揪心，当遇到他们做的一切事情，不能强硬责备，唯有用耐心去感化教育他们。

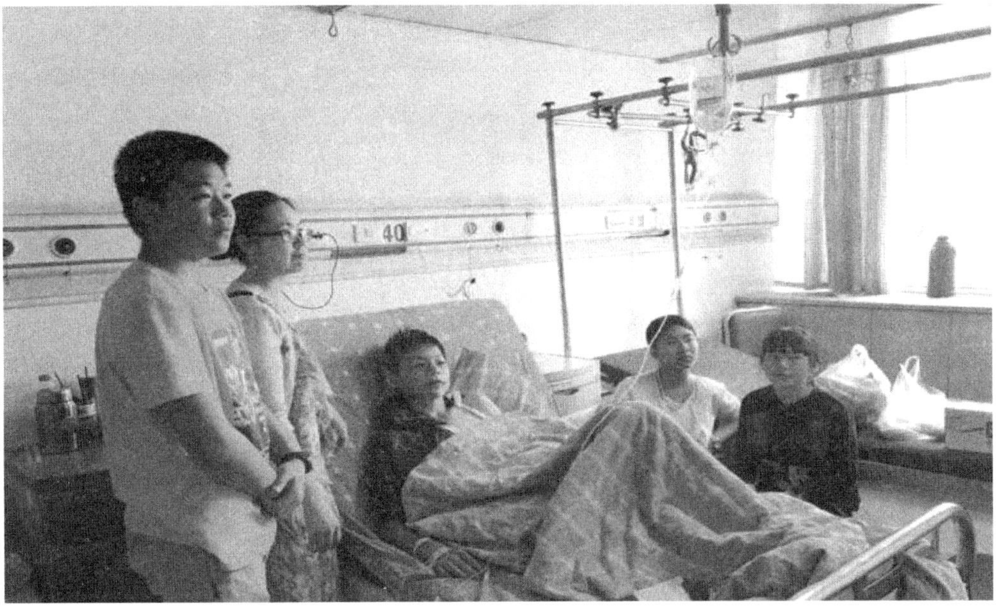

陈老师到医院看望吞咽图钉的学生

第一次做班主任，最大的体会就是要有耐心，要善于去洞悉一切极有可能要发生的一切，要有预见性，在处理任何事情时不能操之过急，并且还要讲究方式方法。例如，早恋问题，当发现两个孩子有这种苗头时，我会分别找两个孩子来了解，不是以老师的身份去责问，而是以朋友的身份去谈心。谈完之后告知利弊，你们心中的彼此喜欢，不叫喜欢，而是崇拜，可能是对方哪个方面做得好，你羡慕，所以两个异性同学之间，可以相互鼓励，相互取长补短，切勿扭曲崇拜的含义；再比如，两个孩子发生矛盾时，不能立即去责备，张三这不对，李四那不好，而是先让两个孩子冷静，冷静，再冷静，人在愤怒时只会坚持自己的想法，总认为别人做得不好，自己做的是对的，冷静后就会意识到自己所做的有所不妥，然后会觉得对方做的是对的，两个人的矛盾就可一一化解，还能做好朋友。班主任，既要像妈妈一样去保护好这群孩子，也要有犹如大海一样宽广的胸怀去包容他们所做的一切，在班主任这条路上，既要不断反思，也要不断学习，学习如何更轻松的去管理好一个班级，而不是当一个班级的消防员。

教师简介：陈福利，毕业于重庆师范大学应用数学专业，中学一级教师。

教育格言：我们的教育是同温暖的生命一起开始的。

关注生活点滴，培育温暖孩子

假如你是孩子，你希望遇到什么样的老师？

假如你是家长，你希望遇到什么样的老师？

那么，你就成为什么样的老师。

一、师爱是教育的起点，也是终点，是一切的根本

随着年龄的增长，遇到的孩子多了，自己也有了视若珍宝的孩子，心也就越发软了，看不得孩子们受到伤害，开始憎恶那些不良风气对孩子造成的影响，对学生经历的苦难能够感同身受。

来到金溪的第一年，就让我认识了罗人萍，那张明知马上就要永别的手紧紧握在一起的照片一直存在我的电脑里，成为了永恒。那天，我第一次接到他家人的电话，第一次得知他的母亲得了癌症，却又马上告诉我是晚期、病危。我陪孩子去了医院，他们的手握得很紧，孩子很勇敢，一直没哭。妈妈很努力的说："没事儿，医生说，会好的。"临走时，我看到他的母亲大口地喘着粗气，我知道，那句话，她用尽了全力，有多么的不舍。后来呀，回到班上，我告诉其他孩子，你们遇到困难了，想要倾诉了，可以给妈妈打个电话，人萍呀，只能去坟头了！再后来，人萍是不幸的，但也是幸运的，因为自那以后，他多了六个、七个妈妈，他多了三十六个兄弟姐妹。他没有孤独，因为他还有我，他有我的班级，他有我们更多的爱。

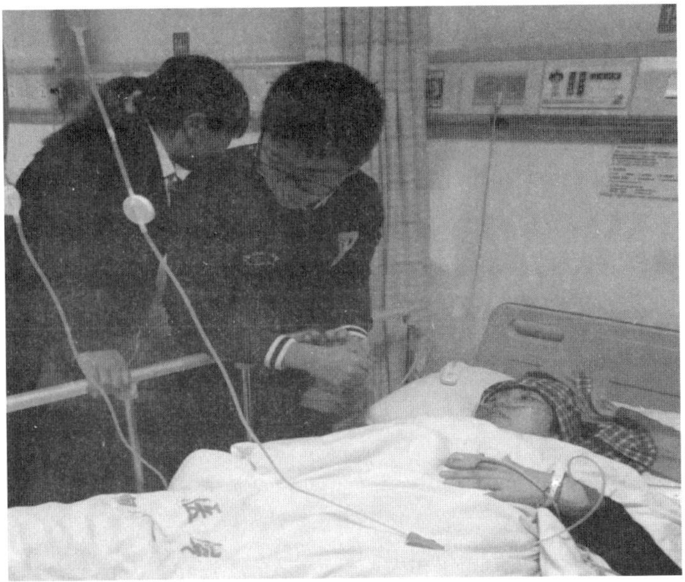

陈老师到医院看望吞咽图钉的学生

二、言传不如身教，我就是教科书

今天是我母亲63岁的生日，祝我的妈妈生日快乐！上周六母亲就打电话说把它改到周一，因为我只有周一晚上可以5点半下班，我都有一个多月没有回去了，我知道她想我啦，我答应了回去。可是周一一大早她又打电话来

说：你别回来了吧，回来马上又要走，太赶了。在他眼里，我的事儿都是国家大事，耽误不起的。我说我安排好了的。于是我买了6点的车票回去，8点的车票回来。当我捧着一束花出现在她面前时，母亲笑得那种灿烂，你知道吗？我可开心了。回到重庆都9点多了，儿子衣服都没脱，在床上睡着了，我们事先说好的，我回老家给奶奶过生日，儿子很支持，他乖乖地等我回来录视频交作业。我叫醒儿子，他眯缝着眼，我很不忍心，但是我说：儿子，今天你入队了，少先队员，能够战胜所有困难。他"噌"的一下爬了起来。那晚，我们做作业做到近10点。第二天，我给班上的孩子们讲起此时，孩子们听到入迷，中途广播响起，丁思源马上跑过去把它关掉。我告诉孩子们，为什么我让心爱的儿子等待，因为，我还有很多时间陪他过生日，但是陪我的母亲过生日，都是做倒计时了！

所谓言传不如身教，我是班主任，我就是教科书！

三、用真诚的勉励，唤醒沉寂的力量

教育本身就是心与心的交流，是爱的传递，是希望的给予。孩子们之所以犯错，是因为无知，因为无知，所以需要我的教育。每一个班级都是一首优美的乐曲，每个孩子就是其中一个独有的旋律，只要老师用心弹奏，这首乐曲就会动听美丽。我班里有个叫刘勘鑫的孩子，初一时由于没能够及时适应小升初的变化，产生了严重的厌学情绪，孤僻冷漠，没有朋友，成绩倒数第一，于是，我首先从打开孩子的心结开始，每天都抽时间和孩子单独说说话，鼓励他，从一天只有三五个字开始。慢慢的，我们成了朋友，慢慢的，我们开始一起学习，慢慢的，勘鑫开始有了转变。经过两个月，勘鑫融入了班级，而且成绩有了飞跃（半期考试上升了68名），成了同学们的楷模。我用真诚的勉励，唤醒了孩子沉寂已久的力量！这样的案例每届都有很多，所以，我接的班往往都能从刚开始的相对落后，变成毕业时的名列前茅。

四、走近家长，做第三位监护人，为师两年，为友一生

在我的手机里，有七千多条短信息，其中有一半以上是和学生家长发的，虽然手机内存屡屡报警，但我只会去删除其他内容释放空间，上届，上上届的家长短信都还在。这是我把自己当成孩子们第三位监护人走近家长最高效的途径。我觉得：“万一孩子们有什么问题，我还能查短信，找到他们，还可以帮帮他们。”

我喜欢和孩子们做朋友，两年的朝夕相处，让我和每届的孩子都建立了深厚的感情。每年的教师节、感恩节可以说是我最忙碌的时间，孩子们要么回来看看，要么电话祝福，应接不暇。孩子们说，每每和我说几句话，还能继续从我身上获得前行的力量。

教师简介：周迎春，2017年8月通过两江新区人才引进来到金溪中学。现担任初2020级年级组长、物理教研组长、班主任。重庆市骨干教师、重庆市优秀科技辅导员、国家教师资格考试面试考官、重庆市最美创新教师。曾担任区兼职教研员，是区物理名师工作室成员，原合川区“一师一优课”评审专家组成员。参加工作十八年，他始终坚持“轻松物理，快乐学习”的教学观念，课堂生动活泼，师生快乐和谐，教学业绩优秀，深受学生喜爱。所带班级积极奋进、乐观有礼，得到了社会各界的广泛赞誉。

那个为我提灯的人
——我和自闭孩子的故事

每当我读到《那个为我提灯了人》这篇作文时，心里就会涌起一股暖流，这是爱的力量，温暖别人的同时，也温暖了自己。三年时光，匆匆而逝，与孩子们相遇、相识、相知，教学相长，一份份情谊，一个个故事，记录着三年难忘的班主任经历，它是最美的回忆，也是宝贵的财富。彼此的真诚相待与成全，使我们成为了彼此生命里那个提灯的人。

初遇小林

作为一名新任班主任，在开学的第一天，我遇见了小林（化名）。那一天初次见面，我首先组织新生们进行自我介绍——说说自己的兴趣爱好，聊聊自己的趣闻趣事。正当同学们侃侃而谈的时候，小林突然地走上了讲台，他很紧张，浑身都在发抖，双手紧紧地捏在一起，不停地搓动。而此时教室的后面，站着一位中年妇女，着急地看着小林，后来得知她是小林的妈妈。小林沉默地站立了30秒的样子，这个时候，我突然意识到这个孩子的不同，于是我赶紧上去问了他几个问题："你叫什么名字？"小林慢慢地挤出了两个字"小林。""你最喜欢做什么呢？"小林颤抖吐出两个字："画画。"接着我又问道："那你最擅长什么呢？"他想了许久，说了三个字："跆拳道。"为了不让小林觉得尴尬，我停止了提问，转身让同学们给予小林热烈的掌声。

放学后，小林的妈妈来到我身边，说道："崔老师，我们家的孩子有点特殊，下午他爸爸来找你具体谈谈，今天给你添麻烦了，不好意思。"下午，小林爸爸按时来到学校，一见面就跟我说："崔老师，我的孩子有些不同，他有些自闭，不懂得跟人交流，也没有自主能力。他小学六年都是专门请人一起陪读过来的，他不会自主学习，不懂的拿书，翻书，不懂的记笔记，这些都要有人提醒才行，所以我想明天给他请一个陪读到班上来。"为了让小林有一个全新的开始，全新的生活，在我的再三劝阻下，小林爸爸同意先暂时不给小林请陪读，观察一段时间再看。

新学期开始，同学们对新生活充满了好奇，同时对小林也充满了好奇：上课他会突然站起来；有时会用笔戳同学们的后背；上课的时候，老师们没法指望他能认真听讲，只要他能安静地坐在那里就可以了；下课的时候，小林会对一些同学说一些莫名其妙的话语，甚至还会骂一些简短的脏话；有时候他喜欢粘着老师或是同桌，然后做一些幼稚或是莫名的动作……渐渐地，一些同学开始对小林搞恶作剧，有教小林去乱骂脏话的，有教小林去跟同学下跪求婚的，有的跟他闹小矛盾的……各种各样的问题层出不穷。

面对小林，作为一名刚刚入职的班主任，我的内心焦虑不已，我不知道该如何去处理这样的问题。但是，心里有一个声音在告诉我，这样的孩子，唯有爱和包容的环境才能让他安全健康的生活下去……

成长中的小林

经历了那么多的风波，我慢慢对小林有了进一步的了解。于是，我决定一定要在孩子们的心田里播下爱的种子。开学的第一个月里，我们的班会都围绕一个主题：“善待同学，团结友爱，相爱互助。”除此以外，我还约见小林的前后左右的同学进行交流，向他们说明小林的特殊情况，让他们一定要时刻关注小林，并给予他最大的关心和帮助；另外，课余时间，我还时不时进班观察，请一些孩子进行私下的谈心，引导他们慢慢接受小林。就这样，孩子们渐渐地明白：小林就像一张白纸，我们涂给他什么颜色，他就会成为什么样子。如果我们给予他包容与爱，他就会慢慢变得阳光灿烂；如果我们给予他都是黑色或是灰色，那么他就越变得越来越糟糕，我们的班级也会越来越灰暗。所以，在我们的大家庭里，我们要让他在班上感到温暖与快乐，更要像亲人一样善待他。

润物细无声，爱的种子开始不知不觉地发芽了。不仅仅是我这个班主任，所有的科任老师，同学们对小林也都表现出了莫大的关爱和包容。孩子们无形中达成了共识——嘲笑或者戏弄小林是不齿的行为。孩子们对小林的态度也发生了变化：有同学帮着小林拿书；有同学告诉他记笔记和作业；有同学陪着小林做游戏；有同学负责提醒小林所有的日常活动，例如集队午餐；还有同学甚至放学后把小林送回了家里。每节英语课下课，小林都会跟着我边走边聊天，直至进到办公室；午餐的时候，我特意把小林安排在我的旁边，跟他多交流与谈心，小林思维跳跃，有时会问一些让我哭笑不得的问题，例如：“孔子和老子哪一个更帅？”……班级外出研学，乘坐大巴车的时候，我会安排小林坐在我旁边，三个多小时的往返车程里，我一直陪小林聊天、听歌……就这样，我慢慢走进小林内心，成为了他最好的“朋友”。

随着时间的流逝，小林在各个方面都发生着很大的变化，取得了长足的进步。课外活动上，小林变得积极了，开学主动报名了美术社团学习素描，美术老师欢喜地送来小林的第一幅美术作品，激动地赞扬道：在众多的孩子里，小林最能静下心来，也是画的最好的一个。在日常行为方面，我要求他力所能及参加组内的活动，每天负责自己座位下的整洁。经过耐心的教导和不断的练习，小林基本能够跟上其他孩子的节奏，按时吃完饭，坚持大课间跑步跳绳。在交际方面，小林渐渐热衷于下课帮着老师拿东西，主动来跟老师们用英文聊天，问到“How are you?” “Where did you go on a vacation?”等等，逗得老师们哈哈大笑。在学习上，他开始自己拿书听讲了，对于他感兴趣的科目，有时候还会掏出一只铅笔记笔记，成绩也开始突飞猛进。在初一半期考试中，小林的生物和地理都考了全班的第一名；在初二的期末考试中，小林的英语由以前的二三十分，上升到了一百多分；初三最后的中考，小林也如愿进入了一所理想的高中。

惜别小林

三年的时光，俯仰之间，稍纵即逝。三年里，小林常常在同学们和老师们的面前，毫无掩饰的表达他对老师的喜爱，对同学的喜爱，对班级的喜爱。甚至还在假期还吵闹着要跟老师们和同学们一起去旅行，希望赶紧开学去见到老师和同学们。一直以来，从不写作文的小林，在一次语文考试的试卷中，看见了《那个为我提灯的人》这个题目，居然开始动笔，写下了他初中生涯来的第一篇作文。

看着小林的作文，我感觉到无比的温暖。这个曾经让我们头疼不已的问题孩子，如今渐渐地变成了自己的小粉丝，甚至向亲人一样陪伴在我们的身旁。我们的班级不但没有因为他的存在变得糟糕，相反因为跟小林一起生活，孩子们在关爱与包容中一天天成熟与长大，在实践中践行着学校的“温暖理念”：心有温暖，行有美德。班上每个孩子都知道，小林是我们的亲人，我们要照顾他、呵护他、包容他，小林的存在让我们班级与众不同，小林的存在让我们班更加充满凝聚力。

6月毕业季，小林已经从金溪中学顺利毕业，去到了他理想的高中。三年与小林的点点滴滴，像梦境一般落在每一人的心里，停留在记忆的长河里。每每想起小林，我的内心总会泛起一丝丝的温暖，它带给我莫大的肯定与希望，小林就像我生命中的提灯的人，指引着我在教育的路上，不忘初心，砥砺前行！

教师简介：崔汶静，英语专业研究生，金溪中学英语教师兼班主任。曾获教育部“一师一优课”优秀课程奖；荣获青年教师解题大赛一等奖；荣获重庆市外语专业委员会第十三次论文大赛二等奖；三年被评为校级优秀班主任，获两江新区优秀少先队辅导员称号；并获校级班主任基本功大赛一等奖；荣获两江新区2019年中小学德育精品课二等奖；和孩子在一起的时光，让我的生活变得丰富多彩，陪孩子成长的过程，也是自我的完善与修复的过程，与孩子们教学相长，共同遇见更好的自己！

换种打开方式，会有意外惊喜

我们在平时的工作中，经常会遇到一些文件打不开的问题。于是我们就选择换另外一种打开方式，问题也就顺利解决了。其实我们在教育教学中也经常遇到这种“打不开”或“解不开”的问题。比如：学生对学习不感兴趣，不管是鼓励还是批评就是没进步；教学效果不理想，即使自己很认真很努力的备课上课，依然没有效果……

这时，我们不妨换个思路，换种打开方式，或许问题就迎难而解了。

2011年，我组建了一支初中女子排球队。在建队初期，我很兴奋，学生也很喜爱。可是随着时间的推移，我们陆陆续续的参加了一些比赛，问题就暴露出来了。学生只对比赛感兴趣，觉得训练枯燥无味；比赛时学生在场上表现很懵，我在下面指挥很着急，经常大吼学生，学生也经常起内讧。一系列的问题，让我开始焦头烂额，无从下手。

2013年，我去北京体育大学进修，我的指导老师是排球教学界知名的孙平老师。我把我的疑惑和孙老师说了，她和我说，怎么会不急呢，但是学生也想表现得更好，她们是最着急的，压力也是最大的。我们要去尝试改变自己的风格，换一种让学生更能接受的方式。听了孙老师的话，我恍然大悟。回来以后，我把我的想法和队员们说了，学生们低着头，互相看了一会，队长说话了：“王老师，其实之前我们就想和你说了，不是我们不努力，只是我们和对手的差距太大了，我们的自信心已经被击垮了，唯一的念头就是早点结束比赛，可是你在场下却是大声的批评我们……”此时我已经完全明白，我只顾比赛成绩而忽略了学生的内心想法。那么接下来，我要换一种我教学的打开方式，以学生为出发点，战术练习固然重要，但关注学生发展更为重要。

在此后的几年里，我和我的队员们共同努力，拿下了一场又一场胜利，学生也都考入了自己理想的学校。看着学生们的进步，我的心很平静了。如果不是我改变了教学风格，恐怕我们还在挣扎与煎熬中。每个周末，升入高中的队员都回来陪我们一起训练，这也是我最开心的时候，我很想念你们，我的孩子们!

2018年9月，我因工作调动，来到了两江新区金溪中学。在学校组建田径队时，有个学生进入了我和刘老师的视野，八年级（4）班的朱泓瀚。这名学生人高马大，相当帅气，力量和爆发力超级好，远超同龄人一大截。但是在确定名单时，我们犹豫了，因为这名同学的性格不太好。在班上经常迟到，经常发脾气，而且每次发飙都要打他的同桌，最后我们没有选他入队，但是我们也没有放弃他，因为他的身体实在是太优秀了。在后期训练时，发现他时不时地过来看训练，我们就觉得这事还有转机。几天后，他的班主任李老师找到我们，说能不能让朱泓瀚过来和我们一起训练，她也觉得这个孩子是个好苗子。于是我们和李老师当即拍板，立马喊他来训练。经过几天的训练，我们发现他并不是传说中的问题学生，反而还特别踏实，他特别喜欢田径，在训练中从不叫苦叫累，总是认认真真的完成任务，而且和队员的关系特别好，经常给其他队员带水喝，大家都很喜欢他。在班上和同学的关系也越来越好，违规违纪的现象已经成为过去式了。在2018年11月的区田径运动会上，他拿了跳高第三名，三级跳远第五名的好成绩。

后来我们在和班主任李老师交流时，李老师非常惊奇地说："真的是太神奇了，自从加入田径队后，朱泓瀚简直像换了个人似的！你们真是太厉害了！"其实这是我们大家群策群力的结果，更是朱泓瀚自己努力的结果。我们和李老师开玩笑说："以前我们对朱泓瀚的打开方式不对，现在找到了正确的打开方式。"先找到一个人的兴趣所在，再沿着兴趣发展来带动其他方面的进步。现在这个高大帅气还略有腼腆的大男孩，已经今非昔比了！

换一种打开方式，无非就是换个角度思考问题，新时代赋予了我们新的使命，提出了新的要求。不再是仅仅对成绩的评价，而是一个全面和谐的发展，教育之路，任重道远，让我们携手并进，共同谱写教育辉煌！

王老师与队员们商讨战术

教师简介：王庆，男，2009年毕业于重庆师范大学体育学院排球专业，排球国家二级裁判员。2009年至2018年在四川省邻水实验学校任中学体育教学工作，兼任初中女子排球队教练员。在工作期间多次获广安市教体局、邻水县教科体局表彰，有"优秀教练员"，"体育优质课大赛一等奖"，"学科先进个人"，"优秀裁判员"等称号。2018年8月考入重庆两江新区金溪中学，任中学体育教学。

做好孩子们眼中的“萍姐”

清楚地记得那一天是2018年10月15日，与往日一样，我夹着讲义赶在预备铃响起之前走进2019级4班教室（做好候课已成习惯），突然听到付绍康急切地喊到：萍姐来了！萍姐来了！正在戏耍的孩子们就像听到了上课铃声一般立马回到自己的座位。我不由得一愣：怎么这种称呼？难道有人要让我难堪？我用冷峻的目光快速扫视了一遍其余孩子，然后回到一直列着牙笑的付绍康脸上：没有挑衅、没有耍赖！我清了清嗓子，高喝一声：“上课！”这一堂课上得出乎意料的通畅、默契！

下课后，我在课后反思中这样写道：今天是新班级上课的第30天，刚好一个月，是我放任了孩子们的调皮吗？还是默许了孩子们试探性的亲近？这样的“放任”、这样的“不严肃”会不会让我在孩子面前树立不起威信？会不会影响我的课堂和教学？我可是有着十八载教龄、教学效果比较优秀的老教师了，可不能“晚节不保”吧？……

这时，微信朋友圈中一篇《教师成长》的文章吸引了我，特级教师于永正老师在报道中这样说道：做不太像老师的老师，上不太像课的课！于老师认为：支持学生的异想天开、让学生在实践中学习、老师融入自己的课堂、放下老师的架子保持像儿童般的纯真率直才是好老师！

于老师的观点感染了我，既然名师都支持的观点，我何不试试呢？何况孩子们已经主动与我拉近距离，我要借此机会，放下架子、走下讲台，把自己置于和学生平等的地位中。于是，我改变风格，让自己的课堂少些理性，多些情趣；少些严肃，多些活泼；少些包办，多些自主；少些限制，多些引导。从那以后，课上提问、课后打招呼，原来的“李老师”完全被孩子们口中的“萍姐”替代，开始是一个人、几个人，到后来是全班。刚开始我有些犹豫，可是，在孩子们接下来的表现中，证明了我的疑虑完全是多余的。自从有了“萍姐”，化学课堂师生更融洽、学习兴趣更浓厚，成绩上升更明显，请教的化学问题也更多，甚至知心话也愿意与我分享！原来调皮、破罐子破摔的那些学生，到了化学课上都会认真听讲，1班的吴喆、黄升旭每晚要参加学校的足球训练，但如果当天化学有晚辅，他们都会给教练请假，上完化学课再去补训。其他科成绩平平的杨傲杰，化学成绩能位居年级前五名，这种可喜的成绩给他带来了学习上的自信！

或许是为了多喊一声“萍姐”、也或许是为了更近距离地与我交流，下课后，欧阳兴铖、李彦宏、刘旭、朱蕊琪、郭毅等总会扭住我问一些奇奇怪怪的“化学问题”，丁昊烨、欧阳兴铖、李彦宏等迷上了化学实验，据家长反馈，自从上了化学课，他们就在网上自购药品和仪器，把自己的房间变成了实验室，还曾躲在学校厕所里研究炸药……得知此事后，为了不打消孩子的兴趣，又能保障他们的安全，我主动参与到他们的研究团队中，提供仪器和药品，邀请孩子们到学校实验室一起研究，但前提是不能私自购买药品（网上药品真实性无法保障、孩子对药品的储存和管理条件无法达到），不能私自做不知晓安全的实验。相信这句真理：兴趣是最好的老师！这种氛围也影响了其他孩子，越来越多的孩子涌到实验室向我“蹭药品”、越来越多的孩子喜爱上化学，当然也越来越多的孩子喊我“萍姐”，包括不属于我任教班级的孩子，如2班的黄鹏、5班的邓洪宇、王海沣等。正如我在毕业祝福中说道：我会想念你们，想念你们那句老远看见我就整齐地高呼——萍姐好！

不要太像老师，不要太像上课，太像那么回事，就不是那么回事了！我抓住这种师生亲密感，在不同的阶段给孩子们提出了不同的学习要求，在教授化合价时，我交给孩子们的任务是：“明天起，在校园里与我碰面，用背诵化合价代替与我打招呼，否则萍姐就不再理你们了哟。”第二天孩子们真的见面就背：正一价，钾钠银氢铵根……虽然双方都忍不住笑了起来，但久而久之，孩子们就成了习惯，在短短的三天内，居然把最难背诵的化合价表利用课余时间就搞定了！还利用课间体育锻炼背诵化学，做俯卧撑时，孩子们突发奇想，将“12345……”口令改成了背诵元素符号“氢氦锂铍硼……”惹得其它年级的孩子和老师们哈哈大笑！

我不仅要做好课堂上的“萍姐”，还要做好课外的“萍姐”！为了照顾上初三的儿子，我常在办公室留有水果等营养品，开始是儿子一个人到办公室加餐，后来他会带上几个要好的同学一起分享，孩子正直长个的阶段，学习加重就会感觉特别饿，所以，我每次就多带一些营养品到学校，干脆在大课间时拿到教室里，让孩子们自己分享。所以，又有人开心地喊我“萍妈妈”！教室里饮水机坏了，他们只到“萍妈妈”办公室接水喝；放学时下雨了，他们首先找“萍妈妈”借雨伞；有同学生病了，会跑到“萍妈妈”办公室询问怎么办？考试考砸了，会到“萍妈妈”身边寻求安慰……课余时间，我也会和孩子们谈理想，丁昊烨说：我大学一定要选化学；汪海说：我长大了要当一名法医，因为涉及化学知识；李彦宏说：我要当一名化学科学家……此时，我感到无比欣慰，作为老师，不仅要有教学的高分，还要用自身的学科素养影响孩子的一生，才是真正的好老师！

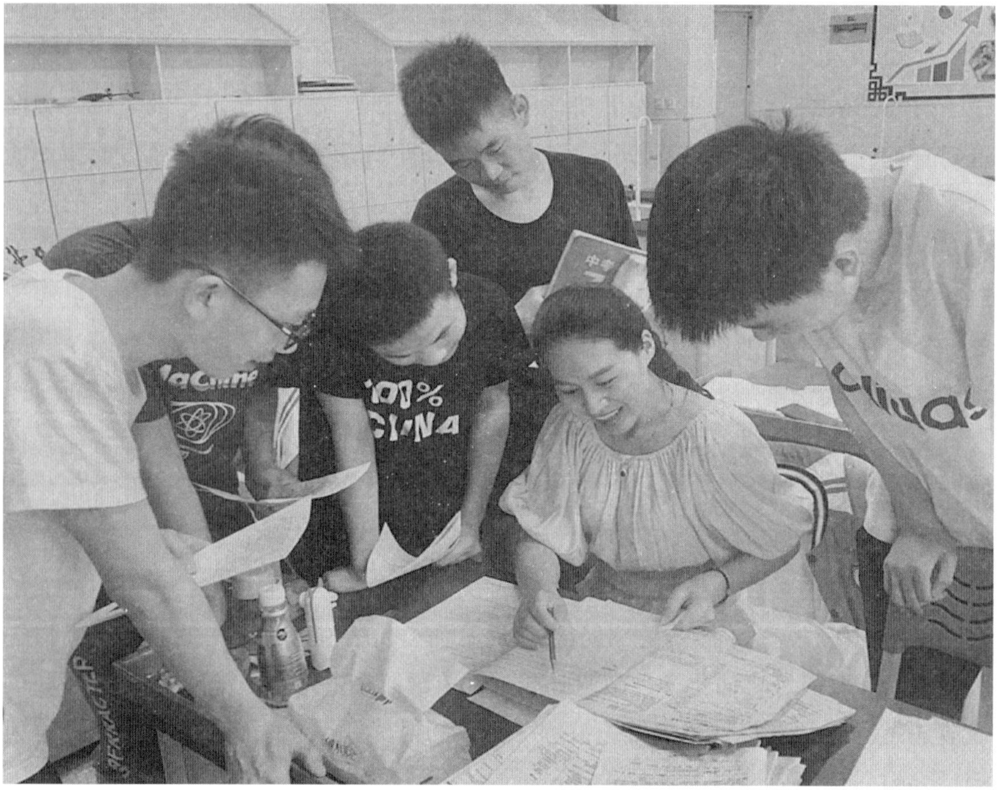

学生围着李老师请教化学问题

一年时光转眼即逝，在中考成绩发布时，孩子们第一时间向我报喜（化学总分70）：萍姐，我化学考了65分！（刘旭，中考前一个月还只能及格的学生）；

萍姐，我化学考了66分！连我妈都很高兴！（欧阳兴铖，一个化学总是徘徊在53分的学生）；萍姐，我化学考了53分！（赖修月，一个化学总是在42分左右的学生）……分数是检验教学效果的标尺，但我和孩子们那种亲密的师生情是无法用分数来标尺的！

这就是我，从同事口中的“萍姐”成功转变成孩子们眼中的“萍姐”，在期末教学工作总结中，我这样写到：正是这种师生的平等对待、融洽相处，让我改变了自己课堂上“老师讲、学生听”的局面，我将继续践行学校倡导的尊重、平等、民主的“温暖教学”理念，继续当好孩子们眼中的“萍姐”！

教师简介：李玉萍，中学高级教师，2017年两江新区人才引进教师，两江新区初中化学名师工作坊成员。区级骨干教师、优秀共产党员、优秀教育工作者、优秀学科教师、优秀团干部；全国赛课一等奖，市级赛课二等奖、区级赛课第一名。思想素质高，业务能力强，教学中敢于创新，勇于培养学生合作学习、自主探究，所任教班级化学成绩常位居年级第一。

我和小宇的点滴故事

世界上没有完全相同的两片树叶，当然也不可能有完全相同的两个人。我们所遇见的学生也是各具个性、才华，没有完全相同的。只有我们用欣赏的眼光去看他们，去发现他们的闪光点，教育的意义才能体现出来，学生的人生意义也就开启了。

二零一八年九月，通过自己的努力我来到了重庆两江新区金溪中学校这个温暖的大家庭。秉着“温暖金溪，温暖一生”的教育理念，我接手了八年级（1）班的数学教学。其实，我是很忐忑的，虽然有着十几年的高中数学教学经验，但对于初中的教学真是一片空白啊，当然知识上肯定没有问题，但是课堂管理这一块

小宇认真做题

就没有那么自信了，毕竟高中学生自觉很多，在接到这个安排的时候，就有老师告诉我这个班的孩子“很厉害”，所以我做好了接受挑战的准备了。

开学第一节数学课，见到了可爱的孩子们，向他们做了自我介绍，然后提了一些课堂上的纪律及课后作业要求，还跟他们分享了学习数学的方法。孩子们的表现让我感觉挺愉快，当我停止讲话后，孩子们都叽叽喳喳的闹起来了，可能是开学第一天，很兴奋吧。但有一个孩子引起了我的注意，她坐得特别端正，两只信任的眼睛非常专注的看着我，好像有什么话要和我说一样。我就走到她桌前，但她什么也没有说，我就离开了。接下来的每一节数学课，她都表现得特别认真，其他同学不管做什么，她都专心致志的听课，有时候我都舍不得停下来安顿纪律，怕扰乱了她的听课思路。我经常在班主任老师面前表扬她。我还从班主任那里了解了她的一些情况，她叫小宇，性格很内向，说话声音很小，数学基础较差。有一次数学课上，我要请一个同学起来回答一个问题，小宇同学主动举手了，我就让她站起来回答，但课堂马上就沸腾了起来，“老师，她根本就不会说话”“老师她是个哑巴”……我让同学们安静下来，听她说，然后她就完全没有受同学的影响，说了自己的答案，但声音小得真的听不清楚，我还是很耐心地对她说：“可以再说一遍吗？”在这时候，我走近她身边，微微弯下腰，听她再说了一遍，我又重复了一遍她的答案，故意很大声，答案是完全正确的。顿时教室响起了热烈的掌声。我趁此机会表扬了她，同时又告诉她，要是声音再大一点点就好了，并微笑的看着她。她也有些害羞的对着我笑了笑。从那以后，我每节课都特别关注她，有简单的问题就让她起来回答，她下来和我交流的声音稍微大了一些。尽管这样，第一次月考她的数学成绩并不理想，月考试卷拿下来后，我主动找她沟通，交流，找出问题的原因，并一起修改。跟她讲解她不明白的地方，有时候一个知识点要讲两三遍，在这个过程中基本都是我说，她不主动说一句话。她这样我心里其实很难受，这样帮助你，难道连一点感激之心都没有吗？但我又转念一想，我这样做难道是为了得到学生的感谢吗？当然不是，只是希望孩子学到知识，有所进步，这是一个老师最基本的责任。所以，我一直坚持着，关注她听没听懂，能不能顺利完成作业。下课的时候总会问她“这节课听懂了吗？”如果她点头，我们就会相视一笑。如果摇头，我就耐心的跟她讲解，直到她听懂为止。终于，在半期考试中，她考出了理想的成绩。在感恩节的时候，她送了一枝花给我，并写了一段话：感谢老师的帮助，是您让我重新燃起了学习数学的信心，并取得了进步！此时我才发现，其实她心里记得老师对她所有的好，只是不愿意说出来而已，并且我经常看到她脸上的微笑。在一次“金溪闪耀舞台”活动中，她竟然和同学一起上台唱歌了，当时我很激动，很不可思议，我明白了，其实每一个孩子都是了不起的，所以我一直坚持着，她一直进步着，我相信未来她一定会成功的！

在我们的教育生涯中，或许会遇到一位或者一些他日能有所成就的人，只是无法预测在什么时候什么地点可以遇上他们。所以，我们不妨把每个学生都看成是与众不同的人，看成是未来的比尔盖茨，只有这样，我们和他们都会因此而变得与众不同！

教师简介：皮广燕，毕业于重庆师范大学数学与应用数学专业，从事数学教学工作十五年，教学经验丰富，带过六届毕业班。获得过“优秀班主任”“优秀女职工”称号，丰都县赛课一等奖。教育格言是尊重关爱每一个学生，让每一个学生健康快乐成长！

请你为我转身

在我心里，教育就是虚怀若谷，若水若云，教育者作为知识的传授者，要具有丰富的精神世界，具备自由的思想和独立的人格，用饱满的激情面对讲台和学生。

缘分注定——初识

他身材不高，他的嘴很厚实，脸也很黑，他是初一（3）班的足球特长生，因为长期训练的缘故，全身上下跟非洲黑人一个色，第一眼感觉这个孩子安静，倔强，从骨子里散发着执着与坚韧，他的名字叫——叫高建军。

大惊失色——表现

重庆的冬天是湿冷而漫长的，每周的上午最后一节课便是3班的信息课。在我讲完新课，布置好课堂任务后照例在教室巡室一圈看看同学们有没有在认真完成作业，遇到问题也方便及时指导。当我走到靠窗这排，快要走回讲台时，突然看到一个学生从课桌底下拿出一颗剥开糖纸的棒棒糖迅速塞入口中。

没错，这个学生正是高建军，他可是我印象中的好孩子。我很生气，开学就给学生讲了不能带吃的喝的到计算机教室，没想到他竟然等我刚讲完新课就开始吃糖了，我马上走到他的身边，敲了敲他的桌子，并没收了他的棒棒糖，气愤地教训了他几句，当着全班的面给予警告，也是希望其他同学引以为戒。

后半节课，我不时地观察他，发现他基本没有心思做随堂任务，我心想难道是在反思自己的错误还是在生老师的闷气，丁零零，丁零零，愉快的下课铃响起，学生们一个接一个走出教室。走在最后的高建军停在了讲台前面，主动交流上课吃糖的事情。他说不应该在课上吃糖，但是觉得我训斥了他，很委屈，让他在全班同学面前失了面子。看着他难过的样子和主动承认错误的态度，我知道他还有羞耻心，本性是个听话的孩子，我也在想刚刚训斥是不是过于急躁了，担心一个小小的警告是否伤害到孩子的自尊。这时的我已经平息了心中的怒火，平静地对他说他的态度很端正，但是上课吃糖是不对的，不管是哪个同学吃糖，老师都会严厉批评，之前看你挺乖的，更要继续保持，发挥优点。今天这个事情咱们就不提了，以后要继续认真学习。

温暖变化——学习

通过传道教学是教师的专业工作，既要给学生讲授知识，更要讲规范要求和为人处世，每一个温暖的金溪学子都应该是乐业向善，积极进取的，而每一节课都是他们耳濡目染，强化目标的重要阵地。高建军同学吃糖的事情已经处理，也做了思想工作，但是教育的故事并未结束，后半期这个学生给我带来了明显的变化和巨大的惊喜。

在讲到二进制时，我发现一向内向的这个孩子，突然活跃起来，他不仅喜欢在上课时看老师的眼睛，他也积极地回答问题。说实话，我感到很欣慰，他并没有因为吃糖被批评而记恨老师甚至消极对待这门课，说明他是认可老师的做法并且正是按照老师要求认真学习的。

幸福传递——改变

你无论如何也叫不醒一个装睡的人，温暖是双向的，对于学生的一点小错误，如果老师能够及时纠正并正确地加以引导，亲其师、信其道，学生也能够以阳光向上的态度对待学习。时间过得很快，一学期接近尾声，再次走进他们教室时，内向安静的学生因为期末临近变得活跃、躁动起来，特别是高建军所在的班级。他时不时地转向后排，可能是与同学讨论学习，也可能是趁机讲话，甚至将凳子的靠背转向前面，其他几个男同学纷纷效仿。俗话说打蛇打七寸，擒贼先擒王，看这种情形，中国好声音的场景在脑海中浮过，于是我假装很生气，严厉地看着他，半开玩笑对他说：请你为我转身！

高建军听了先是不好意思地笑了笑，随后脸变得绯红，然后迅速将板凳调回正常方向。教学既是一门技术，也是一门艺术。只有具备了一定的专业技术才能从事艺术，艺术的形式是多样的，内容是丰富的，效果是世人所赞同的、欣赏的。教学本身就是师生共向参与完成的活动，不同形式的教学方法是为了学生更好地掌握知识，整个过程就是充分发挥教师、学生各自才艺的过程。

为人师，传其道，解其扰，纠其错。只有用爱心浇灌，花儿才会绽放，用温暖照耀，花儿才能芬芳。

教师简介：潘梨，大学本科，具备高级中学教师资格，2013年获西南大学优秀共青团员；2016年4月，获第十二届全市基础教育课程改革征文大赛二等奖；2016年5月，获2016年两江新区中小学幼儿园教师微课制作比赛二等奖；2016年10月，获重庆市初中信息技术微课比赛二等奖；2019年获重庆市科创优质视频课一等奖。我的教育格言是：用爱心浇灌娇嫩的花朵 用双手托起明天的太阳。

一个温暖的拥抱

2016年怀着一股热血选择了教师这个职业，上岗前，我在心中计划了很多很多有关教育教学的想法，我想把自己在学校学到的理论知识都用在我的工作中。我带着这种兴奋第一次走进了教室，没想到实际的一切给了我这个新教师当头一棒。我接手的两个班后进生太多，让我措手不及，很长一段时间我都是在兵荒马乱中度过，找不到一点方向。直到在杨刚校长的引领、曾海霞师傅的指导、同事的经验传授下，我坚定不移地找到了工作的宗旨：用一颗温暖之心去征服学生。于是我的改变可能是从这个学生开始的。

他叫余鑫，初次认识，他是一个高大帅气，挺有活力的男孩子。可是随着相处的时间越来越长，他的坏毛病就显露出来了。从最开始的上课说话睡觉，到后面稍微一点小事就敏感急躁，叛逆心极强，总认为所有的一切都是别人的错误，从来不从自己的身上找原因，成绩也是一落千丈。对于当时的我来说完全不能接受，怎么会有这样的学生，简直是不可理喻，我在心里也是极度排斥这个孩子的。直到那件事的爆发……

记得一个星期二的早晨，第一节课是我的语文课，当我正在讲台上专注上课的时候，突然，余鑫同学推开教室门，很不礼貌地叫了声“报告”，我的教学就这样被他打断了。我停下了手中的粉笔，仔细打量了他一番，一副迷迷糊糊的样子，一看就是刚从梦境中醒来，发现快要迟到了，匆忙赶到学校。本来心里就极度排斥他，看到他这个状态更是气不打一处来，于是我很生气地对他说：“出去！”说完之后，我发现他整个人都懵了，慵懒的情绪瞬间转成了愤怒，然后很不耐烦地问了一句：“我又怎么了？”我当时无心理会，根本没有搭理他。没想到他情绪瞬间爆发，直接跑到后门门口，坐了下来。看到他情绪开始波动，我没有再一步处理，一是我心中也带着情绪，二是我没有想好对应的措施，怕他做出更加过分的行为。于是我带着忐忑不安的心情上完了整节课，一直等到下课，我走了，他才回到教室。

回到办公室，我平复了自己的情绪，到班主任处了解了这个孩子的家庭情况。才知道原来他是单亲家庭长大的孩子，妈妈改嫁到了四川，他一直跟着爸爸，而爸爸又常年在俄罗斯打工，一年就回来一次，他基本上是和后妈生活在一起。这样的家庭环境导致了他性格敏感急躁，不相信任何人，后妈根本管不了他，只能管他吃饱穿暖，关于教育方面也是束手无策。了解了这些情况之后，我坐在椅子上冷静地想了想整件事，我发现我也有错，我对这个孩子带着一种偏见，对他是不公平的，我应该向他承认自己的错误，向他做出一个榜样。我愿意像朋友一样和他聊一聊，我想给他老师的温暖。

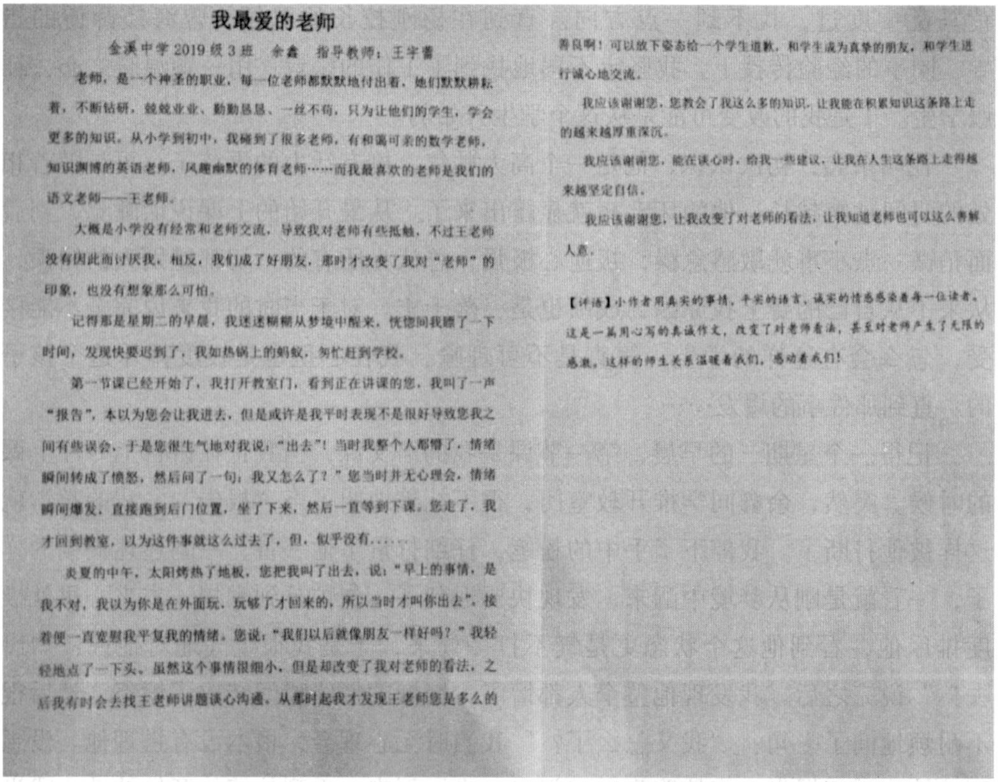

我最爱的老师

金溪中学2019级3班　余鑫　指导教师：王宇蕾

老师，是一个神圣的职业，每一位老师都默默地付出着，她们默默耕耘着，不断钻研，兢兢业业、勤勤恳恳、一丝不苟，只为让他们的学生，学会更多的知识。从小学到初中，我碰到了很多老师，有和蔼可亲的数学老师，知识渊博的英语老师，风趣幽默的体育老师……而我最喜欢的老师是我们的语文老师——王老师。

大概是小学没有经常和老师交流，导致我对老师有些抵触，不过王老师没有因此而讨厌我，相反，我们成了好朋友，那时才改变了我对“老师”的印象，也没有想象那么可怕。

记得那是星期二的早晨，我迷迷糊糊从梦境中醒来，恍惚间我瞟了一下时间，发现快要迟到了，我如热锅上的蚂蚁，匆忙赶到学校。

第一节课已经开始了，我打开教室门，看到正在讲课的您，我叫了一声“报告”，本以为您会让我进去，但是或许是我平时表现不是很好导致您我之间有些误会，于是您很生气地对我说：“出去”！当时我整个人都懵了，情绪瞬间转成了愤怒，然后问了一句：我又怎么了？”您当时并无心理会，情绪瞬间爆发，直接跑到后门位置，坐了下来，然后一直等到下课。您走了，我才回到教室，以为这件事就这么过去了，但，似乎没有……

炎夏的中午，太阳烤热了地板，您把我叫了出去，说：“早上的事情，是我不对，我以为你是在外面玩，玩够了才回来的，所以当时才叫你出去”，接着便一直宽慰我平复我的情绪，您说：“我们以后就像朋友一样好吗？”我轻轻地点了一下头，虽然这个事情很细小，但是却改变了我对老师的看法，之后我有时会去找王老师讲题谈心沟通，从那时起我才发现王老师您是多么的善良啊！可以放下姿态给一个学生道歉，和学生成为真挚的朋友，和学生进行诚心地交流。

我应该谢谢您，您教会了我这么多的知识，让我能在积累知识这条路上走的越来越厚重深沉。

我应该谢谢您，能在谈心时，给我一些建议，让我在人生这条路上走得越来越坚定自信。

我应该谢谢您，让我改变了对老师的看法，让我知道老师也可以这么善解人意。

【评语】小作者用真实的事情，平实的语言，诚实的情感感染着每一位读者。这是一篇用心写的真诚作文，改变了对老师看法，甚至对老师产生了无限的感激，这样的师生关系温暖着我们，感动着我们！

学生用文字表达对王老师的喜爱

当天中午，炎热的夏季，太阳烤热了地板，我把他叫到了凉亭，对他说：“能和老师聊聊上午的事情吗？”他面无表情，但还是勉为其难地点了点头，或许他早已对老师失去了信心，或许他知道没有一个老师会真心对待他，或许他知道老师又要责骂他了，也或许他对老师早已麻木了。

“早上的事情，是王老师不对，我以为你是在外面玩，玩够了才回来的，所以当时才叫你出去，老师误会你了！”他一听，很诧异地望着我，这种诧异又夹着一丝希望。接着我便一直宽慰他，平复他的情绪。我说：“我们以后就像朋友一样好吗？”他又轻轻地点了一下头，但这次点头他终于有了真诚的表情，他望着我说：“王老师，你真好！其实我……我……有错，我不该自己跑过去”“没事，老师知道，你不是故意的”。虽然声音很小，但这代表了他开始相信我了！

突然，他对我说：“王老师，我可以抱一抱你吗？妈妈走后，我再也没有感受过这种温暖。”虽然我之前知道他妈妈离开了他，可是当他对我提出这个请求时，我的内心还是被触动了，我第一次感受到每个孩子都是天使，只是你是否用心。于是我毫不犹豫地站起来，展开怀抱深深地拥抱了他，我对他说：“以后，我既是你的老师更是你的朋友！”

王老师所任教班级学生留影

这件事情以后，这个孩子开始尊重老师，每次语文课，他都很认真，举手是最快的一个，回答问题是最积极的一个，成绩由不及格到能考100多了。事情很细小，但是却改变了他对老师的看法，之后他有时会来找我讲题、谈心。从那时起我才发现每个孩子都是善良的！只要你能放下姿态给学生一个真诚的道歉，和学生成为最真挚的朋友，和学生进行诚心的交流，甚至给他一个温暖的拥抱，也许就能为他打开一扇窗，给自己开启一道教育之门！

教师简介：王宇蕾，中学一级语文教师。2016年参加工作，中共党员，毕业于西南大学，教育硕士研究生。现担任七年级语文教育教学工作，论文、指导学生作品多次获奖，参加校级青年教师赛课获一等奖，2017年被评为优秀教师。教育格言是做一名温暖有情怀的语文教师！

塑料袋老师与塑料袋学生

课间，偶然听闻一个孩子对另一个孩子说："你是塑料袋吗？一直'装'呀'装'呀'装'的……" 我觉得这一语双关用得好有趣，下来特别查了一下"装"字。装：把东西放在器物内；装：假装。脑海里突然一道金光闪现：这简直说的就是老师和学生啊！老师需要一颗能"装"的心，包容会"伪装"的学生，如此，我们不都是塑料袋么？

初二的时候，班上转来一位女生，头一天来校，就是一副“下身玩失踪”的打扮——上身一件长长的T恤，盖住了贴在大腿根部的紧身短裤。我瞅了瞅她，心里压住火：“这个打扮可不行，不符合中学生形象，以后不能穿超短裤了哟！”她微微张嘴，不好意思地笑了笑：“对不起老师，今天出门很急，我把睡衣穿出来了，以后一定注意！老师，你报名工作那么忙，需不需要我帮忙啊？”原本是批评她，没想到她立马道歉，反过来还想着帮我，心里的明火一下就被这份理解与细腻扑灭了，语气也就柔了几分：“谢谢，不用啦。你才来到新环境，多在校园走走，熟悉熟悉。”这个女生头一歪，嘴一咧，齿若编贝，纯纯的模样犹如青春偶像剧里面的女主角。

第二日，女生很早就到教室了——穿着绿色的圆领T恤，下面穿一条过膝长裙。马尾一翘一翘地跑到我面前：“老师，昨天报名，我看很多同学都交了登记照，我想我也应该交，所以拿来了……”我简直生出了感动之情，开学第一天忙得七荤八素，确实忘了提醒这位新生交登记照，这姑娘真是心细，这么心细的姑娘，学习肯定踏实努力，踏实努力的姑娘，成绩必然优秀，我开始了连环性地推理，并由心而发地给她点了个大大的赞。

日子一天一天过去了。

“老师，那天我在路上看见她抹口红！”

“老师，她跟咱班的XXX上课眉来眼去的！”

“老师，她周末经常约我出去玩，我都不好拒绝！”

……

一本本“小状子”接连而来，我简直对这位新生大跌眼镜。在我面前扎着最简单的马尾，穿着最朴素的衣服，眼皮子之外的表现却是一个不折不扣的坏学生。我为自己一直蒙在鼓里的愚蠢而感到汗颜，也为被她的“假装”欺骗而感到愤怒。

再次与她交流时，脑海里总抹不去她对着镜子描红、咂嘴，与男生暧昧、在外一蹦几尺高的画面，于是嘴里蹦出来的话语，接近冰点。我容不下这样的孩子，自欺欺人！

一次下班，我看见她朝着离家相反的方向走，作为班主任，捕捉力是非常敏锐的，就站定了观察，直到她消失在热闹的街角，然后立马给她妈妈打电话。

“现在已经放学了，你孩子到家了吗？”因为这女生的家就住在学校旁边，所以我故意问到。

“谢谢老师关心，孩子到家了。”

“啊？你在家么？”对着十分有礼貌的家长，我却生不出半点好感，意外极了。

“不在，我在外出差呢，但每天孩子回家后都会给我打电话的，她跟我说了已经回到家了，在做作业呢！”妈妈语气轻松。

“那你再打电话问问，我才看到孩子走到对面那条街去了，越走越远，大冬天的，天黑得早，你们家里又没人，我怕不安全……”我絮叨着，对方家长也警觉起来，承诺着会马上跟孩子联系。

“老师，孩子说出去买笔去了。”不一会儿，家长来电了。

“你们楼下不是有超市么？”

“她说没有那种特别好看的笔卖，所以出去的，老师放心，现在她已经回家了……”家长的解释丝毫没有消除我的疑虑，内心深处总想着这姑娘指不定裹着什么人在外厮混呢！

由于工作的繁忙，我一般买菜的时间都改在了晚上，这日，从超市出来，已经接近九点了，我拎着两大包菜，打卡上了公交车。时间这么晚了，公交车并不拥挤，虽没有座位了，但站在空旷的车厢中央，也觉得一天的疲累得到了暂时的舒缓。

“青河世家到了，请下车的乘客依次下车——”随着公交车的语音播报，好多乘客起身离开，位子一下就空了好多出来，我不紧不慢地走到车厢尾部，刚要落座，一个黑影吓了我一跳——一个人藏匿在狭窄的座位下面！定睛一看，正是我班这位新生！正是让我耿耿于怀的这个女生！

我生气极了！生气的背后应该晕染了几分得意！终于被我抓了个正着！

“这么晚，总不至于是出去买笔了吧？”我仿佛站在了高峰。

“不是——”女生的脸通红。

“到底去哪里了？”车厢俨然成了我的办公室。

“我去找妈妈了——”女生小心翼翼地回答。

“那你妈妈呢？”

“没找到，他们说妈妈在开会。”女生嗫嚅着。

“妈妈开会，那你又干嘛去了，现在都快九点了！”

“我想复印生物、地理学科的资料，就去外面找复印的地方……”我看她怎么编。

“那你把你复印的资料拿出来我看看。”我穷追不舍。

“复印的地方都关门了，也没复印着。”她的声音越来越小。

“哼，真是什么都被你遇到了啊！那你解释一下，躲在座位下面是什么意思？”她的回答给了我咄咄逼人的范儿。

“我怕你不相信，就躲在下面……”女生眼里噙着泪花了。

真会“装”啊！奥斯卡的最佳女主！

等不及她往下编了，我立马拨通了电话，果然，妈妈根本不知道这回事，还说这孩子怎么出去这么久。

我仿佛正义的警察抓住了一个惯犯，并当下做出了一个加班的决定——家访。

来到女生家，我，家长，女生坐在了沙发上。为了方便交流，我让女生坐到我身边来，但她始终不肯，并淌着大颗大颗的眼泪。这副“梨花带雨”的模样，丝毫引不起我的怜悯，我是眼里容不下沙子的老牌班主任，装，你就继续装。

跟家长对了口风，果真，家长也不知孩子去哪里了，而且家长早就回家了，但孩子却不改“台词”，咬定自己是去找妈妈了，咬定自己是出去复印学习资料了，家长也无奈，我更是无语，但又能怎样，一处漏洞百出的戏，女主却一如既往地装着、演着。最后，我只有强调了“放学及时回家，不要在路上玩耍，让父母和老师担心”之类云云，便草草收场。

女生的成绩在班上也是一直垫底。终于，期末考试结束了，按照学生们的成绩，学校重组了班级，便于因材施教，女生进入了“基础加强”班。而我还是任教这个班级的语文。

在“基础加强班”，很多孩子其实很聪明，但都因为小时候一些不良的学习习惯，导致学科基础打得不扎实，进入初中，学习起来就比较吃力。因为孩子们普遍基础不好，我的“期望值”就会相应的下降，“期望值”一下降，心里的“度量船”也就大了几十倍，能“装”下好多孩子的不良表现，然后再和颜悦色地去谈心，去鼓励。

倏地，我竟然有个惊奇地发现，那个女生，又开始频繁出现在我眼前了，又开始“装”了！还是那一翘一翘的马尾，还是那朴素的着装，上课细细地做着我念的笔记，下课还煞有介事地拿阅读题来问我，她是以为我忘了以前她的种种作为了么？既然以为我忘了，那我就顺水推舟吧，于是我也在心里将她以前的表现，打包好，系上了疙瘩，微笑地回答她的问题，耐心地给她讲解知识点。

慢慢地，第一次月考来了，她的语文竟然考了117分！这在以往，简直是天方夜谭！她及格都是要烧香拜佛的啊！我高兴坏了，她也高兴坏了，我们再次四目相对时，竟有一种辛弃疾诗歌的意境“我见青山多妩媚，料青山见我应如是”。

忽然间，心中尘封已久的口袋打开了，回想当初，自己真的好愚蠢——总是在扮演福尔摩斯的角色，总是在探案，总是一语道破学生拼命想掩饰住的“真相”。自己以为的聪明机警，明察秋毫，在学生眼里又是怎样一副嘴脸呢？怪不得学生一看见我，就像看见瘟神一样，老远就在调道走。

谁也不想在自己最窘迫的时候，被人用得意的态度揭穿。

就算是出于好意提醒，方式也有千百种，为什么偏偏选择最让人难堪的一种呢？

即便看穿也别着急说穿，一来给别人留台阶，二来也避免了自己说错话的尴尬。这不是圆滑世故，而是你我行走于世，理应尊重他人，留有分寸。

尊重会“装”的学生吧，装着装着，假的就变成真的了，坏的就变成好的了，做一个“塑料袋”老师，挺好！

看清是一种智慧，看透是一种阅历，看清看透但不说破是一种胸襟。班主任必须要有胸襟，中学生是未成年人，在这迷茫的青春期，他们可能会胆怯、焦虑，无所适从甚至欲盖弥彰，弄巧成拙。在粗糙的掩饰下，心虚的伪装中可以洞见一颗并非大恶的稚嫩心灵。

善待、宽容、智慧地引导会“装”的学生，不仅是人性的需要，亦是我们教育中永远有效的法宝。所以，教育不是“实打实”的战役，尊重那些善于伪装，想给老师留下好印象的学生，给他们台阶下，助他们真正登上成长的台阶吧。

教师简介：陈凤，女，中共党员，本科学历，一级教师，教龄10年，一直担任语文教学兼班主任工作。曾获区“优秀辅导员”、“优秀班主任”等光荣称号，两江新区中青年教师微课第一名，重庆市第六届语文中青赛第一名。撰写的经验论文多次获国家、市级、区级奖项。

第三节 育一代温暖的少年

我与金溪的温暖邂逅

“温暖金溪，温暖一生。”这是我来到金溪中学后一直萦绕在耳边的一句话。不管是在学校的公告栏上，还是在婉转的校歌里，又或是在大大小小激昂的演讲中，都有它的身影。

我起初非常不解，满脑子疑惑地问妈妈：“为什么我们学校会有这样的理念呢？”妈妈笑着回答我说：“这个呀，需要你自己慢慢去感受。”

初一上期，一个寒冷的冬天，语文老师的眼里流露着一丝不可察觉的微笑，神秘地对我们说：“同学们，你们猜谁要来我们的学校啊？”看着老师深邃的表情，我们叽叽喳喳的探头讨论，左顾右盼的互相猜测，好奇的小尾巴都在老师的带领下缓缓摇动了起来，老师的嘴角上扬，只见她的嘴唇微张，然后一字一句地无比清晰地吐出了一个令人震惊的名字——曹文轩。“曹文轩！是曹文轩！”

“我的天呐，我不会是在做梦吧！”“学校真的邀请了曹文轩？我好喜欢他的作品呀！”……教室里瞬间炸开了锅，大家脸上无一不显露出兴奋，大家心里无一不流露着恰悦，这真是太好的机会了，去学习，去努力，去享受名家的课堂！“学校得花了多大的功夫才请得到曹文轩那种级别的作家啊。”下课后，我的同学对我说。我低头垂下眼帘，一股暖意涌上心头。

时间飞快，不久就到了曹文轩伯伯来到学校的日子。所有老师、学生都怀揣着一颗炽热、紧张的心，默默地期待着。虽然体育场里的空气不流通，冷气肆意侵略着大家的身体，可是待到一道掌声响起，我们看到曹文轩来了。大家欢呼着，雀跃着，体育场的气氛一下子就因为一个人的到来被推到了高潮！我“奉命”去为曹文轩伯伯献花，紧张和恍惚之间，我还握到了曹伯伯的手。紧接着，同学们全神贯注地倾听着曹伯伯的演讲，再后来是亲笔签名环节，最后我们金溪中学还获得了“文轩书屋”这一荣誉称呼，看到校长和老师们眉眼之间浮现的欣慰和骄傲，我抬头平视前方，一股暖意再次涌上心头。

不仅是在大型的活动中，学校让我们倍感温暖，在平常的生活，温暖也是无处不在。

那是一次合唱表演，凛冽的寒冬冷风肆虐，我们在室外只有区区几度的环境中等待了一个下午，四肢早已变得麻木而疲软无力，大家的眼神都被北风吹得飘零涣散。全身上下唯一还有直觉的，便是咕咕作响的肚子了。为了参加活动，我们中午只是草草地吃了午饭便出了校门，在长时间的紧张与不安下，那一点点微薄的食物提供的精力，根本不足以让我们支撑到现在。再回学校的大巴车上，我看了看手表，早已过了饭点，表针“滴答滴答”的声音在寂静中更为清晰可闻，突然有人崩溃地大叫道：“这个时候回去是不是没饭吃了啊……”话音一落，叹息声、牢骚声在小小的车厢里此起彼伏。

一下车，老师就对我们讲：“快去吃饭吧，食堂专门给你们做了热乎的。”我们的眼睛里刹那之间就冒出了金光，不知是太饿了，还是太兴奋了。看着食堂大叔端着一桶冒着热气的蛋炒饭和香喷喷的菜品时，我心头的乌云都消散得无影无踪了，只剩下满满的感动，大叔看着我们垂涎欲滴的样子，爽朗地笑道：“愣着干啥，赶快开动吧!”男生们率先动起了筷子，像饿狼扑食一般几近疯狂地往嘴里扒饭，女生们也放下了平时的矜持，也开始大快朵颐。“这是我吃过的最好吃的炒饭了!”“我的碗里除了炒饭，还盛满了感动。”“食堂的叔叔真是太贴心，太有爱了，好人啊！”大家一面狼吞虎咽，一面嘻嘻哈哈，偌大的食堂里一下子就充满了欢声笑语。我抬头望向窗外，一股暖意涌上心头。

最初的疑惑就这样在一次次温暖的邂逅中慢慢烟消云散，答案在一个个温暖的故事中渐渐浮出水面。我终于知道了“温暖金溪，温暖一生”的含义，夕阳的余晖未尽，我久久地凝望着这使人回味悠长的八个字，它们折射出的光芒，占据了我小小的内心，让我细细品味着这流淌着的温暖。

点评：小作者选取了两件典型的事例，一是大型活动中学校营造的温暖，二是日常生活中感受的温暖，把我校“温暖金溪，温暖一生”的理念一点一点铺展开来，语言生动细腻夺人眼球，情感细水长流暖人心怀。（曾海霞）

学生简介

姓名：胡筱晗

爱好：钢琴　舞蹈　唱歌

简介：性格活泼开朗，乐观向上，总用积极的心态去面对复杂多变的世界，曾获得重庆市音乐家协会及重庆市音乐家协会钢琴专业委员会主办的2017年第三届重庆青少年钢琴大赛二等奖；第三届“外研社杯”全国中小学生英语大赛三等奖；2014年长江乐器城珠江恺撒堡杯钢琴比赛中分会场（中国乐曲中组组）二等奖及（四级组）二等奖；表演《woosa　woosa》在“中国舞蹈家协会第214届少儿舞蹈表演”中荣获优秀表演奖。

“她”一直在

金色的晨曦照亮翩翩少年的脸庞，潺潺的溪水里流淌着如诗如梦的岁月。
——题记

“她”会藏在你与老师的深谈中，

“她”会躲在你与同学的情谊中，

“她”也会融入你与校园的景色中。

乘其不备，潜入你的心田，化冰为水，渡你眉眼河川。

我看着少年在篮球场上的身影，下午被阳光笼上浅浅的纱，欢笑与她也曾相交织，可爱地传染了一切，染晕着少年的你。

谆谆教诲，引人前行

这个季节的天气总是飘忽不定，就像我的成绩。“小心你的思想，它会变成你的语言，小心你的语言，它会变成你的行动，小心你的行动，它会变成你的习惯，小心你的习惯，它会变成你的性格，小心你的性格，它会变成你的命运。”这是撒切尔夫人曾说过的一句话，我的领悟来自于一次与老师的深谈中，“业精于勤，荒于嬉；行成于思，毁于随。”在我耳畔回响，“你在老师眼中是能拿高分的人……”因为自己的懒惰，丢掉老师对我的信任，现在想找回来也很困难，但我愿意，更希望我可以让老师再次信任我。她的目光静静地抚慰着我。“其实老师都很信任你。”蓦然抬头，对上老师那双充满关切的眸子，她忽然蹿入我的心中，宛若好鸟在枝头的欢叫，在喜悦与感激中肆意流淌。

芊芊韶华，以梦为马

我们在蓝色的跑道上努力奔跑，在教室专心学习，在回家的路上尽情谈笑。你要转学，我便在心中记下你的名字——“文君”，也记住了你的模样。你和我一起走过欢笑，走过哭闹，走过万万千千。“我们也许不能改变我们的容貌，但我们可以改变我们的学习，所以，　起努力吧！”

“要记得经常晒枕头，因为里面装满了辛酸的泪水和发霉的梦。”“生活虽然沉闷，但跑起来会有风。”她总在我们彼此身旁萦绕，一丝发香，一阵欢笑，“忘羡一曲远，所思在远道。”你转走了，但你永远想念着我，正如我永远想念着你一样。

绵绵四季，浸润人心

初次见她，她藏匿于玉兰的浓浓粉华中，“肃肃花絮晚，菲菲红素轻”，悄悄溢出流年的是一声教导，一段告别，一阵荡漾。可曾相遇她，伴着炽热的骄阳，洒在少年的肩膀上，依稀当初少年笑，眉目不减当年傲，带着沉甸甸的梦想，阳光穿梭于少年微隙的气息，舒倘，漫长。再次相识与她，她被揉进风中，风儿吹来，银杏笑着，扰乱你我的心弦。她又来过，潜入凉凉的雾中，散发着神秘的气息，却拥入怀中，让人有足够的勇气拨开迷雾看未来。一年四季皆为卿，这便是她。

她不曾远离，没有人会把她遗忘，她一直陪伴着少年的你。我寻了许久的是春天，她一笑，便是了。

她是温暖。

“浮世三千，吾爱有三。

日、月于卿。

日为朝，月为暮，卿为朝朝暮暮。”

评语：题目中的“她”就是作者心中的那份温暖，小作者情感细腻如丝，从学校的老师、同学，景色入手书写，每个部分都有精美的小标题，给读者带来美好与温情。（王宇蕾）

学生简介：

丁桢茜，金溪中学初二·（五）班，喜欢画画和打球，多次在作文大赛上获奖。对自己人生的要求是任何热爱的事都要不遗余力，愿少年的你我能无愧于心！

温暖的作业

在这个周末，我有一个作业，老师布置的、非常不可思议的一个温暖的家庭作业。因为这个看似平凡的作业是已经脱离了教科书范畴的。

作业很简单，为父母做一顿饭。但又不简单，因为我从不做饭。

于是，在一个温暖的中午，来做温暖的“作业”再合适不过了。首先，我拿出土豆，拿出我手中锋利的削皮器，慢悠悠地削起土豆来，大约削了3–4个便大功告成。不过我早已满手是泥，土豆皮也到处都是，那场面简直“惨不忍睹”。

下一步，切土豆，拿出“削豆如泥”的锋利菜刀，一刀下去，土豆瞬间一分为二，那完美的切口，如同收藏家天天摸，天天洗的瓷器那么平滑甚至有些反光。虽然有可能是冲了水的原因。时间正一分一秒地过去，我的刀速也越来越快，然后，出事啦！

一条鲜红的，整齐的刀口没有出现在土豆上，反而出现在我手上。但是一点点小小的阻挡算什么呢，一顿饭我还是可以做好的。

我处理好伤口，继续切，如果仔细观察就会发现刀速慢了许多。下一步，将油倒入锅中，然后将土豆扔入锅中，但也不要忘了点火。接着，一丝丝的烟浮现出来，接着是第二丝，第三丝，千百丝。一种只有在KFC闻过的香气从我家的锅中出现，一个个由油构成的小油泡出现、变大、爆裂，他的“生命”是如此的短暂，以至于我眼花缭乱，以至于香气四溢。

但“油泡”们不断地牺牲与油儿们“欢呼雀跃”时，即是土豆条出锅的时刻。

“当当当当”，一盘金黄、脆爽的土豆条就出现在家人的碗里。当我打算骄傲地端着它们出现在家人面前时，却蓦然发现：因为切土豆条、炸土豆条一直弯着腰，我的腰都疼得直不起了，我扶着厨房门站了很久，才走出了厨房。

我们的这次“作业”，仅仅完成一次就这么的辛苦，那父母呢？每个日日夜夜，每个早晨，每个傍晚，每次美味的、丰盛的饭菜背后隐藏了父母多少的辛劳？多少的付出？

伴随着家人的欢声笑语，嚼着温热的薯条，我的心也开始变得柔软。学校让我们体验的不仅仅是一次做饭的过程和喜悦，更多的是宽容，是沟通，是换位思考。

点评：这篇文章紧紧围绕“为家人做一顿饭”的话题，把看似简单的“削土豆”“炸土豆”过程写来也波折不断，情趣盎然。结尾处更是画龙点睛，点出本次“温暖作业”的实质：既丰富学生的生活体验，培养必备的生活技能，更是让学生试着去理解父母，体谅父母，成为一个“心有温暖，行有美德”的金溪少年。（李忠莹）

学生简介：

初三四班的李玥彤是一个爱好广泛的女孩，她喜欢唱歌、跳舞、画漫画。性格开朗活泼，积极向上。在家，她常常帮助父母做家务，是家人的开心果；在校，谦虚谨慎，踏实勤勉，是乐于助人的好伙伴。愿今后不负自我及家长之望，小事开心、大事皆顺。

等你的季节
——记初夏校园

初夏的微风抚摸着同学们的脸……

一场又急又大的夏雨，草草地过去。校园里似乎被朦胧的雾笼罩在了一起，同学们都乘着那轻纱的梦，去到了这个梦幻的地方——校园。

一走进校园，你会发现，涓涓的水滴，汇成强大的力量，使水车转转不已。那迸溅出来的水珠，在强烈的阳光照耀下闪闪发亮。那害羞的睡莲红了脸，在水车后悄悄地躲着。那场夏雨悄悄洗去了她们的尘垢，她们甜美的光泽便自焕发了。瞧！她的追求者莲叶正紧紧地拥护着她，那醉人的绿，那奇异的绿呀！我想张开双手抱住他!但这是怎样一个妄想啊！清澈的池塘中，似乎是开了一场校园派对，好不热闹!

“蛙声经雨壮，荧点避风稀。”果真如此，青蛙们呱呱地叫着，但又只闻其声不见其身，它们又似乎是在与我们玩捉迷藏，调皮地说道:“来找我呀！来找我呀！”蝌蚪们也来了，它们紧密地围成一个圈，密密麻麻的，不见丝毫空隙。

往校园里面走，你会看到同学们个个步伐轻盈，身穿简单清凉的朴素服装。而去年冬天，大家都似乎是一个个正在行走的被单，丝毫没有活泼向上之气！看啊!那雨后的云朵越发洁白美丽，天空似乎是被牛乳洗过一样，那云朵一层叠着一层，一朵紧挨着一朵，好不活泼热闹！坐在草坪上，向天空望去，那云朵似乎触手可及。

哟！美丽傲娇的栀子花也来凑凑热闹！着一身洁白如玉的清凉白裙，在绿油油的草丛中卖弄着她妖娆的身姿，霸气侧漏。她将自己的香气传播到校园每个地方。你时不时嗅一下她的芬芳，那香气会迅速钻入你的鼻子里，花儿后偶尔也会钻出一两只垂涎欲滴的小蜜蜂来吓你一跳呢!

在初夏的校园里，我等到了亭亭玉立的睡莲，翠色欲滴的莲叶，沁人心脾的栀子花，好不热闹的动物校园派对，摇摇欲坠的云朵。

初夏的微风携带着栀子花的香，来拍你入梦，轻柔地抚摸着同学们的脸……

评语：一旭时常说自己总是慢腾腾的，会突然因为一草一木，就控制不住

内心翻涌的粗拙的感情。其实，这样一份“慢慢走”，不就是“好好赏”吗？这样一份“翻涌”，不就是“动情”吗？在这匆忙繁华的世界里，能保有一颗平静、多情的心，对于一位处在青春期的孩子来说，实属不易。（陈凤）

学生介绍：

即将步入13岁的我——王一旭，仿佛是一个饱经沧桑的老年人。不论做什么事情，都会不慌不慢的。说来也怪，我的名字中有个“旭”字，这个字代表早晨太阳刚刚出来的时候，那个时候应该是朝气蓬勃的。而我呢？恰巧相反。我就像一个六点钟落山的小太阳，懒洋洋的散着步，散发出淡淡的金色的余晖。

因为自己的缓与慢，就有了更多的时间来欣赏水陆草木之花，品味五味杂陈之文。我特别爱读古诗词，我爱在浓缩的诗词里慢慢寻觅作者那不易让人察觉的小情绪。我时常会幻想，捧一本古老的诗集，着一条乳白色的古风裙子，微风挽起我短短的秀发，漫步在一条铺满青色小碎石的老巷上，耳边没有世俗的干扰，唯有鸟语花香萦绕在我的身旁。

我的老师

她和初秋一起来了……

初中生活一切正常，只是忽然有一天，我们的班主任崔老师要回来了。她因为脚伤没能陪伴我们开学的一段时光，我们都很期待崔老师的出现。

那天，我和张欣然为家长会做准备，正在讨论相关事宜。崔老师刚好进来。她走路稍微有点慢，有一只脚上似乎绑的固定器。崔老师问我们留在教室里做什么，我们便回答我们负责引导家长就座。于是，崔老师便说，有客人来家里，当然应该收拾收拾一下，我们一起来打扫吧。于是她跟我们一起搬桌子，捡粉笔头……十几分钟过去了，教室整洁一新。她还跟我们说抱歉，因为脚不方便所以帮不了太多的忙。一切结束后，崔老师又缓缓地走回办公室。

随着时间推移，我和崔老师慢慢熟悉。她是一个热爱生活的人。讲台上总有她准备的一束花，空调上也是如此，书柜上还有埃菲尔铁塔形状的玻璃花瓶，好看极了。

崔老师也比我想象中的随和。有一天，我被安排写班日志。进了办公室，崔老师发现我有点紧张，笑着表示不会吃我的。我被逗笑到了，愉悦轻松地度过了整个过程。我边写边想，她不断提问指导。结束后，老师还送了我一瓶酸奶，这让我出了教室门，嘴角还止不住地挂着笑意。我很想大声地告诉同学们这是崔老师鼓励我的，但女孩子总是要矜持一点的，于是我只是抿了抿嘴，藏住了笑意。

我上课，肚子痛得厉害，于是我打算进办公室喝点水缓解疼痛。没想到惊动了正在休息的崔老师。崔老师耷拉着疲惫的眼皮问我怎么了，了解情况后她急忙替我接了热水，又唠叨我要多关心自己的身体。这时的崔老师，活像一个妈妈教育乱吃东西的孩子。我一边捧着热水，一边听着崔老师的唠叨，肚子就像被施了魔法的咒语一样不再痛了，温暖遍及全身，让我感动。

我们跑操时，崔老师在走廊尽头望着我们；我们去吃饭，回来都能看到她的沈阳应。她说她很抱歉不能在开学初迎接我们的到来，甚至没能陪伴我们。其实，以她的脚伤的程度，崔老师还应该再休息一个月，然而崔老师等不及想与我们见面，也不想再错过我们的成长。

崔老师，谢谢你在初秋时回来了。

评语：小作者记叙了崔老师和她一起打扫教室、迎接家长会，像妈妈一样关心她的身体这几件小事，以质朴的语言道出老师对学生的暖暖关怀和学生对老师的浓浓喜爱。（蒋鉴樱）

学生简介：

姓名：李婉逸

年龄：12岁

班级：初2022级7班

爱好：绘画，阅读，朗诵

座右铭：少年的肩应该担起草长莺飞和清风明月。

迷雾大海中的一缕温暖灯光

人生正如此伏彼起的大海，时不时就会卷来轩然大波；人生正如一场永无止境的长跑赛，只要稍微懈怠就会望尘莫及；人生正如风刀霜剑的冬季，寒风刺骨令人难以忍受……

但，总会有一个海岸的灯塔为你照亮航行路线；总有一个人会去将你搀扶起来；总有一个人会为你送去煤炭以便你取暖……

在进入金溪中学前，自己仿佛就是一艘小小的扁舟，在这茫茫大海中失去了航线的小舟。我一直在海上飘荡着。可前不久，我驶进了一条金色的溪流。向四周望去，身边还有许多与我一样的小舟，不过也有大大的白帆船。大家似乎都有自己的信心和目标，一直朝前面行驶着。我也抖擞了精神，尽管前方一片白雾，但我还是继续航行着。

我现在身处一片新的未知领域，一切都是那么的新颖。此时我用好奇的眼光看着周围的一切，一个不太高大的身影突然映入我的眼帘，她的手里还有一点亮光。我向她走去，愈走愈快，心绪也随着步伐在不断起伏。我靠近了她，她捧着一盏明灯对我说："嘿，孩子！接下来我就是你的班主任了，我会让你的内心充满光明和温暖，不过我们要一起加油啊！"说完将灯递到我的手中，我顿时感觉全身的血管里都在流淌着一种暖热的物质，啊！原来这就是温暖！我使劲点着头，答道："嗯！一起加油！"我内心瞬间拥有了温暖、光明与希望！

起初，我的学习成绩不算好也不算差，但是我也不希望在新生活里还是一如既往的平庸，所以我决定改变了，我将自己的决心写在了家校本上，将那句一直在心中默念了不下一万遍的话："相信总有一天，我也会散发出光芒！"我开始以为班主任不会注意到这句简短的感情单一的话。可当我再次翻开家校本时，下面多出了几行红色字体的留言："加油！自信的人总是有光的！"我的鼻头有点酸酸的，已经好久没有人这样鼓励我了，这句话我回味了许久。回味过后，我明确了自己的目标:

为了自己而努力学习；做一个自信的人；做一个能给予别人温暖的人。

这也是我整个人生中最主要的三个目标了！

不过刻苦学习中还是难免会有困难的，尽管语文和英语进步很大，可数学却不太理想。之前在数学上欠下的“债”已经够多了，所以现在不会的题我也会询问同学或老师了。不过每节课间去找皮老师问题的人比较多，我也只有几次成功问到了解题方式。陪我坐校车的一个好朋友知道了我的困境，主动来帮助我，利用课后和在校车上的时间来为我辅导数学，每天都是如此，我的数学逻辑思维相对于以前还是要强了许多。其实这个同学每次给我讲题的时候都是很疲惫，一定是为了辅导我所以下了很大的工夫吧！我很感激她，每次她辅导完我时，我也会真挚地道谢。她总是不嫌累，我的心里感到特别地温暖，她也为我的内心增添了一份光明。

现在的我，比以前更加自信了！以前的我就如一只胆小的梅花鹿一样，明明心中有答案却害怕说错了被批评；现在的我就如一头初生牛犊，心中有答案就敢于举手表达。我也能够给予身边的人温暖了！我和以前帮助过我的人一样，也在别人困难时主动伸出了援手！现在的我已经不再是迷雾大海中的一艘小舟了！在金溪中学这个新大陆里的所有人都曾帮助我重新塑造自我，让我内心倍感温暖！我已经是晴空大海上如沐春风的白帆船了！过去海上的迷雾已经消散，大家为我献出的温暖和光明已经为我唤回了太阳！感谢！曾让我沐浴于温暖阳光中的人们！

评语：本文比喻形象生动，将“温暖”形容得可视可感。通过自己的几个变化、收获来展现“温暖人心”的主题。首尾呼应，照应题目。行文紧凑，中心突出。温暖也离不开自己的努力，因此温暖不仅是他人给予的，更是自己努力争取来的。（袁艺丹）

学生简介：

我叫韩佳玲，常有人拿我姓开玩笑，说我是“韩信、韩愈、韩非子......”不过我并不生气，说不定我就是他们的后代子孙呢？我十分庆幸我能拥有这个名字。我也一直坚信“上帝是公平的，他为你关了一扇门，也会为你开一扇窗。”而进入弘毅班就是那扇明亮的窗！

最温暖的800米

在这个温柔和煦的秋天，我加入了一个崭新的大家庭——金溪中学弘毅班。

开学不久，学校就举办了运动会。这是我初中生涯的第一次运动会，我想着要为班级做一些贡献，于是就报了800米长跑。对于平时不喜欢锻炼的我来说，这800米，是冰冷的800米，是黑暗的800米，是难于上青天的800米。

运动会那天，天气格外炎热，气温足足达到了30度。日光赤裸裸地直射在赛场上，瘦弱的我终究没能顶过酷热的天气，我感到身体十分无力。这时几个同学向我奔来，扶起我，为我遮光，给我扇风。一瞬间，一股特别的感觉涌上心头——那是温暖，是同学们带给我的力量！

女子800米即将开始，身体不适的我，没能第一时间达到跑道，我犹豫了一会儿，但见身旁不离不弃照顾我的同学，我又有什么理由不去呢？

我坚定目标，大步走向跑道。望着长长的跑道和跑道旁的同学们，我更加坚定，心中只有一个念头——勇夺第一！“啪”的一声，我快速冲向前方，早已忘记身体的不适，只记得向前冲！向前冲！我以第一名暂时领先，心中感到十分惊讶，甚至有点小激动。

我以这样的速度足足跑了一圈，但是慢慢地，我感到呼吸十分困难，双腿开始发软，双手无力，我渐渐慢了下来。3号近了，更近了！眼看着3号马上就要超过我了，我竟再怎么也快不起来。就在这时，一个熟悉的声音在我耳边响起：“秦莉媛，加油！你是最棒的！”是的，没错，就是他——语文课代表杨培鑫。之后，一群坚定的声音陆陆续续地从我耳边响起，像一只只手在我的背后推着我，是弘毅班的同学们！我出乎意料地瞪直了眼，心想到原来他们一直都在背后默默地支持着我、守护着我、陪伴着我。泪水湿润了我的眼眶，我深深地体会到了这种突如其来的奇妙的感觉——温暖。我瞬间像充满了电的马达，哒哒哒地往前冲。心中的疲惫早已忘得一干二净，只想着为弘毅班、为时时刻刻陪伴我的同学们加油、努力！马上就要到终点了，我与第一名的距离越来越短，最后以第二名的优秀成绩结束了小组赛。

到终点那一刻，我觉得我终于完成了弘毅班寄托于我的使命。不知怎地我就累倒在地，模模糊糊地看见一群身穿蓝色班服的同学向我奔来，此时觉得，那一群蓝色是那样的耀眼，那样的迷人，可又有谁知道这一群人曾在操场上留下过最美的足迹？

因为弘毅班，曾经那冰冷黑暗的800米，现在却是最温暖的800米！

评语：本文通过一次运动会800米赛跑，体会到了“温暖”的含义。曾经的800米是痛苦的，而现在却是幸福温暖的，前后鲜明的对比更能传递出同学之间相互帮助鼓励、团结一致的精神，突出了“温暖”。从“我想着要为班级做一些贡献”中可以窥见作者本人也是一个温暖懂得感恩的人，所以才能遇见温暖的弘毅班！（袁艺丹）

学生简介：

我是一个十分关爱同学、热心的人，同学们总觉得我是她们的第二个妈妈，许多话都愿意跟我说。我还是一个心灵手巧的人，业余时间就是做艺术。对，我就是多才多艺又热心的秦莉媛！

暖 秋

今年的秋天似乎比往年来得更早些，十月的气温就降到了20度以下。秋风萧瑟，颇有几分冬日寒风的威力，迎面吹来不禁让人连打几个哆嗦。在金溪中学的校园里，这样不寻常的秋日却似沐浴着春日艳阳，走到哪里都让人感觉暖暖的。

“咳咳咳”“咳咳咳”，地动山摇，翻江倒海。不长心眼的我，没有及时增加衣物，光凭一身膘在冷风中硬扛，自以为有了风度就可以不顾温度，终于，感冒病毒精准定位找到了我。

病毒大军浩浩荡荡向我进攻，势不可挡。同学们在课堂上是“学习无涯，精进不止”，我则是“鼻涕无数，咳嗽不止”，虽然我手忙脚乱地调动白细胞部队，使尽全身解数对抗，但还是人仰马翻，只能无奈地趴在课桌上--投降了。同桌发现我不对劲，马上举手报告：“老师，田艾很不舒服。”我感激地朝他看了一眼，竭力抬起头来，这时却发现周围同学都齐刷刷地看向我，眼神中透露着关切。老师停下板书，走过来询问：“感冒了吗？先趴着休息会，还是不舒服的话就告诉老师，旁边的同学也帮忙照顾一下哈。”

老师的话音刚落，隔着过道的同学就立刻把我放在地上的杯子递了过来，并小声说：“不舒服就多喝点热水 。”我撕扯着嗓子说“谢谢”，“同学之间，应该的。”他朝我笑了一笑，那笑容“慈爱”得让人感动。

下课时间，陆续有同学走过来“探病”，“多喝热水哟！”“要不要我帮你接水呀？”有人叽叽喳喳说着笑话，试图分散我的注意力，让我走出“不舒服”的困局，不知道是哪位“爱心人士”，还在我桌上放了几颗润喉糖和两袋感冒灵。

那几日，我的心里始终暖暖的，一如握在手中透出热度的杯子。我们博雅班是才组建两个月的新集体，但所有人都把这个班集体当成是一个家，姜老师是“班妈”，我们这些调皮捣蛋的孩子都像是兄弟姐妹一样，有打闹有拥抱，有笑有泪，当然还有爱。这段时间我只能用特别的方式表达我对大家的爱：喉咙发痒时，赶紧捂住口鼻，尽量不发出很大的声音，以免打扰大家上课，我也不想让感冒病毒传播而传染了其他同学。

犹记得上个月的校运会，我们每个人都是赛场上的主角。在35度的高温下，有比赛项目的同学挥洒汗水努力拼搏，争取赛出自己的最好成绩；没有参赛的同学没有一个躲在树荫下：看，1500米的比赛正在进行，周文凤已经跑了一圈了，看到她通红的脸和渐渐沉重的脚步，在场边呐喊助威的胡心玉开始加紧了脚步，陪着周文凤跑了起来。没跑多久，任茂材也加入陪跑队伍，一边喊：“加油啊，坚持，胜利就在前方。”看，几个男生龇牙咧嘴地搬了一大箱矿泉水放到了“大本营”，王刘清婵飞跑着拿来了创可贴和酒精，给擦伤的吕程锦洁处理伤口……

“心有温暖，行有美德”，这是金溪的校训，也是我最喜欢的一句话。食堂里，有同学掏出随身携带的纸巾，擦掉了洒落在地上的饭菜，实乃温润如玉的谦谦少年；走廊上，校长蹲下身子捡起了飘落的树叶，可谓举手投足间见风度；办公室里，“班妈”姜老师给患“中二病”的同学摆谈自己的求学故事，推心置

参考文献

[1]蔡清田.教育行动研究[M].南京：南京师范大学出版社，2015.

[2]高变英."学案导学"教学模式的建构与实践[D].济南：山东师范大学，2016（10）.

[3]李连宁.走进新课堂[M].北京：北京师范大学出版社，2002.

[4]叶澜.课程改革与课程评价[M].北京：教育科学出版社，2001.

[5] 张丰.校本研修的活动策划与制度建设[M].上海：华东师范大学出版社，2007.

[6] 张人利.后"茶馆式"教学---提高课堂教学质量的实证研究[J].人民教育，2011（5）.

[7]汪继东.主体教育中的自主、发展与创新[J].江西教育科研，2005（8）：11-12.

[8]韩旭东.假主体教学是什么样子[J].教育研究与实践，2007（2）：22-23.

[9]王升.主体教育现实化必须注重主体参与[J].教学与管理，2001（3）：3-6.

[10]孙亚玲.课堂教学有效性标准研究[D].上海：华东师范大学，2004.

[11]林少杰.有效教学的评价、理念和教学策略[J].教育导刊，2007（3）：48-50.

[12]姚利民.影响有效教学的教师因素分析[J].高等教育研究学报，2004（1）4-6.

[13]王鉴.课堂教学的有效性问题研究[J].宁夏大学学

报，2006（1）：110-114.

[14] 傅道春.新课程中教师行为的变化[M].北京：首都师范大学出版社，2001.

[15] 傅道春.新课程中课堂行为的变化北京：首都师范大学出版社，2002.

[16]柯礼标.校本教研实践模式研究[M].杭州：浙江大学出版社，2008.

[17]李春华.名校校本研究创新力[M].重庆：西南师范大学出版社，2010.

[18]郅庭谨.教会学生思维[M].北京：教育科学出版社，2009.

[19]肖川.论学习方式的变革[J].教育理论与实践，2002(3).

[20]瞿梅福."文明礼仪"与"口语交际"校本课程开发研究[J].教育发展研究，2008（6）.

[21]瞿梅福.学校管理规程[M].上海，百家出版社，2007.

[22]刘兼、孙晓天，《数学课程标准解读》[M].北京师范大学出版社,2011.

[23]冯卫东.情境创设操作手册[M].北京：北京师范大学出版社,2014.

[24]蒋海燕.中学数学核心素养培养方略[M].山东：山东人民出版社，2016.

[25]汪在权.江上数峰青新课程教学论[M].重庆：现代教育出版社，2012.

[26]李永树.初中数学高效课堂的建构与实践反思[M].重庆：辽海出版社，2018.

[27]蔡林森，任太平.学校管理变革[M].北京：首都师范大学出版社，2012.

[28]蔡林森.教学革命–蔡林森与先学后教[M].北京：首都师范大学出版社，2011.

[29]赵桂霞.建设一所新学校[M].北京：教育科学出版社，2014.

[30]袁贵仁.中小学管理评价[M].北京：人民教育出版社，2015.

[31]安德森.学习、教学和评价的分类学[M].上海：华东师范大学出版社，2015.

[32]周国韬.中小学教育科研方法[M].吉林：吉林教育出版社，2004.

[33]丁如许.微时代催生微班会[M].上海：华东师范大学出版社，2017.

[34]王晓春.课堂管理会者不难[M].北京：中国轻工业出版社，2010.

[35]马丽娜，朱敏.主体教育的大道之道[M].北京：北京师范大学出版社，2013.

[36]王道俊，郭文安.主体教育论[M].湖北：人民教育出版社，2005.

[37]倪胜利，何元凯.教育主体的文化建构与实践探讨[M].重庆：西南师范大学出版社，2017.

[38]瞿梅福.学位主体教育思想的践行[M].浙江：浙江大学出版社，2016.

[39]刘畅.做有温度的教师[M].北京：北京师范大学出版社，2014.

[40]陶妙如.做有温暖的教育[M].北京：教育科学出版社，2013.

[41]李永树、杨刚、蔡文斌.基于核心素养下的初中主体教育策略研究[M].重庆：延边大学出版社，2019.

[42]刘月霞、郭华.深度学习：走向核心素养[M].北京：教育科学出版社，2019.